COMO SE PREPARAR PARA
CONCURSOS PÚBLICOS

O GEN | Grupo Editorial Nacional – maior plataforma editorial brasileira no segmento científico, técnico e profissional – publica conteúdos nas áreas de concursos, ciências jurídicas, humanas, exatas, da saúde e sociais aplicadas, além de prover serviços direcionados à educação continuada.

As editoras que integram o GEN, das mais respeitadas no mercado editorial, construíram catálogos inigualáveis, com obras decisivas para a formação acadêmica e o aperfeiçoamento de várias gerações de profissionais e estudantes, tendo se tornado sinônimo de qualidade e seriedade.

A missão do GEN e dos núcleos de conteúdo que o compõem é prover a melhor informação científica e distribuí-la de maneira flexível e conveniente, a preços justos, gerando benefícios e servindo a autores, docentes, livreiros, funcionários, colaboradores e acionistas.

Nosso comportamento ético incondicional e nossa responsabilidade social e ambiental são reforçados pela natureza educacional de nossa atividade e dão sustentabilidade ao crescimento contínuo e à rentabilidade do grupo.

COMO SE PREPARAR PARA CONCURSOS PÚBLICOS

KAIQUE KNOTHE DE ANDRADE

■ A EDITORA FORENSE se responsabiliza pelos vícios do produto no que concerne à sua edição (impressão e apresentação a fim de possibilitar ao consumidor bem manuseá-lo e lê-lo). Nem a editora nem o autor assumem qualquer responsabilidade por eventuais danos ou perdas a pessoa ou bens, decorrentes do uso da presente obra.

Todos os direitos reservados. Nos termos da Lei que resguarda os direitos autorais, é proibida a reprodução total ou parcial de qualquer forma ou por qualquer meio, eletrônico ou mecânico, inclusive através de processos xerográficos, fotocópia e gravação, sem permissão por escrito do autor e do editor.

Impresso no Brasil – *Printed in Brazil*

■ Direitos exclusivos para o Brasil na língua portuguesa
Copyright © 2017 by
EDITORA FORENSE LTDA.
Uma editora integrante do GEN | Grupo Editorial Nacional
Rua Conselheiro Nébias, 1384 – Campos Elíseos – 01203-904 – São Paulo – SP
Tel.: (11) 5080-0770 / (21) 3543-0770
faleconosco@grupogen.com.br / www.grupogen.com.br

■ O titular cuja obra seja fraudulentamente reproduzida, divulgada ou de qualquer forma utilizada poderá requerer a apreensão dos exemplares reproduzidos ou a suspensão da divulgação, sem prejuízo da indenização cabível (art. 102 da Lei n. 9.610, de 19.02.1998). Quem vender, expuser à venda, ocultar, adquirir, distribuir, tiver em depósito ou utilizar obra ou fonograma reproduzidos com fraude, com a finalidade de vender, obter ganho, vantagem, proveito, lucro direto ou indireto, para si ou para outrem, será solidariamente responsável com o contrafator, nos termos dos artigos precedentes, respondendo como contrafatores o importador e o distribuidor em caso de reprodução no exterior (art. 104 da Lei n. 9.610/98).

■ Capa: Danilo Oliveira

■ Fechamento desta edição: 12.07.2017

■ CIP – Brasil. Catalogação na fonte.
Sindicato Nacional dos Editores de Livros, RJ.

A567c

Andrade, Kaique Knothe de
    Como se preparar para concursos públicos / Kaique Knothe de Andrade. – Rio de Janeiro : Forense, 2017.

Inclui bibliografia
ISBN: 978-85-309-7686-6

1. Direito – Problemas, questões, exercícios. 2. Serviço público – Brasil – Concurso I. Título.

17-43188
CDU: 34(81)

DEDICATÓRIA

Aos meus pais, Elizabeth Knothe de Andrade e
Valdir José de Andrade.

Aos meus avós, Cleusa Aparecida Izzi de
Andrade, Valdir Antônio de Andrade (*in
memoriam*), Eunice de Stefano Knothe e Nivaldo
Knothe (*in memoriam*).

Sem todo o apoio, o esforço e o carinho eu não
teria uma boa formação, não teria tido sucesso
no concurso, e esse livro jamais teria existido.

AGRADECIMENTOS

A todos os meus familiares, que amo tanto e que por toda a minha vida me ajudaram.

Aos amigos, por todo o apoio e por todos os momentos de alegria, de descontração e de colaboração, sejam de Rio Claro, de Ubatuba, da Unicamp, da Centrale Nantes, das Arcadas, da Receita... Todos que passam em nossas vidas deixam uma marca, e, se este livro reflete o meu modo de pensar, certamente reflete também um pouco de cada pessoa com a qual convivi.

Ao Luís Gustavo, professor de Direito Administrativo, que primeiro me apresentou a outras grandes figuras da área. Ao Jaime Lin, que me incentivou a fazer minhas primeiras palestras e trabalhos com a preparação de candidatos. À Camila, do Grupo GEN, que me possibilitou desenvolver este desafio tão grande que foi escrever meu primeiro livro.

SUMÁRIO

CAPÍTULO 1 – MINHA TRAJETÓRIA 1

CAPÍTULO 2 – A DECISÃO DE PRESTAR UM CONCURSO ... 13

   2.1. Um panorama dos concursos públicos 14

   2.2. Aspectos relacionados à área pública em geral 25

      2.2.1. Estabilidade 26

      2.2.2. Salários iniciais 28

      2.2.3. Métodos impessoais de seleção 30

      2.2.4. Equilíbrio entre a vida pessoal e a profissional 32

      2.2.5. Ideologia 33

      2.2.6. Uma pausa: as desvantagens 34

      2.2.7. Aposentadoria 36

   2.3. Aspectos relacionados à área fiscal 38

      2.3.1. A relevância da área fiscal 39

      2.3.2. A atividade desenvolvida 40

      2.3.3. A formação exigida e outros requisitos 43

      2.3.4. As opções de lotação 45

      2.3.5. O número elevado de concursos fiscais e a redução do risco 46

   2.4. Seriedade dos concursos 50

CAPÍTULO 3 – A PREPARAÇÃO DOS ESTUDOS 53

   3.1. Organizando o tempo 56

   3.2. A escolha pela dedicação exclusiva ou em paralelo com o trabalho 58

3.3.	Organização do local e dos materiais de estudo	63
3.4.	A importância das outras pessoas	65
3.5.	A informação	66
3.6.	O perigo da distração	67
3.7.	A importância de uma atividade física	69
3.8.	A importância do lazer	70
3.9.	A importância do sono e dos intervalos	72
3.10.	A importância da alimentação	74
3.11.	O controle financeiro	77
3.12.	Equipamentos úteis	80

CAPÍTULO 4 – ESTRATÉGIAS DE ESTUDO ... 83

4.1.	Estudo para cobrir o edital x estudo permanente posterior	85
4.2.	O estudo antes e depois da abertura do edital	87
4.3.	Teoria x exercícios	90
4.4.	Entender x decorar	93
4.5.	Revisões	96
4.6.	A escolha dos materiais	102
4.7.	A preparação com cursos preparatórios	113
	4.7.1. O estudo com curso preparatório em paralelo com o trabalho	115
	4.7.2. O estudo com curso preparatório e com dedicação exclusiva aos estudos	117
4.8.	A preparação de forma autônoma	122
	4.8.1. A organização das disciplinas	123
	4.8.2. O estudo com uma matéria de cada vez	128
	4.8.3. O estudo por ciclos	141
4.9.	Resumos e anotações	166
	4.9.1. Resumos	167
	4.9.2. Anotações no material	169
4.10.	Estratégias adicionais	170
	4.10.1. Videoaulas como complemento aos materiais escritos	171

4.10.2. Minimetas 173

4.10.3. O estudo da lei seca e da jurisprudência 174

4.10.4. *Coaching* 176

4.11. O estudo para a prova discursiva 177

CAPÍTULO 5 – A PROVA 183

5.1. Ambiente 183

5.2. Estilos de prova 186

5.3. Dicas para o período anterior à prova 188

    5.3.1. Alimentação 188

    5.3.2. Descanso 189

    5.3.3. Estudo na véspera 191

    5.3.4. Organização 193

5.4. Dicas para a realização da prova 199

    5.4.1. Prova objetiva 200

        5.4.1.1. O controle do tempo 200

        5.4.1.2. Perdi o controle do tempo. E agora? ... 204

        5.4.1.3. A ordem das matérias 206

        5.4.1.4. Abordando as questões 207

        5.4.1.5. Respondendo às questões 210

    5.4.2. Prova discursiva 215

        5.4.2.1. Controle do tempo 215

        5.4.2.2. Respondendo às questões 217

5.5. Controle emocional e do cansaço 222

5.6. O pós-prova 225

CAPÍTULO 6 – APÓS A APROVAÇÃO 229

6.1. Prazo para nomeação e direito à nomeação 230

6.2. A escolha das vagas 233

6.3. Os documentos e exames necessários 238

6.4. A posse 240

6.5. O curso de formação 244

6.6. O dia a dia 246

INTRODUÇÃO

A ideia de escrever um livro esteve presente em mim desde os primeiros dias após eu saber que havia sido aprovado. O conjunto de desafios superados ao se preparar para um concurso de alto nível é grande, assim como o número de ideias que existem para otimizar seus estudos. Uma boa explicação desses fatores para um candidato em início de preparação poderia ser um grande diferencial. Naquela época, porém, eu não conseguia imaginar de que forma essa explicação deveria se dar.

Poucos meses após a aprovação eu já estava trabalhando com palestras sobre o concurso de Auditor-Fiscal em cursos preparatórios, assim como já havia respondido a mais de mil candidatos que me procuraram pelas redes sociais ou mesmo durante esses eventos. As dúvidas nunca foram concentradas em um ponto, mas sim espalhadas por todos os momentos da preparação – da escolha pelo concurso a prestar, passando pela forma de preparação, até chegar ao meu dia a dia no cargo.

O estilo do livro, assim, foi se desenhando naturalmente: ele deveria pensar na história hipotética de uma pessoa que esteja ponderando se vale a pena prestar um concurso, e cobrir todas as etapas que ela enfrentará até sua aprovação.

O livro não é motivacional, apesar de em muitas partes tal fator ser abordado, já que é muito importante para um concurseiro. Nossa análise é técnica, muitas vezes sistemática, aspirando a ser uma espécie de guia para que uma pessoa que não conheça a área se sinta muito mais segura. No fundo, o livro reflete o modo como um engenheiro ou um consultor olhariam para o concurso, pensando em qual caminho é mais interessante, reduzindo riscos e tentando otimizar o método.

A base de análise, como não poderia deixar de ser, devido à minha trajetória, é o concurso de Auditor-Fiscal da Receita Federal do Brasil. Mas foi feito o máximo possível para que o material não se limitasse a isso, podendo ser útil a candidatos que aspiram a cargos das outras áreas existentes. Dessa forma, muitos capítulos são gerais, tal como o que aborda a organização do seu estudo. Outros, apesar de utilizar o concurso da Receita Federal como base exemplificativa, podem muito bem servir a um candidato de outras áreas, pois nesse caso o leitor simplesmente aplicará as ideias utilizadas por nós ao edital de sua preferência.

Em alguns momentos deste livro, defendemos que uma atitude é melhor em face de outras, argumentando o porquê de nossa recomendação. Em outros, porém, deixamos a opção para o leitor, expondo os pontos positivos e negativos de cada alternativa. Isso se deve a um fato muito importante: na preparação para concursos públicos não há um método ideal, uma regra geral que valha para todas as pessoas de forma indiscriminada.

Somos todos diferentes, trazendo nossos pontos fortes e fracos para o jogo. Dessa forma, a solução ótima para cada candidato não pode fugir da análise da sua realidade. Esperamos que esse livro possa ajudar a escolher o melhor método de estudo aplicável a cada caso concreto, trazendo informações que deem base a esta escolha e muitas ideias que possam aumentar as chances de ser aprovado no concurso almejado!

Uma ótima leitura a todos vocês...

Capítulo 1
MINHA TRAJETÓRIA

Neste momento iniciamos nossa caminhada em conjunto rumo a uma compreensão deste mundo dos concursos fiscais. Embora o foco deste livro seja o leitor, explicando-se cada método e cada detalhe em função da sua realidade, acredito que é muito importante eu contar um pouco sobre mim – minha história, os motivos que me levaram a pensar em prestar um concurso e, acima de tudo, as impressões que acabei formando ao longo dessa trajetória.

A primeira pergunta que me fizeram logo após minha aprovação foi sobre meu histórico. Foi particularmente uma surpresa quando, naquele dia em que descobri que havia sido o primeiro colocado, pesquisei meu nome no Google e percebi que havia não somente pedidos para que eu me apresentasse e falasse sobre mim, mas também discussões e até mesmo "teorias" sobre minha aprovação. A maioria delas tentava explicar o resultado como consequência do método de estudos X ou Y, de uma capacidade de memorização acima da média ou de alguma outra razão que os participantes dos debates tiravam da cartola. E foi aparentemente uma surpresa quando postei meu depoimento no Fórum Concurseiros explicando quem eu era: uma pessoa normal que em dado momento optou pela carreira pública e que, com estudo sério e organizado, obtive a aprovação em curto tempo.

Algum tempo depois, já fazendo palestras sobre o concurso da Receita Federal, decidi iniciar explicando minha trajetória – porque, sempre que não fazia dessa forma, as perguntas não tardavam a aparecer. Assim, neste livro decidi utilizar a mesma estratégia. Antes de discutirmos os capítulos mais específicos, que explicam as características da área pública, as regras dos concursos e as estratégias para a aprovação, vou expor um pouco do meu passado – o que pode ser bastante construtivo, pois de certa forma introduz algumas discussões que teremos em outros capítulos, como a escolha pela carreira pública, além de permitir que você se identifique com algum aspecto particular e encontre, assim, uma afinidade ainda maior com o material.

Meu nome é Kaique Knothe de Andrade e sou de Rio Claro, interior de São Paulo – cidade onde nasci, cresci e estudei até o fim do colegial. Durante minha trajetória escolar nunca vislumbrei ser um servidor público. Tenho alguns parentes que são servidores, em especial minha mãe, que hoje é educadora física na Fundação de Saúde de Rio Claro, após ter trabalhado um longo tempo na iniciativa privada. Ser servidor, porém, não é um padrão em nossa família. Meu pai é químico em uma empresa privada, e, apesar de seus conselhos para não seguir carreira num ambiente industrial, aos 18 anos me mudei para Campinas para cursar engenharia mecânica na Unicamp.

Ao final da faculdade, após um estágio na indústria e outro em uma consultoria estratégica, eu aceitei uma oferta nessa segunda área e me mudei para São Paulo, onde passei a trabalhar em uma empresa muito bem estruturada, com ótimas oportunidades de carreira e sendo membro de equipes de consultoria que trabalhavam em contato direto com as diretorias de várias empresas de renome no país. Mas em pouquíssimo tempo comecei a perceber que aquela rotina não correspondia em nada com o que eu queria para mim. Apesar das grandes oportunidades que se abriam, eu tinha uma rotina extremamente desregrada, sem nunca saber o horário em que eu sairia no fim do expediente, se eu trabalharia ou não no fim de semana, ou mesmo se ao chegarem minhas férias eu poderia ou não desfrutar delas tranquilamente.

Embora não possa me queixar de desrespeito nem nada do tipo (ressalto, aliás, que foi um período de intenso aprendizado, do qual ainda aproveito conhecimentos para o meu trabalho como auditor), a pressão era intensa e a felicidade, pouca. Eu comecei a pensar cada vez mais seriamente em deixar o emprego, porém sempre refletia duas vezes, já que, se por um lado, eu, como recém-formado, ainda poderia ter outras opções no mercado, por outro, poderia ser perigoso abandonar tudo. Até que um dia, em uma Rodovia Castelo Branco totalmente congestionada e com cinquenta e-mails não lidos no meu celular, eu não quis nem pensar mais nisso: entrei no prédio e me demiti.

Até então eu ainda não pensava em concursos de forma séria – apenas queria um trabalho que me possibilitasse um equilíbrio entre a vida pessoal e a profissional, muito provavelmente na indústria. Como eu me demiti, tive que deixar São Paulo e voltar a morar com meus pais em Rio Claro após sete anos morando sozinho. Era uma perda de independência que eu certamente não desejava, mas era uma alternativa economicamente viável e que me permitiria ter tranquilidade para me reposicionar no mercado de trabalho.

Com as despesas reduzidas a quase zero, passei a buscar alternativas, e foi aí que comecei a procurar informações sobre concursos pela primeira vez. Acabei por estabelecer uma estratégia que se dividia entre o estudo para concursos e a busca por uma vaga em empresas que respeitassem a qualidade de vida do empregado. Não me dediquei exclusivamente a um dos caminhos porque eu sempre fui uma pessoa avessa ao risco – a iniciativa de me demitir ocorreu de forma impensada, contrariamente ao modo como faço as coisas.

Como eu não conhecia esse mundo dos concursos, meu primeiro impulso era permanecer naquele universo de entrevistas de emprego e empresas que eu tão bem conhecia na minha realidade de recém--formado. Ao mesmo tempo, porém, eu percebia que a área pública tinha aspectos interessantes, e estando desempregado eu dispunha de bastante tempo para estudar entre uma entrevista e outra. Comecei, assim, a agir nesses dois flancos de batalha. Era maio de 2013.

Curiosamente, ao ler sobre a carreira pública, sobre os concursos, sobre os materiais e, posteriormente, ao iniciar o estudo de algumas disciplinas, comecei a gostar muito da área. Com poucas informações eu já havia optado pela área fiscal, pois não podia prestar os concursos jurídicos, que exigem bacharelado em Direito, tampouco tinha afinidade para a área policial ou administrativa. Uma alternativa seriam os concursos para engenheiros, como a Petrobras, porém estes já se encontravam com perspectivas ruins. Conversando com pessoas da área fiscal, interessei-me ainda mais pela atividade e pela carreira.

A Receita Federal se apresentou aos meus olhos naquele momento como uma instituição séria e na qual eu poderia desenvolver um trabalho que envolveria, ao mesmo tempo, um aprendizado muito grande e a possibilidade de alcançar resultados sociais importantes. Embora a arrecadação possa ser mal utilizada, e seja nosso papel de cidadão lutar contra isso, há inúmeros investimentos importantes que o Estado só é capaz de fazer com a arrecadação advinda da Receita Federal. E isso serve de argumento para qualquer outro cargo da área fiscal no âmbito estadual ou municipal. Ao mesmo tempo, a área fiscal oferece vantagens bastante atrativas, tais como a elevada remuneração inicial, a estabilidade e a possibilidade de conciliar a vida pessoal e a profissional.

Dois meses depois da minha demissão eu estava matriculado em um cursinho para Auditor-Fiscal da Receita Federal do Brasil e havia também comprado um material escrito para acompanhar fora das aulas. No desenvolvimento dos estudos, ainda lancei mão de outros materiais mais aprofundados, como alguns livros específicos de determinadas matérias.

Nesse ponto é importante realçar algo que muitos de vocês já devem saber: os concursos fiscais têm se tornado bastante competitivos, diria até que profissionais. Tal raciocínio também vale para os jurídicos e policiais. Não é mais possível estudar com o edital aberto ou com uma apostila de banca de jornal. As exceções aconteceriam em concursos com um número muito grande de vagas, como alguns da área bancária, e de algumas esferas municipais menos conhecidas. Salvo estas exceções, falar em estudar para concursos, hoje, envolve uma definição clara do seu objetivo e o início dos estudos independentemente da abertura do edital.

Como levará algo em torno de seis meses a um ano, ou até mais, para que o candidato cubra todas as matérias com um ritmo bom de estudos, é até mesmo vantajoso se o edital não abrir pouco depois da sua escolha por começar os estudos. Tempo é justamente o fator do qual você precisará se quiser estar apto a concorrer com boas chances de sucesso. A preparação é longa e deve ser estruturada.

Pois bem, após cinco anos de faculdade de engenharia e um período como consultor, lá estava eu tendo aulas e mergulhado em materiais teóricos, muitos deles relacionados a disciplinas com as quais eu nunca tinha tido contato. Um ponto que deve rodear a cabeça de uma pessoa que pensa em se dedicar a um concurso fiscal, quando avalia a complexidade e o tamanho do edital, é justamente o que me passou naquele momento: "essa mudança de rumos não seria muito grande?". Em outras palavras, "isso tem chances de dar certo?".

Essa dúvida ficou em minha mente por algumas semanas, senão meses, em especial quando vi todo o conteúdo de direito que envolve o concurso que eu desejava prestar. Com o tempo, porém, você vai perceber algo que eu antecipo desde já: a aprovação é plenamente possível. O concurso envolve muitas matérias diferentes, sendo que em nenhuma faculdade é dado um conteúdo nem mesmo próximo da metade do que é exigido para os concursos fiscais.

Mais do que isso, é preciso realçar que os candidatos do curso de direito muitas vezes se voltam a concursos jurídicos, com os quais têm muito mais afinidade, não precisando adentrar matérias de raciocínio lógico e contabilidade. Foi essa percepção que me deu ânimo para continuar.

Ora, e como abordar muitas matérias, como contabilidade e direito, já que para mim elas eram uma novidade? O segredo foi construir uma base sólida, de forma paciente, mas eficaz, como veremos em nossas discussões posteriores. Por enquanto, neste capítulo que foca na minha trajetória, cabe realçar que o baque inicial foi grande, mas com o tempo os estudos foram avançando e muitas matérias completamente novas para mim foram se mostrando compreensíveis – e algumas vezes até interessantes.

Logo no início dos estudos, passei a ter o hábito de ler muito os sites sobre concursos, tentando estar por dentro do que acontecia, dos editais que eram abertos, das remunerações e conteúdos pedidos nos concursos. Vocês se lembram da minha aversão ao risco? Pois bem, a fim de evitar que um estudo longo como esse não desse certo eu desenvolvi uma estratégia (que discutiremos em mais detalhes na parte do livro apropriada) que considero essencial: estudar para um concurso com um edital grande sem deixar de aproveitar vários concursos menos complexos que vão surgindo pelo caminho.

No meu caso, estudava todos os dias para Auditor-Fiscal, porém ficava ligado nos sites de concursos acompanhando os editais que se abriam. Se aparecia algo que me atraía e que cobrava disciplinas que eu conhecia (matérias que tinham correspondência com a minha formação, ou, ainda, que eram comuns ao concurso de Auditor-Fiscal), eu me inscrevia e fazia a prova. Era um jeito excelente de me manter fazendo provas e com chances de já ingressar na administração pública de forma antecipada, aliviando a pressão financeira e também a pressão psicológica por estar "só estudando".

Ao fim de 2013 eu havia prestado oito concursos, tendo sido aprovado em um deles (Engenheiro do Ministério da Fazenda), e estava com uma boa parte das disciplinas do edital de Auditor-Fiscal estudadas. Caso o concurso de Auditor-Fiscal demorasse a abrir, a nomeação para engenheiro seria meu "plano B" – e novamente os riscos estavam atenuados, pois eu já estaria trabalhando, pagando minhas contas, e poderia me dedicar à preparação para Auditor--Fiscal em paralelo.

"E as entrevistas de emprego?", você poderia perguntar. No fim de 2013 eu havia feito ao menos quinze delas, em diferentes fases, em São Paulo, interior e capital, e até mesmo no Rio de Janeiro e em Curitiba. Tive de fazer estudos de casos em grupo, provas *on-line* e presenciais, participar de teatrinhos e até mesmo responder com qual remédio eu me parecia. Juro, a pergunta foi exatamente essa. Mesmo com um bom currículo, fui rejeitado em todas.

Eu me preocupava bastante com tais reprovações nas primeiras entrevistas que fiz, em julho e agosto, no entanto neste novo momento, no fim de 2013, elas já nem me importavam tanto, pois eu havia decidido que a minha vontade era a de ingressar na carreira pública – especificamente como Auditor-Fiscal.

O ano de 2014 começou e eu estava me dedicando ao máximo para concluir o estudo de todo o edital anterior. No início do ano ainda prestei outras provas, como Engenheiro da CEF e Analista do INSS (na qual também fui aprovado, aproveitando a base teórica que tinha adquirido com o estudo para a Receita), contudo o fato importante mesmo veio em março: a publicação do edital do concurso de Auditor--Fiscal de 2014. Nos dois meses que se passaram entre a publicação do edital e a prova, o foco foi totalmente voltado para finalizar alguns pontos que faltavam, revisar as disciplinas e treinar com questões resolvidas e com as provas dos anos anteriores.

Nunca vou me esquecer dos dias 10 e 11 de maio, datas em que se realizaram as provas. Eu, que normalmente sou tranquilo em provas, estava um pouco nervoso – e só não estava mais por duas razões: porque estava muito concentrado na prova, e porque na semana anterior eu havia sido nomeado para o cargo de Engenheiro do Ministério da Fazenda – ou seja, indo bem ou não na prova de auditor, minha vida já mudaria na semana seguinte, pois já estaria empregado e ganhando meu próprio dinheiro. Mas, claro, meu sonho ainda estava em jogo naquele momento, o que justificava o foco total naquela prova de Auditor.

Felizmente tudo transcorreu bem na prova, exceção feita à ansiedade que marca a divulgação do gabarito e outros detalhes que sempre estão presentes. Em junho, o resultado das objetivas e discursivas foi publicado, e a minha alegria, como você pode imaginar, foi muito grande. Nessa época eu estava trabalhando como Engenheiro do Ministério da Fazenda, dentro de uma repartição da própria Receita, e os cumprimentos e a atenção recebidos quando todos viram o resultado foram muito gratificantes. Em julho o concurso foi homologado, e a partir daí eu e os outros 277 aprovados podíamos respirar mais tranquilos: só faltavam os trâmites burocráticos para que nos tornássemos Auditores-Fiscais. Nem mesmo o 7x1 da Alemanha no Brasil poucos dias depois foi capaz de estragar a sensação de satisfação desse momento!

Em novembro os aprovados foram nomeados, e eu tomei posse na Alfândega do Aeroporto de Guarulhos. Esta etapa foi seguida do curso de formação, um momento muito bacana de aprendizado e que possibilita muitas novas amizades, e do tão esperado exercício como Auditor-Fiscal. No começo não se sabe muito da rotina e dos procedimentos, pois o concurso cobra uma parte puramente teórica, mas com os treinamentos e o auxílio dos colegas, que já passaram todos pelo mesmo, o Auditor-Fiscal recém-ingresso começa em pouco tempo a se sentir em casa.

Permaneci por um ano no aeroporto, no qual tive a oportunidade de conhecer pessoas fantásticas e aprender muito, até que em uma remoção (cujo funcionamento veremos detalhadamente na parte apropriada deste livro) pude ser transferido, a pedido meu, para a Delegacia Especial de Comércio Exterior e Indústria, em São Paulo – local em que trabalho atualmente, novamente cercado de colegas muito capacitados e de um excelente ambiente de trabalho. Não é hipocrisia minha: deixei a iniciativa privada por alguns fatores, sendo um dos principais o ambiente de trabalho, e não posso me queixar daquilo que encontrei na Receita Federal.

Após a aprovação, assim como outros colegas, eu não parei de estudar. A rotina dos estudos para concurso nos envolve de tal forma que não nos tornamos apenas aptos para sermos aprovados naquela seleção, mas sim para tentarmos muitos outros projetos pessoais, caso desejemos. No meu caso, após a aprovação em 2014, decidi fazer o curso de Direito. Na minha visão, seria uma boa oportunidade de aprimorar a qualidade do meu trabalho, conhecer novas pessoas e também estar preparado para novos voos, como os concursos jurídicos, caso a Receita Federal em algum momento viesse a ser desvalorizada em face das carreiras como a magistratura e a promotoria. Mais do que isso, queria cursar Direito na USP, pois tinha grande admiração pela faculdade.

Dediquei-me a estudar para a Fuvest após oito anos sem ver matérias como biologia, química, geografia e história. Utilizei um método semelhante ao que havia usado para o concurso (e que discutiremos aqui detalhadamente), e consegui a aprovação na primeira tentativa.

Esta abordagem sobre as possibilidades que se abrem para o candidato aprovado em um concurso fiscal e que se acostumou com o estudo de alto rendimento é muito importante, mas nem sempre discutida em livros que abordam o tema. Após a aprovação, você pode tanto se voltar ao exercício apenas da auditoria-fiscal, encontrando linhas de trabalho muito interessantes dentro da Receita, Secretarias da Fazenda e outras instituições da área fiscal e exercendo a carreira em equilíbrio com sua vida pessoal, como se voltar a novos horizontes em paralelo com o exercício do cargo de Auditor-Fiscal. Isso pode gerar mais motivação à pessoa, bem como lhe propiciar novas experiências.

A graduação ou pós-graduação em Direito, o trabalho como professor na área tributária ou em cursinhos preparatórios e até mesmo o empreendedorismo dentro daquilo que é permitido pelo estatuto são opções viáveis e que têm sido trilhadas por alguns dos aprovados nos concursos fiscais.

Hoje, depois de todas essas etapas que envolveram minha demissão, meses de dedicação intensa aos estudos, o início de carreira na Receita Federal e todo o aprendizado de cada etapa vivida, equilibro o exercício da auditoria-fiscal com os estudos na USP, as palestras que abordam o concurso e os métodos de estudo e, por fim, a confecção deste livro – um grande sonho que visa a discutir cada etapa dessa trajetória de um concurseiro disputando uma vaga em um concurso de alto nível.

Espero que esta etapa introdutória possa dar uma base para que encontremos pontos em comum entre nossas histórias. Certamente as pessoas que procuram um livro sobre concursos fiscais têm elementos em comum com algum aspecto deste texto. Isso é importante para que você, leitor, saiba interpretar minhas opiniões conhecendo minha realidade, e que também possa interpretar as dicas que são aqui fornecidas de forma ainda mais pessoal e otimizada.

Pode ser que um elemento que nos una seja a formação comum em exatas, que realmente fornece uma base de raciocínio muito boa para o candidato, embora isso não exclua uma pessoa de qualquer outra formação de aproveitar as dicas – já que em nenhum momento se pressupõe tal formação como essencial para a aprovação. Na verdade, no último concurso de Auditor-Fiscal, como discutiremos, havia entre os aprovados pessoas formadas em vinte e três cursos diferentes, da matemática ao jornalismo, da odontologia às letras, da administração à música.

Pode ser que o que nos une seja a insatisfação com alguma característica do emprego atual. O grande volume de horas extras, a pressão, a instabilidade ou mesmo o fato de trabalhar com algo que não gostemos, que não nos inspire, que aparente não ter relevância social. Nesse ponto, acredito que nossas discussões podem ser bastante relevantes para que você tome uma escolha coerente, baseada em dados e na opinião de quem já enfrentou esta situação.

Pode ser que o que gera um vínculo entre você e o livro seja a necessidade de se recolocar no mercado de trabalho após uma demissão, e a consequente aposta no concurso como a melhor saída. Eu encontrei essa situação logo após ter me demitido, e acredito que o concurso seja uma ferramenta muito interessante, pois permite que você faça algo que efetivamente depende do seu esforço e cujo critério de seleção é objetivo. Ninguém gostará mais da cor dos olhos de outro candidato e te deixará fora da vaga por isso – o concurso pode sofrer críticas por várias razões, mas é um método impessoal que se mostra muito interessante para o candidato que se prepara.

Sejam estes ou porventura outros elementos que criem algo em comum entre nós, espero de qualquer forma que possamos avançar juntos nesta caminhada! O fundamental é que, ao final, você esteja apto para entender o funcionamento desse universo que são os concursos da área fiscal, sabendo quais são as opções em termos de cargos, quais são as formas viáveis de preparação, quais são as principais regras do concurso, as vantagens que o cargo oferece, as atividades desenvolvidas. Tudo isso baseado na experiência prévia de quem já passou por essas escolhas.

Não tenho uma trajetória que se encontra dentro dos relatos da maioria dos concurseiros. Em vez de ser uma pessoa que sempre sonhou com o cargo, eu vim da iniciativa privada insatisfeito com o que tinha e tive de buscar em pouco tempo as informações sobre concursos, traçando as estratégias de estudo da forma que me parecia melhor. Não me baseei em métodos consagrados, mas aproximei meu estudo daquilo que já achava mais eficaz para o estudo na universidade. Pensei em uma estratégia que reduzisse meus riscos ao máximo, e assim foquei em apenas um edital sem abrir mão de prestar vários outros concursos menos complexos que me dariam experiência e uma chance, ainda que pequena, de ingresso antecipado na administração pública.

Acredito ser esse o foco central que tentarei ter no meu texto, e que, de certa forma, trago das minhas experiências profissionais anteriores: uma forma de olhar para esse mundo chamado "concursos fiscais" e analisá-lo de uma forma organizada, como um consultor faria, explicando as decisões de cada etapa, as ferramentas disponíveis e como você pode traçar um caminho que, com uma preparação sólida e riscos reduzidos ao máximo, possa o colocar no cargo desejado.

Por último, a fim de concluir esta seção relativa à minha trajetória e avançar para os capítulos que realmente formam a parte importante deste livro, deixo meu "currículo de concursos". Longe de representar um momento de exaltação (acredite, já cansei de ver pessoas brilhantes na Receita, na USP e em tantos outros locais, que estou certo de que ainda tenho muito a trilhar), exponho aqui meu histórico em provas por duas razões: dar credibilidade ao meu método e às minhas opiniões, já que efetivamente houve vitórias nesta trajetória, e também demonstrar que em toda caminhada há percalços – representados aqui pelas reprovações e opções equivocadas que também enfrentei até o alcance do meu objetivo.

Concursos prestados:

1) Engenheiro (PECFAZ) – *aprovado em 2º lugar em São Paulo* – agosto/2013;
2) Auditor-Fiscal do Trabalho – não aprovado – setembro/2013;
3) Perito do MPU – não aprovado – setembro/2013;
4) Analista do Banco Central – não aprovado – outubro/2013;

5) Analista em engenharia mecânica da ANCINE – não aprovado – novembro/2013;

6) Analista Judiciário (área administrativa) do TRT 15ª região – não aprovado – dezembro/2013;

7) Analista da FINEP – *aprovado no cadastro de reserva* – janeiro/2014;

8) Engenheiro da Caixa Econômica Federal – não aprovado – março/2014;

9) Analista do INSS (engenharia mecânica) – *aprovado em 1º lugar em São Paulo* – março/2014;

10) Analista da Empresa de Pesquisa Energética – *aprovado* – abril/2014;

11) **Auditor-Fiscal da Receita Federal do Brasil – *aprovado em 1º lugar* – maio/2014.**

Conforme conversamos neste capítulo, eu prestava muitos concursos, mesmo que eu não soubesse todo o edital – e por isso a lista possui cargos tão distintos. Todos eles possuíam algumas matérias semelhantes às que eu estudava para o cargo de Auditor-Fiscal da Receita Federal do Brasil (o único concurso para o qual eu realmente me preparei), uns mais e outros menos, ou ainda matérias que eu havia estudado na faculdade de engenharia. Dessa forma, eu não me dediquei a cada um deles individualmente. Eu estudava apenas para o concurso de Auditor-Fiscal, e na semana anterior a cada um desses concursos "paralelos" dava uma estudada breve em temas que cairiam naquela prova.

Assim, não há como estabelecer uma relação clara entre os concursos expostos, mesmo porque o primeiro concurso fiscal de alto nível que eu prestei realmente preparado foi o de Auditor-Fiscal da RFB, no qual fui aprovado. Tal exposição serve mais como um exemplo do método de preparação para um concurso, sem abrir mão de prestar outras provas minimamente correlatas, e não tanto como uma linha contínua de preparação e crescimento. É possível, porém, notar um padrão:

• No início da preparação, ainda cru, eu só tive chances no concurso de Engenheiro do PECFAZ, pois este lidava com partes básicas de Direito, as quais eu tinha tido contato em dois meses de preparação para a Receita Federal, e com matérias de engenharia. Concursos complexos, como Auditor do Trabalho e Analista do Bacen, passaram longe da minha capacidade naquele momento;

- Concursos muito fora do âmbito fiscal, tais como o de Analista Judiciário, também estavam fora das perspectivas, por terem conteúdo muito distante do edital que baseava meus estudos diários;

- Na virada do ano de 2014, com um semestre de estudos e iniciando uma preparação ainda mais focada, eu estava começando a ser um candidato com chances em concursos complexos da área fiscal. Nesse ponto, as aprovações vieram com maior frequência, envolvendo os concursos de Analista do INSS, Analista da Empresa de Pesquisa Energética (mais ligado à minha formação inicial, mas acredito que a autoestima também contou bastante nessa prova) e, por fim, a tão sonhada aprovação para o cargo de Auditor-Fiscal.

Capítulo 2
A DECISÃO DE PRESTAR UM CONCURSO

Agora que pude contar um pouco da minha história, vamos seguir em frente e começar a abordar o foco deste livro. Nossa análise nesta obra se baseia em uma sequência cronológica, na qual uma pessoa que não conhece o mundo dos concursos vai passar por várias etapas até se tornar um servidor. E o primeiro ponto a ser discutido não poderia ser outro: por que prestar um concurso público? O que faz com que uma pessoa busque ser servidora?

Como já comentei, tenho feito palestras sobre o concurso de Auditor-Fiscal, e nesse tempo tive a oportunidade de ouvir e responder a muitas perguntas, que não raramente abordam essas vantagens que a carreira pública oferece. Eu mesmo fiz minha opção buscando algumas delas em especial. Vamos, assim, iniciar a discussão de cada uma das que se apresentam como principais vantagens, a fim de esclarecer o que são e também afastar alguns mitos que ouvimos na rua.

Dividiremos esta seção em três partes. De início, tentaremos traçar um panorama dos principais cargos oferecidos em concursos públicos, para que você possa se situar em meio a essa imensidão de informações e de editais. Na sequência, abordaremos as vantagens de se tornar um servidor público em geral, discutindo as vantagens e desvantagens que são comuns a quase todos os casos. Por fim, discutiremos especificamente as vantagens da área fiscal, entrando em uma discussão que envolve a atividade desenvolvida pelos cargos de auditoria – pois, apesar de o livro poder ser utilizado como base por muitas pessoas que estão se preparando para outros concursos, há um foco inegável na área fiscal.

O primeiro ponto para alguém que está pensando em seguir nesta via da preparação para concursos é saber se quer mesmo ser um servidor – e o mais importante nessa escolha é estar muito bem informado.

Há pessoas que se interessam por um concurso público porque querem desenvolver aquela atividade e se veem realizados sendo um Auditor-Fiscal, um Policial, um Magistrado. Há outras que, em uma situação de insatisfação, buscam a carreira pública com base nos relatos de que dentro dela é possível ter um bom salário e estabilidade. E, na verdade, esses dois aspectos estão presentes em quase todas as pessoas, em maior ou menor grau.

Se você está no primeiro grupo, já tendo um concurso em mente, a leitura deste capítulo poderá ser interessante para conhecer mais sobre a área pública e saber as vantagens gerais que você terá ao ser aprovado no cargo dos seus sonhos.

Se você está no segundo grupo, esta leitura pode ajudar ainda mais, na medida em que permitirá ter uma visão ampla da área pública e escolher a carreira que se encaixe melhor no seu perfil – considerando sua base educacional, seu tempo de estudo disponível, enfim...

2.1. UM PANORAMA DOS CONCURSOS PÚBLICOS

Uma das maiores dificuldades de um candidato que acabou de optar por ser servidor, mas que ainda não tem definido qual concurso é mais apropriado para o seu perfil, é a falta de uma sistematização sobre os diferentes concursos e suas características. A área de concursos públicos é um verdadeiro emaranhado, contendo concursos federais, estaduais e municipais, dos poderes executivo, legislativo e judiciário, e que na grande maioria dos casos não têm nenhum padrão para serem abertos nem nenhuma hierarquia clara entre si.

É possível, porém, estabelecer alguma tentativa de sistematizar essa questão. Essa tentativa serve mais como um exemplo que abrange os concursos mais gerais, pois seria praticamente impossível alcançar todos os casos. Há concursos muito específicos, como alguns dos que são voltados a uma determinada formação acadêmica, há concursos que existem em um número muito alto, como aqueles que ocorrem em âmbito municipal, e há concursos que têm uma regularidade muito baixa. Esses acabam fugindo da análise.

Cap. 2 · A DECISÃO DE PRESTAR UM CONCURSO | 15

Mas, como uma abordagem inicial já poderia nos ajudar a organizar os concursos mais gerais, tentaremos fazê-la! Vamos separar os concursos em grandes grupos, que apresentem algumas características comuns.

A numeração que utilizaremos não reflete nenhuma hierarquia ou ranqueamento específicos. Ela acaba refletindo de certa forma uma ordem decrescente de remuneração, da maior para a menor, porém isso só pode ser percebido de um modo amplo.

O primeiro grupo efetivamente é o que concentra as maiores remunerações, sendo duas carreiras de cunho muito específico; as altas funções do Legislativo, a Magistratura e a Promotoria representam um segundo degrau em remuneração; os cargos que representam autoridades do Poder Executivo vêm em terceiro lugar, com a auditoria-fiscal, advocacia pública, diplomacia, altos cargos policiais e funções de regulação e controle. Os cargos de analista representariam um nível de remuneração abaixo desses três grandes grupos, e os de técnico um nível menor que os de analistas. As carreiras bancárias têm um posicionamento mais difícil nessa escala, na medida em que envolvem algumas características de âmbito privado.

A ordem acaba também refletindo, dentro de certos parâmetros, o nível de responsabilidade de cada cargo dentro do Estado – embora essa comparação seja difícil de ser feita, em especial quando pensamos em postos que têm um regramento mais próximo do direito privado, tais como os notariais, práticos e bancários.

Enfim, sem nenhuma ambição de sermos inteiramente exatos ou muito abrangentes, vamos estabelecer uma base mínima de trabalho. Quando olhamos todas as possibilidades de concursos que podem ser prestados por um candidato, deparamo-nos com a seguinte situação:

1) Notários e Práticos

Esta é uma primeira categoria de concursos, restritíssima, que inclui rendimentos muito elevados, podendo atingir a casa das centenas de milhares de reais por mês: os concursos para notários ("donos de cartório") e os concursos para práticos (as pessoas encarregadas das manobras dos navios nos portos). Tais pessoas não são servidores públicos (no primeiro caso têm a titularidade de um cartório, administrando-o, e no segundo fazem parte de uma espécie de cooperativa que oferece este serviço nos portos), mas ambos são acessíveis pela via do concurso público.

Nesse caso você não terá estabilidade nem praticamente nenhuma vantagem ou desvantagem que discutiremos na sequência do livro. São dois cargos que fogem ao regramento que abrange o servidor público, e que estão nesta análise por incluírem uma seleção pela via do concurso.

Esses concursos são extremamente atrativos, mas pouco acessíveis em um primeiro momento para alguém que começou a ponderar ingressar nesse mundo de provas e cargos. No caso dos notários, é exigida formação em direito e há uma intensa concorrência, até mesmo por magistrados e desembargadores. Não deixa de ser um caminho para alguém com uma boa base e a oportunidade de se dedicar apenas a isso com bastante intensidade, mas o risco de não ser aprovado, devido à concorrência e à exigência das provas, é alto.

No caso dos práticos, a concorrência nem é tão grande, mas a preparação envolve uma série de provas práticas e o treinamento envolve simuladores bastante caros (da ordem de cem mil reais ou mais), além de um período após a aprovação no qual o aprovado fica em experiência no porto durante dois anos, sem remuneração – para enfim prestar a prova final e se tornar prático. Tenho visto alguns Auditores-Fiscais estudando para o concurso, e acho uma boa via para quem já está estabilizado e quer algo diferente, especialmente fora de um escritório. Mas é inegável que, devido ao caminho e aos custos necessários para atingir essa aprovação, ela fica um pouco fora do radar da grande maioria dos concurseiros de primeira viagem.

Em resumo: na minha opinião, tais concursos são o *filet mignon* do mundo dos concursos, mas dedicar-se a eles logo de início apresenta um risco enorme caso você não tenha uma grande retaguarda financeira.

2) Concursos jurídicos de alto nível

Nessa categoria se incluem os cargos da Magistratura Federal e Estadual, de Promotores Públicos e Procuradores da República, das Defensorias e das Advocacias Públicas. São concursos que exigem formação em direito e prática jurídica (o comum são três anos), apresentando etapas objetivas, discursivas e também orais. Tais carreiras são dotadas de um grande reconhecimento, e normalmente trazem benefícios além do salário – que podem fazer com que a remuneração ultrapasse até mesmo o teto constitucional.

O Magistrado, mais conhecido como Juiz, é responsável por julgar as causas que a ele são trazidas. Há quatro áreas principais que oferecem concursos públicos: Magistratura Estadual, que lida com as causas de competência estadual, Magistratura Federal, que lida com as causas de competência federal (causas em que a União é parte, crimes federais etc.), Magistratura do Trabalho e, por fim, os concursos para juiz de direito dos tribunais militares. Por estarem no Poder Judiciário, e devido à relevância do cargo, são concursos que apresentam certa regularidade.

Os Promotores Públicos, no nível estadual, e os Procuradores da República, no nível federal, são membros do Ministério Público (que atua como um "quarto poder", defendendo a ordem jurídica, o regime democrático e os interesses sociais e individuais indisponíveis). São responsáveis pelas acusações criminais, pelas ações civis públicas e por diversas outras ações.

Os Defensores Públicos fazem parte do sistema de assistência gratuita aos que não dispõem de recursos para se defender, e os advogados públicos (muitas vezes também denominados procuradores) são responsáveis pela defesa jurídica do Estado e de suas instituições em juízo.

Em resumo: tais concursos são uma excelente escolha para as pessoas do mundo jurídico, até mesmo por cobrarem especificamente os assuntos relacionados ao direito (muitos concursos jurídicos não cobram nem mesmo Língua Portuguesa). Algumas pessoas formadas em direito, porém, têm predileção e maior afinidade pela área fiscal ou de controle e suas atividades, em detrimento da área jurídica e sua rotina forense – o que pode levá-las a se interessar por concursos fora do âmbito jurídico.

3)   Analistas e consultores do Legislativo e auditores substitutos dos Tribunais de Contas

Aqui entramos na seara dos certames que não exigem formação jurídica nem são fora da realidade, tais quais os do primeiro grupo. Os cargos de Consultor e de Analista da Câmara dos Deputados e do Senado Federal oferecem uma remuneração muito elevada, comparável aos cargos jurídicos de alto nível, e um trabalho de grande responsabilidade. Nestas mesmas características se encontram os auditores substitutos de conselheiros dos Tribunais de Contas. Nesses tribunais, que são órgãos de auxílio ao Poder legislativo, os conselheiros são indicados, mas os auditores que os substituem em suas ausências e julgam outros processos de menor grau são concursados.

Como analista ou consultor legislativo você terá a oportunidade de estar no dia a dia do Congresso e participar do processo de elaboração de muitas normas e políticas públicas relevantes para o país, atuando em sua respectiva área.

Como auditor de um tribunal de contas, poderá julgar processos de contas relativos a administradores públicos, opinando até mesmo nas contas de prefeitos ou governadores. Esses cargos de auditor apresentam, porém, restrições: uma idade mínima de 35 anos e uma experiência prévia de 10 anos com a área de controle ou de fiscalização, para que o candidato possa ingressar no cargo.

São concursos extremamente interessantes e que em muitos casos não exigem formação jurídica. O fator de dificuldade aqui é a concorrência extremamente qualificada, o pequeno número de vagas (às vezes uma ou duas) e a falta de regularidade na abertura dos concursos. Esta pouca abertura de vagas faz com que não sejam a melhor estratégia para quem está ingressando na área pública e não pode suportar o risco de ficar um longo tempo se preparando para um concurso com poucas vagas.

Em resumo: são concursos muito atrativos, mas devido à baixa oferta de vagas acredito que sejam mais apropriados a alguém que já seja servidor de um cargo de controle ou de fiscalização e esteja buscando novos ares, ou ainda que já esteja empregado e disponha de tempo para estudar, sem pressa. Para uma pessoa que está apenas estudando e que precisa, no médio prazo, passar em um concurso, é de se ponderar se um preparo voltado apenas a esses cargos não levaria a um risco muito alto.

4) Auditores-Fiscais, Agentes fiscais de renda e outras autoridades tributárias em âmbito estadual e municipal

Este grupo corresponde a alguns dos concursos mais interessantes do Poder Executivo em termos de remuneração e de prerrogativas, costumando oferecer um número de vagas maior que os concursos do item anterior.

Os auditores são responsáveis pela fiscalização do cumprimento das regras tributárias pelos contribuintes, assegurando que não haja sonegação e que as receitas do Estado sejam preservadas. No âmbito da União, também atuam na área aduaneira, controlando o que entra e sai do País.

Tais concursos correspondem ao foco de muitas partes específicas deste livro, e, além da atividade desenvolvida, também apresentam um atrativo a mais: a grande oferta de vagas. Como estamos falando de uma atividade essencial aos três níveis da federação, mesmo em períodos de maior escassez de concursos é possível encontrar certames abertos em determinadas localidades. Não se exige formação específica na maior parte dos concursos fiscais, tampouco experiência profissional anterior. Abordaremos essa questão mais detalhadamente na sequência do capítulo.

O cargo de Auditor-Fiscal do Trabalho, apesar de possuir uma atividade específica, também poderia ser incluído neste grupo, já que apresenta atividades de fiscalização de certo modo semelhantes às de um auditor de tributos, muito embora dando enfoque ao cumprimento das regras trabalhistas e não das regras tributárias.

5) Carreira diplomática

Para a diplomacia não se exige formação específica e a prova é oferecida com regularidade, já que as turmas passam por dois anos de preparação no Colégio Rio Branco. Costuma-se oferecer o número de trinta vagas, o que leva a uma grande concorrência. As formações que mais aprovam candidatos são direito e relações internacionais.

É, na minha opinião, uma das atividades mais interessantes do Estado, pois você começará como secretário mas poderá, ao longo da carreira, atingir graus mais elevados e participar das Relações Diplomáticas do nosso País. A possibilidade de morar no exterior também é bastante grande.

Se a atividade é muito interessante, exige por outro lado uma formação de excelente nível e um elevado preparo, dada a pouca oferta de vagas.

6) Delegados e peritos de polícia

As carreiras policiais também exigem formação específica, sendo que para os delegados se exige a formação em direito e para os peritos a formação específica correspondente à área que escolheram (há vagas para engenheiros, biólogos, farmacêuticos, químicos etc.).

A discussão no caso dos delegados está de certa forma associada à que tivemos no item 2. São carreiras muito atrativas para pessoas formadas em direito. No caso da perícia, são concursos muito interessantes para quem gosta da área, com a ressalva de que a Polícia Federal, por fazer concursos para cada área de conhecimento de forma específica, acaba abrindo editais com poucas vagas para cada área – o que aumenta um pouco o seu risco.

No nível estadual as remunerações são bem variadas, havendo estados que seguem os altos salários pagos pela União e outros que oferecem oportunidades ainda muito interessantes, mas com remuneração ou infraestrutura menores.

7) Analista da CGU, Analista do Bacen, Analista da CVM, cargos do ciclo de gestão e da Abin

São concursos que contêm um corpo funcional muito qualificado e que tiveram uma valorização recente bastante grande, chegando a ganhar salários muito próximos dos da auditoria-fiscal. As atividades também são de destaque no gerenciamento do país, sendo que aqui foram reunidos cargos de diferentes atribuições a fim de simplificar a análise.

Há algumas características próximas dos concursos para a auditoria-fiscal, apresentando uma concorrência normalmente menor, porém um número de vagas oferecidas igualmente menor. Estão quase todas ligadas à ideia de controle, regulação ou planejamento, porém as atividades desenvolvidas diferem bastante de cargo para cargo.

Como Analista de Finanças e Controle (CGU), você poderá atuar na Controladoria Geral da União e será responsável pela defesa do patrimônio público, transparência e combate à corrupção, fazendo parte do controle interno do Poder Executivo Federal.

Como Analista do Banco Central (Bacen), você atuará na formulação, execução, acompanhamento e controle de programas relativos a gestão das reservas internacionais, política monetária e emissão de moeda, entre outras. O cargo apresenta muitas vagas em Brasília, mas há algumas unidades descentralizadas.

Como Analista da Comissão de Valores Mobiliários (CVM), você atuará de forma interna auxiliando o órgão em sua missão, de fiscalizar, normatizar, disciplinar e desenvolver o mercado de valores mobiliários no Brasil, também chamado de mercado de capitais.

O ciclo de gestão é formado por diferentes carreiras, tais como Analista de Comércio Exterior, que pertence ao quadro do MDIC e que atua com vistas à elevação da competitividade e inovação da indústria nacional, Analista de Planejamento e Orçamento, que coordena processos relacionados ao planejamento e também auxilia o acompanhamento e a execução do orçamento federal, e Especialista em Políticas Públicas e Gestão Governamental, cargo ligado à elaboração e à implementação de políticas públicas.

Já a Abin tem em seu cargo de Oficial de Inteligência outra opção bastante interessante para as pessoas que queiram trabalhar em uma área que envolve o processamento de informações sobre temas estratégicos a fim de subsidiar decisões tomadas pelo alto escalão do governo.

A única dificuldade em termos estratégicos para um concurseiro é que cada cargo deste grupo tem características próprias e pode requerer uma preparação diferente da do outro em termos de disciplinas e tipos de prova. Isso gera um ganho de escala menor do que o da área fiscal, na qual você encontra um grande número de concursos nos três níveis da federação com uma base de conhecimentos exigidos muito similar.

Mas, ainda assim, a depender da sua orientação profissional, os cargos do ciclo de gestão dos outros órgãos aqui citados são opções muito interessantes para a sua estratégia de concurseiro, e que podem seguir uma preparação próxima em muitos aspectos da que discutiremos.

8) Agências reguladoras e cargos de fiscalização ligados a Ministérios

Outra boa opção para as pessoas interessadas em uma área mais técnica e direcionada são as agências reguladoras, ou ainda algumas atividades de fiscalização ligadas a Ministérios, tais como o concurso de Fiscal Federal Agropecuário, do Mapa. São carreiras muito concorridas, todas apresentando bons salários e desempenhando funções de inspeção ou regulação de determinados setores da economia. Costumam exigir formações específicas, diferentemente da maioria das atividades de fiscalização e regulação discutidas acima.

Atualmente, existem dez agências reguladoras federais: a Agência Nacional de Aviação Civil (Anac), Agência Nacional de Telecomunicações (Anatel), Agência Nacional de Energia Elétrica (Aneel), Agência Nacional do Petróleo (ANP), Agência Nacional de Saúde Suplementar (ANS), Agência Nacional de Transportes Aquaviários (ANTAQ), Agência Nacional do Cinema (Ancine). Agência Nacional de Transporte Terrestres (ANTT), Agência Reguladora de Águas, Energia e Saneamento do Distrito Federal (Adasa), Agência Nacional de Águas (ANA), Agência Nacional de Vigilância Sanitária (Anvisa), sem contar as possíveis agências que estão em outros níveis da federação. Elas costumam apresentar dois cargos de nível superior muito interessantes: o de analista administrativo e o de especialista em regulação, que desenvolverão suas atividades dentro da área de competência da respectiva agência.

9) Carreiras de analista

Existem na área pública muitos cargos de analista, tanto no executivo quanto nos outros Poderes (excluímos aqui os cargos denominados "analistas" já abordados anteriormente, como Analista da Câmara e do Senado, ou ainda Analista de órgãos como a CGU e do BACEN), que auxiliam nas atividades do órgão, dando apoio às atividades desenvolvidas e atuando em inúmeras áreas, tanto gerais (gestão de pessoas, logística) quanto específicas.

As carreiras de analista do Poder Judiciário costumam conter tanto cargos que exigem formação específica em direito quanto cargos que exigem formação em qualquer área (área administrativa). Seus concursos têm a característica de apresentar uma prova que não é tão complexa quanto as provas da magistratura, promotoria ou de auditoria-fiscal. São, porém, provas muito concorridas em que um erro a mais pode o deixar muitas posições abaixo. A competitividade é tal nessas carreiras, que prestá-las só faz sentido se o candidato estiver focado nesse cargo.

O cargo de Agente da Polícia Federal também poderia ser incluído neste momento. É um cargo bastante interessante em termos de remuneração e de atividade, desempenhando várias das funções que fazem da Polícia Federal um órgão bastante ativo e efetivo.

Os cargos de Analista Tributário e de Analista do Seguro Social (INSS), por sua vez, apresentam semelhança com os concursos fiscais, envolvendo muitas disciplinas comuns aos cargos de auditoria, porém cobrando uma complexidade e um volume de matérias menor. São boas escolhas para candidatos que almejam a aprovação com uma preparação menos complexa, ou ainda para candidatos que estão se preparando para os concursos de Auditor-Fiscal, mas querem aproveitar todas as oportunidades de concursos abertos – já que tais carreiras já oferecem uma remuneração interessante, com inicial na casa dos dez mil reais. As atividades desenvolvidas pelos analistas conferem apoio muito importante ao desempenho das atividades-fim da instituição, envolvendo muitas vezes temas diversificados e análises complexas.

10) Carreiras de técnico

Tal qual ocorre com o cargo de analista, o cargo de técnico é muito presente na administração pública, exigindo na grande maioria dos casos apenas nível médio e oferecendo salários que podem partir de quatro mil reais, chegando até mesmo à casa dos dez mil reais, no caso de alguns tribunais específicos. Correspondem em sua maioria a cargos burocráticos, mas, a depender da instituição em que estão, têm suas atividades bastante direcionadas à função desta.

Há técnicos no âmbito do Poder Executivo, das autarquias, das Agências Reguladoras, dos Poderes Executivo e Legislativo, e até mesmo em funções que poderíamos equiparar, para fins de análise, à de técnico – tais como a de escrevente do Tribunal de Justiça.

São cargos que apresentam concursos menos complexos que aqueles da área fiscal ou jurídica, sendo, porém, muito concorridos, na medida em que um grande número de pessoas disputa as vagas – muitas delas até mesmo estudando para cargos mais complexos, mas que aproveitam a abertura do edital para tentar entrar de forma antecipada em um cargo público. Assim como em concursos para analista judiciário, nos concursos para técnico judiciário é necessária uma atenção extrema à prova, pois as notas costumam ser altas e um erro pode ser fatal.

São ótimas escolhas para candidatos que não possuam nível superior ou estejam em fase de completá-lo, para candidatos que buscam um estudo teoricamente mais curto que aquele para analista, ou mesmo para candidatos que gostem da área e da atividade. Devido à concorrência que tem se formado em torno dos concursos para técnico, importa realçar que, na maior parte dos casos, é necessária uma preparação específica e também com antecedência, assim como os outros concursos já discutidos acima.

11) Carreiras bancárias

Uma outra via interessante são os postos de trabalho em bancos (estamos nesse ponto excluindo o Bacen, já discutido). Há boas oportunidades em bancos públicos, dos quais os principais exemplos são o BNDES, a Caixa Econômica Federal e o Banco do Brasil. Tais concursos, porém, fogem um pouco à lógica até aqui aplicada. Deixamos essa carreira por último porque ela apresenta muitas particularidades, apesar de o acesso se dar pela via do concurso público.

Todos eles contam com profissionais celetistas, o que implica (como discutiremos ainda neste capítulo) um regime mais próximo ao da iniciativa privada, o que traz vantagens (tais como uma existência maior de benefícios, bônus, plano de saúde e FGTS) e também desvantagens (como a ausência de estabilidade). Como concorrem no mercado, há muitas atividades menos burocráticas e mais ligadas à venda de produtos, por exemplo. O BNDES é um caso um pouco mais específico, já que não atua no varejo, e apresenta um potencial maior de se trabalhar com análises de projetos, por exemplo. Costuma selecionar seus colaboradores por áreas específicas de formação, e oferecer salários iniciais mais elevados que os outros bancos em tela.

Uma das vantagens dos concursos bancários em geral é poder atingir um salário consideravelmente maior que aquele previsto no edital, ao serem somados os benefícios e também eventuais cargos de chefia. Ao escalar os degraus da corporação, você pode se tornar um profissional com responsabilidades bastante grandes, assim como sua remuneração.

Outra vantagem, esta mais ligada ao concurso em si, é a grande quantidade de vagas e a relativa baixa complexidade da prova quando comparada a um concurso fiscal ou do ciclo de gestão. Observe, porém, que a concorrência é bastante elevada, e o preparo com antecedência para a prova, apesar de poder levar menos tempo que os outros concursos supracitados, é muito importante.

Conclusão:

Excluímos desta análise outros ótimos concursos que certamente existem, mas que têm caráter específico – como concursos para médicos, por exemplo, cargos municipais de pouca divulgação ou cargos que raramente têm editais abertos. Excluímos ainda alguns concursos que têm grande quantidade de vagas, mas que fogem um pouco do escopo da discussão e cuja atividade já é perceptível a partir do nome do cargo – tais como concursos para professores ou policiais militares.

Mais que uma abordagem que visa à completude, tentamos dar um panorama da área, focando no reconhecimento e na remuneração dos cargos, mas revelando alguns aspectos das atividades e dos concursos também. Na ausência de uma análise completa, que abrangesse as centenas (ou até milhares) de cargos existentes em todos os níveis da federação, ficamos com uma divisão preliminar que poderá auxiliá-lo bastante nessa sistematização do mundo dos concursos e, a partir da escolha de algum desses subgrupos, expandir suas buscas.

Caso sua escolha seja pela área fiscal, não perca cada detalhe das discussões mais aprofundadas que faremos, já que elas podem sanar muitas dúvidas que os candidatos costumam ter.

Toda essa explicação foi para situar você, leitor, nesse mundo de opções que a área de concursos apresenta, e também para justificar o porquê de uma ou algumas áreas se revelarem melhores a depender do perfil de cada candidato!

2.2. ASPECTOS RELACIONADOS À ÁREA PÚBLICA EM GERAL

Há aspectos que são comuns a quase toda a área pública, tais como a estabilidade, a qualidade de vida e a ideologia por trás daquilo que um cargo público representa. Vamos, assim, abordar esses elementos, que podem servir a um candidato que deseja qualquer cargo público.

2.2.1. Estabilidade

O primeiro ponto de discussão, de longe o mais levantado pelas pessoas que vêm a mim perguntando sobre vantagens da carreira pública, é a estabilidade. Ela tem sido uma marca do serviço público e, longe de ser uma benesse, corresponde na verdade a um instrumento de suma importância para que os órgãos de Estado sejam independentes de interferências por parte do governante que se encontra no poder. Já imaginou se as pessoas da Receite Federal, da Polícia Federal ou de outros tantos órgãos importantes fossem trocados a cada troca de governo ou, pior, a cada investigação?

Do ponto de vista do servidor, a estabilidade não só é boa, como garantia de que ele poderá exercer seu trabalho sem influências, mas também, claro, por causa de uma certa previsibilidade de que estará empregado no futuro. Não são raros os casos em que empregados muito dedicados de uma empresa perdem seus empregos em um momento de dificuldade econômica, de entrada de novos concorrentes ou mesmo de uma mudança da empresa para outra localidade. A incerteza da estabilidade no emprego não traz transtornos apenas em relação a uma eventual demissão, mas pode ser uma constante – o que tira a tranquilidade do trabalhador.

A estabilidade no serviço público tem regras, e estas regras podem ser bem diferentes do que você já tenha ouvido por aí. Em primeiro lugar, são necessários três anos de efetivo exercício para que o servidor obtenha a estabilidade. Antes disso ele se encontra em estágio probatório, em que aspectos como assiduidade, disciplina e aptidão serão avaliados. Ao final desse período há uma avaliação de desempenho que confere a estabilidade ao servidor.

No dia a dia da Receita Federal nunca percebi diferença alguma entre servidores estáveis ou não, e tal avaliação não deve causar nenhum medo: o próprio concurso já seleciona de uma forma tão rígida que as chances de que você cumpra os requisitos necessários são enormes. Eu tenho pouco tempo de casa, mas nunca me deparei com um caso em que um servidor em estágio probatório não conseguisse desempenhar bem sua função e atingir tais exigências.

Em segundo lugar, é importante ter em mente que concurso público não quer dizer estabilidade. A estabilidade se aplica aos servidores ocupantes de cargos efetivos. Estes são, salvo pequenas e pontuais exceções, os aprovados em concursos para a administração direta, autarquias e fundações públicas da União, estados, Distrito Federal e municípios. Esta categoria abrange todos os cargos fiscais que discutiremos aqui (Auditor-Fiscal, fiscais das Secretarias da Fazenda, Analistas do BACEN...), as carreiras policiais, as carreiras jurídicas e tantas outras. São os "servidores públicos".

Há casos, porém, de pessoas que prestam um concurso e que não possuirão estabilidade: os concursados em empresas públicas e sociedades de economia mista, denominados "empregados públicos", que são submetidos à Consolidação das Leis do Trabalho (CLT). É o caso do Banco do Brasil, da CEF, da Petrobras, do BNDES. Por estarem na administração pública, uma eventual demissão deve ser motivada e não poderá jamais ser arbitrária; muitos estatutos e tradições internas por vezes tornam a demissão algo quase inexistente – o que, apesar da falta de estabilidade, gera grande segurança.

E o servidor público nunca poderá ser demitido? Certamente há casos em que isso pode ocorrer. Tais regras visam proteger a sociedade de comportamentos abusivos, e estão previstas na Constituição. De forma simplificada, um servidor público poderá ser demitido em quatro situações:

- por uma sentença judicial transitada em julgado (o judiciário decidiu que tal servidor não pode mais ocupar o cargo, o que pode se originar da prática de um crime, por exemplo),
- por um processo administrativo (por exemplo, caso o servidor desrespeite alguma regra do estatuto, como faltar de forma muito frequente),
- por um processo de avaliação periódica de desempenho (esta avaliação é feita anualmente, mas não se preocupe: assim como a avaliação para se tornar estável, uma pessoa que foi aprovada no concurso e que se dedique tem totais condições de cumprir os requisitos),
- caso o Estado esteja em grave crise, gastando um percentual alto de suas receitas com pessoal, e já tenha esgotado todas as outras possibilidades de redução de gastos exigidas.

Dos quatro casos expostos acima, perceba que, se você for um servidor que respeite as regras e que exerça sua função com qualidade, o único caso em que você poderia perder seu cargo seria o quarto, sendo que até hoje esse caso nunca ocorreu (nem está próximo de ocorrer, mesmo com o déficit fiscal, ao menos em nível federal). Essa realidade é bastante diferente da iniciativa privada, na qual um mal-estar econômico pode fazer com que um excelente colaborador perca seu emprego – o que faz com que muitas pessoas passem a se interessar pela carreira pública.

Farei aqui uma observação: tentarei ao máximo fazer com que a leitura flua de forma tranquila, alguns termos são jurídicos, mas faz parte do meu compromisso oferecer um material que seja o mais detalhado possível, pois isso ajuda. Ao mesmo tempo, há partes que poderiam ser ainda mais desenvolvidas, como as exceções de servidores CLTs existentes antes de 2007, mas que fogem completamente do foco deste material. O equilíbrio entre a qualidade e a fluidez é difícil, mas prometo fazer com que o material traga as informações que são importantes sem que fique chato por muitas páginas, ok?

Uma dica para quem quer se aprofundar no tema é uma leitura dos arts. 37 a 41 da Constituição Federal, bem como das partes apropriadas da Lei nº 8.112/90 e da doutrina de direito administrativo – que você certamente terá em sua preparação para o concurso, já que são matérias cobradas nas provas fiscais, e que de forma superficial são facilmente encontradas ao se buscar pela "estabilidade" em qualquer site de buscas, como o Google.

Vimos que a estabilidade se aplica a todos os cargos efetivos de que trataremos neste livro, e não se aplica aos concursos de empresas públicas e sociedades de economia mista, alguns deles muito interessantes (como é o caso do BNDES). De toda forma, **na administração pública você terá bastante segurança de que acordará empregado no dia seguinte**, o que constitui nossa primeira vantagem debatida.

2.2.2. Salários iniciais

Um segundo ponto dentro desse debate sobre os benefícios gerais de se optar pela carreira pública são os salários iniciais. Em uma rápida comparação com a iniciativa privada, podemos notar que os salários da área pública pagos a uma pessoa em início de carreira (em especial de carreiras como as fiscais e jurídicas) são bastante atrativos.

Cap. 2 · A DECISÃO DE PRESTAR UM CONCURSO | 29

Citar aqui vários salários e expor as tabelas de remuneração seria algo pouco produtivo, já que estes podem sofrer variações. De forma superficial, porém, podemos apontar que, em valores de 2017, a remuneração de muitos cargos técnicos de âmbito administrativo, que exigem nível médio, pode chegar a R$ 5.000,00 (alguns cargos técnicos judiciários, bastante concorridos, podem oferecer quase o dobro disso). No âmbito dos concursos que exigem nível superior, os concursos fiscais têm remuneração inicial na casa dos R$ 16.000,00 a R$ 20.000,00, sendo que em vários estados as Secretarias da Fazenda pagam valores ainda mais altos.

Podemos pensar em áreas muito específicas da iniciativa privada, como no mercado financeiro ou em ações de empreendedorismo, que efetivamente ofereçam salários iniciais até maiores. Mas não é difícil perceber que, quando comparados à média do mercado, tais valores são bastante atrativos – e não é à toa que, como consequência, os concursos hoje têm se tornados cada vez mais competitivos e desafiadores.

É bastante útil que você saiba como buscar as informações sobre a remuneração das diversas carreiras públicas, e que consiga assim estar atualizado sobre esses valores. Não há nada de errado nisso, pois os cargos são públicos e você tem o direito como cidadão de estar informado. Como concurseiro, mais do que o direito, você tem o dever de conhecer bem as regras do jogo que vai enfrentar – o que pode até mesmo dar uma boa base de escolha, caso este ponto seja o de seu maior interesse.

A primeira ferramenta que permite que obtenhamos os valores dos salários dos servidores é a lei, no entanto esta é a mais difícil em termos de busca, pois é preciso saber o número da lei e, posteriormente, encontrar seu texto. Listamos aqui apenas para não deixar de citar tal método.

Uma outra tática muito eficiente são as tabelas de remuneração, que, ao menos em nível federal, são bastante completas. A tabela de remuneração dos servidores federais é facilmente encontrada na internet no endereço eletrônico: <http://www.planejamento.gov.br/assuntos/gestao-publica/arquivos-e-publicacoes/tabela-de-remuneracao-1>, ou simplesmente digitando seu nome em algum site de buscas como o Google. O relatório traz, em mais de 500 páginas, todas as remunerações pagas aos cargos civis do Executivo Federal. Nestes valores não estão presentes eventuais auxílios.

Caso você busque cargos que não estão nessa tabela (um cargo que não é civil, que não é do Executivo ou que não é federal não estará na tabela acima, por exemplo), ou ainda queira uma informação mais completa, que envolva salários e também verbas adicionais, a melhor forma são os portais de transparência. Buscando no Google pela palavra "portal de transparência" seguida do Poder e do ente que procura (exemplo: "portal transparência executivo São Paulo"), você será levado a uma página em que poderá obter os dados de salários, muitas vezes até individualizados por nome, dos integrantes de cada cargo lá existente. É uma ótima ferramenta de controle social e, para um concurseiro, uma valiosa fonte de informação.

Tais salários iniciais muitas vezes não são seguidos de uma evolução grande ao longo da carreira. No caso da Receita Federal, por exemplo, a remuneração de um Auditor-Fiscal recém-ingresso equivale a 69% da de um servidor no último nível da carreira. Assim, diferentemente da iniciativa privada, em que pode haver grandes evoluções salariais ao longo da vida profissional de uma pessoa, o serviço público é normalmente marcado por uma realidade de bons salários iniciais e pouca evolução destes ao longo do tempo.

Mas, sem dúvida, **os salários da área pública representam um grande atrativo, ficando acima da média do mercado e atraindo para os concursos muitos candidatos de alto nível.**

2.2.3. Métodos impessoais de seleção

Um terceiro ponto bastante vantajoso da carreira pública são os métodos impessoais de seleção. Apesar de haver críticas ao método dos concursos devido ao fato de, em alguns casos, eles selecionarem pessoas que são muito boas para fazer provas, mas não tão aptas à atividade que o cargo desempenha, como regra geral, acredito que o concurso é uma fórmula eficiente de evitarmos nomeações políticas e o famoso "quem indica". **Para a pessoa que se dedica, investindo tempo e dinheiro em uma preparação, saber que o método de seleção não confere vantagens subjetivas a uma pessoa é algo ótimo.**

Contarei uma história da época em que eu estava fazendo entrevistas de emprego, quando deixei meu cargo na consultoria e ainda não tinha me decidido inteiramente pela carreira pública. Eu fiz inscrições em diversos programas de trainee e em várias vagas de emprego, a maioria em processos grandes de seleção que se iniciam pela internet e são focados em recém-formados.

As entrevistas continham vários candidatos, a maioria bem qualificada e capacitada, mas o que me surpreendeu mesmo foi o grau subjetivo da seleção. Muitas vezes era tão subjetivo que chegava a ser um tanto aleatório. Já tive que responder qual remédio eu seria, já tive que dizer com qual estilo musical a empresa se parecia, já participei de pequenas apresentações teatrais e já tive que me apresentar usando imagens recém-espalhadas pelo chão.

Não sou especialista no assunto, tampouco duvido que haja um estudo por trás disso, mas devo dizer o que penso (e acho que muitos concordarão comigo): para o candidato isso é terrível. E por quê? Porque nos preparamos para uma coisa e o processo nos leva a algo completamente diferente. Ele tem muita subjetividade. Ele gera desconfiança.

Se há algo extremamente importante para alguém que deseja determinada vaga, é a segurança de que, ao se voltar para aquilo, ao investir tempo e dinheiro em uma preparação, suas chances aumentem proporcionalmente ao seu esforço. Uma avaliação subjetiva rompe completamente com essa lógica. Nos concursos, se por um lado há a dificuldade da preparação, das questões e do controle emocional na hora da prova, por outro, você sabe que o processo é objetivo.

Algumas provas de concursos jurídicos, como a magistratura e a promotoria, apresentam uma etapa oral. Eu conheço o funcionamento dessas avaliações de uma forma menos profunda, e realmente poderia haver um caráter subjetivo, mas todo o controle que existe em cima desses concursos reduz em muito essa possibilidade. Nas provas fiscais, policiais, bancárias e administrativas, porém, as etapas são todas no papel. Há a prova objetiva e, em alguns casos (como o da Receita Federal), também uma prova discursiva. Mas esta última é bastante regrada, com questões claras e um gabarito bem estruturado – sem falar na grande transparência e no direito a recursos.

Em resumo, a objetividade é muito grande, e isso não é um ponto negativo. É o que garante que ninguém vai gostar mais da cor dos olhos de outro candidato e excluir uma pessoa mais capacitada por conta disso. É o que garante que uma preparação adequada e uma prova bem-feita o deixarão muito próximo da tão sonhada vaga.

2.2.4. Equilíbrio entre a vida pessoal e a profissional

Outro aspecto positivo da carreira pública é a possibilidade de ter um equilíbrio entre a vida pessoal e a profissional. Foi uma das principais razões que me fizeram deixar meu antigo emprego, e posso afirmar uma coisa com toda franqueza: não acordei nenhum dia me arrependendo desta escolha. Por favor, não interprete errado esta passagem do texto: aquela visão deturpada que a sociedade às vezes ainda tem, de um funcionário público que não cumpre horários e trabalha muito pouco, deve ser totalmente excluída da nossa realidade – e em muitos órgãos sérios já está em extinção.

Não defendo de forma alguma que o concurso dê uma qualidade de vida a troco de um desempenho profissional ruim. O que é essencial dizer, porém, é que **o equilíbrio entre o âmbito pessoal e o profissional é muito importante para a vida de uma pessoa**, e, em muitos casos, a iniciativa privada, pressionada pela redução de custos e pela competitividade, exige uma carga de trabalho que não se consegue cumprir, ou até mesmo desrespeita pontos da legislação trabalhista. Minha geração tem considerado isso normal e lidado com o fato de a carreira estar acima de tudo e de todos de uma forma assustadoramente natural.

Sempre acreditei que uma pessoa tem de desempenhar uma função que a satisfaça, que a desafie, que seja útil para a comunidade, mas sem esquecer de que em dado momento do dia é preciso desligar. No serviço público, temos excelentes cargos, muitos deles na área fiscal, que têm selecionado servidores capacitados ao longo do tempo e que realizam tarefas muitas vezes complexas.

A fiscalização de tributos pela Receita Federal e pelas Secretarias da Fazenda, a fiscalização e regulamentação das instituições financeiras pelo BACEN, a fiscalização do trabalho pelo Ministério do Trabalho, a atividade de planejamento desempenhada pelo MPOG, a atividade dos órgãos de controle como CGU e Tribunais de Contas... Em nenhuma delas você estará estagnado, muito pelo contrário. E terá a possibilidade de equilibrar sua vida pessoal e profissional, podendo, ao fim do expediente, desfrutar do tempo livre, ou até mesmo seguir outras atividades de estudo ou profissionais.

Minhas experiências com o ambiente de trabalho na área pública também têm sido muito boas. O fato de ser um trabalho complexo gerou, em todos os locais em que passei, um companheirismo grande dentro da equipe, já que a troca de ideias é um dos meios de ter uma equipe desenvolvendo um trabalho de fiscalização coeso e inovador. E como não se trata de uma atividade que envolva competitividade, como poderia ser em uma área de vendas ou de disputa por clientes, o clima é de amizade. Não foram raras as vezes em que, no aeroporto, eu chegava antes para tomar café com alguns colegas, conversava sobre diferentes assuntos e começava o dia muito bem.

Este é um ponto muito importante; nunca é construtivo estar em um ambiente pesado, e não é bom em nenhum aspecto estar em um lugar do qual não se gosta. Faz sentido estarmos em um locar que apreciemos – e eu acredito que o principal fator que leva a isso é o respeito. O fato de a Receita Federal me respeitar, em termos de carga de trabalho e de vida privada, é um dos aspectos que faz com que eu a respeite, é um dos aspectos que faz com que o ambiente se torne bom e é, assim, certamente um dos aspectos que faz com que as pessoas optem por trabalhar lá.

2.2.5. Ideologia

A ideologia também é um fator que pode o levar a escolher a carreira pública – ou um fator que o afaste dela também. Há pessoas que pensam no Estado como algo lento, pesado, que em muitos casos não responde à sociedade com bons serviços. Isso naturalmente afasta as pessoas dedicadas, pois imaginam que isso possa deixá-las em um ambiente em que não se desenvolverão. Tenho de ser sincero: alguns amigos da época de faculdade que se tornaram servidores já me reclamaram disso.

Por outro lado, o serviço público tem um alto grau de importância em algumas áreas, em especial quando falamos do fornecimento de serviços essenciais, do fomento ao desenvolvimento e de estratégias de distribuição de renda. E o fato de tentar fazer com que ele melhore, seja mais efetivo e possa desempenhar melhor as atividades que uma grande parte da população precisa é algo motivador, que pode o trazer para a área pública. Eu senti muito isso quando trabalhei no aeroporto, já que tinha contato diário com os exportadores, que dependiam de uma rápida atividade nossa na verificação ou na correção de documentos para que sua carga deixasse o País no menor tempo possível. Num período recente, houve grandes avanços no aeroporto, que fizeram o tempo de despacho cair consideravelmente, e era muito gratificante atender o público de forma atenciosa e ver que um trabalho bem feito e célere foi útil para o exportador (nesse caso quase um cliente).

A visão de um Estado lento pode afastar uma pessoa da carreira pública, julgando que a iniciativa privada é quem efetivamente move a economia. Mas a aptidão para o trabalho público, em que não se discutem lucros, mas sim um fim coletivo, pode ser um fator que o atraia para essa área – o que me deixaria muito contente, pois a presença de pessoas cada vez mais conscientes e talentosas é fundamental na atividade de qualquer instituição.

2.2.6. Uma pausa: as desvantagens

A fim de que sua escolha seja pautada em informações, o que é o objetivo central dessa parte do livro, é importante discutirmos também as desvantagens de se entrar no serviço público. Logicamente, em nenhum lugar há um cenário em que só ocorram pontos positivos, e na nossa análise isso não é diferente.

A primeira desvantagem é algo que eu ouvi de uma pessoa que respeito muito, no meu primeiro dia como Auditor-Fiscal no Aeroporto de Guarulhos, em uma palestra para os novos ingressantes no cargo – e sobre a qual eu refleti bastante: "Vocês não vão ficar ricos".

O concurso público afasta de uma situação de necessidade, não tenha dúvidas. Os bons concursos, como já discutimos, remuneram acima da média do mercado, e efetivamente permitem uma vida bem estruturada. Mas se o seu sonho é ter uma Ferrari, se o seu sonho é viver uma vida de extremo luxo, se o seu sonho é juntar em dez anos um valor que o permita parar de trabalhar, o concurso público não é a via adequada.

Existem outros meios que possibilitam obter uma remuneração maior que a média em um tempo curto, como o empreendedorismo ou o trabalho em instituições bastante arrojadas, como bancos de investimento ou até mesmo uma consultoria. No primeiro caso, sendo você o proprietário do negócio, seus ganhos não têm um teto teórico, com a desvantagem de um enorme risco associado ao início da atividade. No segundo caso, tais carreiras possibilitam um crescimento bastante acelerado, mas envolvem um alto grau de estresse e um desempenho sempre alto, sob o risco de demissão.

Essa característica do serviço público, de oferecer um salário interessante, mas bastante rígido, pode ser contornada pelas pessoas que têm uma ambição maior e veem em si potencial de fazer algo além do seu cargo. É plenamente possível se tornar um professor de cursos preparatórios ou mesmo da área acadêmica, ser autor de materiais e livros, criar uma empresa (dentro daquilo que o estatuto dos servidores permite) ou até mesmo focar em concursos que envolvam uma remuneração maior do que a do seu cargo...

A rigidez da remuneração é outro fator que pode gerar desconforto. Seu salário como servidor público será disciplinado na lei, e apenas uma mudança nela poderá alterá-lo. Pode haver casos em que você tenha um desempenho muito melhor que um colega, mas não possa ser recompensado financeiramente por isso. E não adianta conversar com seu chefe, ameaçar partir para um concorrente, nem lançar mão de nenhuma forma de negociação: seu salário é definido em lei. Os reajustes também serão votados no legislativo, o que torna o processo complexo. A mesma estrutura que protege com a estabilidade é aquela que pode o segurar em algumas situações.

Outra desvantagem é a burocracia que existe na atividade pública, que pode afastar potenciais candidatos que não lidem bem com esse estilo. A burocracia não significa necessariamente algo ruim – seu excesso, quando ocorre, é que torna a situação complicada.

É natural que, como Auditor-Fiscal, eu deva documentar tudo o que faço. Uma fiscalização da corregedoria ou dos órgãos de controle (ou da própria população, em casos que não envolvam sigilo fiscal) deve ter os documentos em mão para ter a certeza de que eu procedi da forma apropriada. Inúmeras leis visam proteger o contribuinte e, apesar de poderem atrasar o meu trabalho, devem ser respeitadas enquanto estiverem em vigor. Alguns aspectos da burocracia disciplinam o serviço público e impedem abusos, sendo importantes para o controle social.

As situações em que a burocracia começa a atrapalhar, por outro lado, devem ser rapidamente corrigidas a fim de que não se atrapalhe o serviço em vez de disciplViná-lo. Ter candidatos que critiquem tal excesso é muito salutar para o serviço público, e eu espero que eles comecem a vir em grau cada vez maior.

A dificuldade que impacta a escolha de um candidato pela área pública é quando ele não gosta nem mesmo dessa burocracia mínima.

Há pessoas que são extremamente dinâmicas, e que gostam, como comentamos acima, de ambientes como o de *startups* e empresas com uma realidade mais flexível. A simples necessidade de documentar seus atos ou de solicitar autorização para ações específicas pode ser um tédio para esse estilo de pessoa. Se você tem essa característica, nesse ponto cabe realçar que o serviço público pode se tornar desestimulante para você.

Isso se desdobra em mais um ponto: o aprendizado na carreira pública pode ocorrer de forma menos rápida, já que em determinadas funções você pode se deparar com situações mais repetitivas e menos criativas. A curva de aprendizado em um programa de trainee, em uma área de desenvolvimento ou em uma consultoria tende a ser mais acentuada. Nesse ponto, porém, vale ressaltar: há muitos aspectos inventivos e desafiantes em fiscalizações que são feitas diariamente em instituições como a Receita Federal e a Polícia, que também podem trazer aprendizado e desafios para o servidor!

Há ainda uma tendência menor de que você faça viagens para o exterior e desenvolva contatos profissionais com a área privada, já que seu trabalho não apenas envolve uma atividade em território nacional como também, em muitas ocasiões, envolve certa discrição no contato com os contribuintes.

2.2.7. Aposentadoria

Muitas pessoas pensam na carreira pública devido às regras de aposentadoria. De fato, a aposentadoria no serviço público sempre foi vista como muito vantajosa, e até os dias de hoje tem regras interessantes. É fundamental, porém, o alerta para as mudanças que ocorreram.

Até o ano de 2003, os servidores públicos estatutários, que contribuíam mensalmente para o regime próprio (um ente distinto do Regime Geral do INSS, ao qual são vinculados os trabalhadores da iniciativa privada) com 11% de todo o seu salário, recebiam ao se aposentarem uma aposentadoria integral (ou seja, no mesmo valor do seu último salário) e com paridade (ou seja, com reajustes idênticos aos dos servidores da ativa). Apesar das altas contribuições, essa regra era muito benéfica ao servidor, já que seu padrão de vida não se alteraria em nada quando se aposentasse.

Os servidores que ingressaram no serviço público a partir de 2003, porém, estão em regras diferentes. A partir desse ano, aos entes públicos (União, estados, distrito federal e municípios) foi dada uma escolha: continuar recolhendo 11% sobre todo o salário dos servidores, e quando estes se aposentarem teriam uma remuneração equivalente à média das 80% maiores remunerações que receberam, ou recolher 11% do salário dos servidores limitado pelo teto do INSS, e quando esses se aposentassem teriam proventos limitados por esse teto, tal qual ocorre com a iniciativa privada. Nessa segunda opção, porém, os entes deveriam necessariamente criar um fundo de previdência complementar para esses servidores no qual eles poderiam depositar um percentual do salário – e nesse caso o ente depositaria a mesma quantia nesse fundo.

No caso dos entes que não criaram o fundo complementar, a regra permanece parecida com à anterior a 2003, com altas contribuições e altos benefícios de aposentadoria – porém não se segue mais o último salário como base da aposentadoria, e sim uma média dos salários de contribuição.

No caso dos entes que criaram o fundo complementar, porém, os servidores contribuirão até o teto do INSS e se aposentarão com um valor limitado pelo teto do INSS, tal qual a iniciativa privada (porém sem fator previdenciário), e com o valor adicional do que este plano complementar vier a render com seus investimentos.

No serviço público federal esse plano complementar já existe desde 2012, chama-se FUNPRESP e o servidor pode contribuir com um percentual da diferença entre o valor do seu salário e o valor do INSS. Em estados como São Paulo, Rio de Janeiro, Minas Gerais, Bahia, Rio Grande do Sul e Paraná o plano complementar também já foi criado, e assim os novos servidores não terão a aposentadoria integral – terão, como dissemos, a aposentadoria limitada ao teto do INSS e os rendimentos desses investimentos do fundo.

Mesmo no caso dos estados e municípios que não criaram o plano complementar, e que se mantêm, assim, na regra da integralidade pela média dos salários de contribuição, buscar o serviço público apenas por esse motivo não é mais interessante, já que um servidor que entre na administração pública com mais idade terá sua aposentadoria calculada pela média das contribuições, levando-se em conta também seus empregos anteriores, o que não levará a um valor expressivo.

A aposentadoria no serviço público tem seu grau de atratividade, já que os regimes complementares, se bem administrados, podem render um bom valor para o servidor aposentado. Porém, a atratividade da integralidade já não existe há mais de dez anos para os servidores novos. As aposentadorias com integralidade e paridade só estão garantidas para quem já tinha o direito, estando a regra atual bem próxima da de muitas empresas privadas.

Isso não significa que a regra atual seja ruim. O fundo criado em nível federal, o FUNPRESP, tende a ser em pouco tempo o maior fundo de aposentadorias da América do Sul, e as simulações de rendimento são bastante interessantes, principalmente em um cenário de juros elevados. O fato de o ente público colocar uma contrapartida idêntica à do participante faz com que o plano já seja bastante vantajoso. Mais do que isso, ele ainda carrega alguns resquícios da lógica antiga: na existência de uma aposentadoria por invalidez, por exemplo, o fundo concederá uma aposentadoria integral ao beneficiário.

É importante conhecer a regra para não ter falsas expectativas, em especial no caso de candidatos com mais idade. Mas mesmo assim a aposentadoria pública, se não tem mais as regras extremamente interessantes de outrora, ainda conserva características bastante atrativas.

2.3. ASPECTOS RELACIONADOS À ÁREA FISCAL

Esse livro, apesar de ter um enfoque que pode ser geral ao estudo para qualquer área pública sob muitos aspectos, guarda certa relação com a área fiscal e com o concurso da Receita Federal nas muitas de suas discussões – e não poderia ser diferente, dado que esta foi a área e o concurso nos quais eu me desenvolvi como concurseiro, e é uma das áreas mais procuradas pelos candidatos.

Seguindo a linha cronológica de raciocínio que este livro se propôs a fazer, suponhamos que as vantagens da área pública em geral tenham o seduzido, e você pense em fazer um concurso. Como já conversamos, existem inúmeros concursos que podem ser divididos por afinidade em algumas áreas, como a fiscal, a policial, a jurídica etc. Sendo assim, por que um candidato escolheria a área fiscal – caminho que eu e tantas outras pessoas escolhemos? Vamos fechar um pouco a análise e discutir quais são as vantagens específicas dessa área tão vasta e cheia de oportunidades!

2.3.1. A relevância da área fiscal

A Receita Federal e as Secretarias da Fazenda estaduais e municipais desempenham um papel muito importante para o Estado. Vamos aproveitar aqui para já trabalhar um ponto que será muito importante nos seus estudos: os servidores públicos não trabalham para o governo, eles trabalham para o Estado, que é a organização soberana de um povo em um território. O governo é algo muito mais temporário, formado por pessoas eleitas que controlam o Estado em um período de tempo. Na linguagem popular, um servidor público trabalha "para o governo", mas na verdade ele trabalha para o Estado.

O Estado brasileiro é federativo e se divide na União, nos estados e nos municípios – e a partir daí surge toda a organização administrativa que conhecemos. E por que eu fiz essa explicação nesse ponto inicial? Porque nestes órgãos (na Receita Federal em especial) **você tem uma clara sensação de que não trabalha para algo passageiro, tampouco para algo com orientação política – como o governo.** Estou no órgão há alguns anos e nunca trabalhei com alguém indicado em um cargo em comissão de fora do quadro de auditores, analistas e servidores do Ministério da Fazenda e do Serpro.

Essas instituições são muito profissionais e possuem quadros muito bons de servidores, dos quais você sentirá orgulho de fazer parte – e isto é algo que se acentua nos anos recentes, em que percebemos a capacidade dos novos servidores que vêm sendo aprovados nos concursos e que se somam a outros muito bons que já possuem certa experiência. Isso permite que um trabalho muito sério seja realizado.

Como eu comentei acima, as instituições que lidam com a área fiscal realizam um trabalho muito importante: a arrecadação de tributos para o financiamento do Estado. Assim, a manutenção dos serviços de educação, de saúde, de segurança, os investimentos em obras públicas, a defesa do País e tantas outras despesas e investimentos realizados pela esfera pública são possibilitados porque os cidadãos contribuem com impostos e porque estes órgãos atuam na cobrança e fiscalização deste recolhimento. Tal atividade é muito relevante e certamente fará com que você atue sabendo que desempenha algo construtivo para o País.

No caso da Receita Federal, há ainda o controle aduaneiro, ou seja, a verificação das mercadorias que entram e saem do país, evitando a ocorrência de crimes (como contrabando e descaminho), de sonegação – que podem causar muitos danos não apenas à arrecadação, mas à economia nacional e – e de infração a outras regras, tais como as econômicas e sanitárias.

2.3.2. A atividade desenvolvida

O número de atividades desenvolvidas por um auditor é muito amplo, o que é uma grande vantagem na medida em que é muito improvável que alguém não consiga encontrar um lugar que goste dentro da Receita Federal. Estou neste momento me baseando na minha experiência na casa, mas acredito que isto seja uma marca para toda a administração tributária do País, na Receita ou em suas coirmãs estaduais e municipais.

Há auditores trabalhando na fiscalização em si, o que permite um contato direto com os contribuintes e com as situações, muito embora já haja muitos sistemas informatizados que podem reduzir esse contato quando isso for conveniente. Tal atividade envolve grande responsabilidade e traz como vantagem o aprendizado e o regime de horário variável – normalmente com um trabalho avaliado por metas.

Há também auditores trabalhando na seleção de contribuintes, analisando as bases de dados da Receita Federal e verificando quais contribuintes devem ser fiscalizados a partir de indícios, comportamentos anormais e até mesmo denúncias. Tal atividade envolve aprofundamento menor, mas uma frequência de análises maior e conhecimento também amplo das regras tributárias. Envolve um trabalho mais regrado em termos de horário e de atividades, com a contrapartida de, sendo um trabalho interno, não envolver diligências (idas ao local investigado) ou outras abordagens.

Há ainda os auditores atuando em áreas de arrecadação e controle do crédito, acompanhando os autos lançados nas situações em que tenha havido contestação administrativa ou judicial, os auditores atuando na restituição, a partir de pedidos das empresas em casos em que tenham recolhido tributos a mais, auditores atuando em áreas como as emissões de certidões fiscais e habilitações ao comércio exterior...

Na aduana, temos auditores nos despachos de importação e exportação, verificando o conteúdo das cargas e o comparando com a documentação, em uma análise que envolve atenção ao conteúdo e também a compreensão das regras tributárias, como a classificação das mercadorias na nomenclatura NCM, as diferentes isenções e os vários regimes de comércio internacional (*incoterms* etc.).

Há ainda equipes de procedimentos especiais, a fim de fazer uma análise de risco das cargas, equipes de acompanhamento de regimes aduaneiros especiais (como exportações e admissões temporárias), equipes atuando junto aos correios e às cargas de remessa expressa, equipes de vigilância que controlam os fluxos dentro das áreas alfandegadas (como portos e aeroportos), e também as equipes de bagagem – as quais você já deve ter visto caso tenha feito alguma viagem ao exterior.

Se você tem um perfil mais "policial", as equipes de vigilância dos portos e aeroportos, as equipes existentes nas unidades de fronteira terrestre ou as divisões de repressão (mais centradas em capitais, atuando contra empresas irregulares e situações de contrabando e descaminho) podem ser um local ao qual você se adapte bem. Tais equipes realizam operações e têm um método de trabalho mais ostensivo, podendo até mesmo ter o porte de arma (os auditores-fiscais têm a autorização para ter porte de arma pelo estatuto do desarmamento, desde que cumpram requisitos – como o devido curso preparatório – e estejam em áreas da Receita que justifiquem tal necessidade).

Se você tem um perfil mais fechado, o trabalho em unidades mais burocráticas pode ser uma boa escolha, no qual você aplique sua inteligência a casos e processos que não envolvam uma atividade de diligência ou de repressão. Um perfil investigativo se daria muito bem nos núcleos de combate à fraude e na própria seleção e fiscalização. Um perfil extremamente detalhista pode ser ótimo em uma atuação com estudos de classificação fiscal. Alguém que goste de uma rotina variada provavelmente gostará da realidade de um porto ou aeroporto, e alguém que goste da área gerencial pode se ver realizado buscando a ascensão hierárquica dentro da Receita Federal, tornando-se chefe de equipe, delegado, superintendente... E, por que não, podendo até mesmo ingressar em altos cargos do Executivo Federal devido à experiência adquirida na Receita.

A existência das delegacias de julgamento e do CARF (composto em parte por auditores-fiscais, além de outros membros até mesmo da sociedade civil) gera oportunidades de trabalho com julgamento de recursos feitos contra os autos de infração lançados pelos auditores – algo muito interessante para quem gosta desse tipo de trabalho ou tem interesse de se aprofundar na área de direito.

Há ainda casos que ocorrem em menor proporção, mas que vale a pena mencionarmos, já que ilustram quão variadas podem se tornar as atividades desenvolvidas por um colega na casa: há, por exemplo, alguns auditores que, depois de muita experiência, atuam como adidos junto às embaixadas brasileiras no exterior – podendo auxiliar na ampliação de acordos de cooperação e ajudar, *in loco*, no combate às evasões e às fraudes aduaneiras.

Há outros colegas que, possuindo arrais ou brevê, interessando-se pela atividade e trabalhando em unidades que possuam embarcações ou helicópteros, podem vir a se tornar pilotos. São auditores, estão na mesma carreira que seus colegas, mas por uma necessidade do órgão (e até mesmo por uma conveniência de se ter um tripulante capaz de atuar na fiscalização) atuam diariamente pilotando uma embarcação ou aeronave, em cada caso.

Logicamente estes últimos exemplos fogem à regra e são a realidade de pouquíssimas pessoas, porém todos os outros aqui citados correspondem ao dia a dia de auditores-fiscais e servem para reforçar a tese de que **você muito provavelmente encontrará um lugar que achará interessante dentro da casa.** No caso de um órgão estadual as atividades podem variar menos, já que são menos tributos a serem fiscalizados e também não há fiscalização aduaneira – mas ainda assim você encontrará diferentes opções, em especial a clássica distinção entre auditor interno e externo.

No caso dos analistas tributários, muitos atuam auxiliando os auditores em funções como o controle do comércio exterior nas zonas primárias e a repressão em zona secundária. Há uma lotação bastante grande no controle do crédito tributário (como já conversamos, no acompanhamento de processos judiciais e nas intimações de cobrança), bem como em outras áreas da Receita Federal, tais como a Programação e Logística, a Gestão de Pessoas, a área de Gestão da Tecnologia e o atendimento ao contribuinte.

Grande parte dos exemplos fornecidos para a Receita Federal valem para os cargos de auditoria nos níveis estadual e municipal, com a exceção de que não há o controle aduaneiro, apenas de tributos internos. Você poderá se encontrar na área interna ou externa, podendo atuar na fiscalização no controle do crédito tributário, na gestão do órgão, enfim, haverá certamente um lugar cuja atividade vai o satisfazer!

2.3.3. A formação exigida e outros requisitos

Outro atrativo da área fiscal é a exigência de nível superior em qualquer área, sendo que tal curso deve ser reconhecido pelo MEC. Nos últimos concursos têm sido aceitos cursos tecnólogos que possuam esse reconhecimento, e em 2014 houve cinco aprovados com essa formação. **Tal característica de aceitar qualquer formação em nível superior traz para a Receita um corpo de servidores bastante variado e apto às mais diversas situações.** Já tivemos casos de auditores muito bons em programação que criaram ou aprimoraram programas até hoje usados na fiscalização, ou de pessoas especializadas em áreas como química e farmácia que solucionaram questões de classificação de mercadorias há muito tempo discutidas.

Muitos concursos de primeira linha exigem formação em direito, porém isto não ocorre na Receita Federal. Em algumas Secretarias da Fazenda há uma exigência de formação, o que exige a atenção do candidato, mas isto não constitui a regra. O fato de permitir qualquer formação em nível superior não é interessante apenas para essas instituições, mas também para a imensa maioria dos candidatos, que têm chances de serem aprovados desde que se dediquem a uma preparação voltada à área fiscal.

Apesar de haver muitas matérias de direito e contabilidade, não há um benefício grande a essas carreiras que possa afastar outros candidatos. Na verdade, mesmo dentro dessas matérias o candidato terá que aprender coisas que não viu na faculdade, como legislações específicas e partes da contabilidade voltadas às atividades da fiscalização. Assim, o concurso está aberto a todas as diferentes formações possíveis.

Logo após a turma de Auditores-Fiscais da Receita Federal do Brasil de 2014 (último concurso até o momento) ser aprovada, houve uma enquete não oficial por meio da internet que perguntava aos aprovados qual era a sua formação – e houve nada menos que 29 respostas diferentes. Os cursos que mais tiveram aprovações foram engenharia, com 17% do total, administração, com 15%, contabilidade com 13% e direito com 10%. Assim, notamos que aproximadamente a metade das vagas foi ocupada por formandos nestas áreas, sendo que a outra metade contou com candidatos de diversas formações – tais como jornalistas, fisioterapeutas, químicos e bacharéis em letras.

No concurso de Agente Fiscal de Rendas do Estado de São Paulo de 2013 (último concurso até o momento), curiosamente, o curso de engenharia foi responsável por 30% das aprovações, o de administração por 15% e, a partir daí, vemos uma distribuição ainda mais pulverizada – em outras 19 áreas, nenhuma atingindo mais que 7% do total.

Também não há nenhuma espécie de pontuação a mais na prova para quem possui determinada formação ou nível de pós-graduação. Não há prova de títulos, exigindo-se apenas o nível superior e um bom desempenho em provas que estão, sem dúvida, entre as mais complexas do País.

Um ponto muito interessante me foi levantado em uma palestra: uma garota perguntou se a profissão de auditor-fiscal seria adequada a uma mulher. Aquilo até me estranhou, pois claramente não há nenhuma atividade na Receita Federal (nem em nenhum outro lugar do mundo, aliás) que não pudesse ser feita por uma mulher. Mas eu acabei entendendo o viés da pergunta: dentro de uma sociedade em que ainda há situações de preconceito, a serem vencidas com muita luta e conscientização, ela se preocupava com a forma como desempenharia a atividade e até mesmo com a composição dos quadros da Receita Federal.

Felizmente, minha resposta não poderia ser mais clara: **os cargos fiscais são apropriados de forma exatamente igual a um homem e a uma mulher** – e o fato de ser uma atividade intelectual reforça ainda mais isso. Quando eu entrei no aeroporto, éramos quinze recém-ingressantes – nove homens e seis mulheres. Acredito que esta seja a distribuição do último concurso como um todo, e não seria nem um pouco estranho se no próximo já tivéssemos mais mulheres que homens aprovados para os cargos da Receita.

A resposta é a mesma para outras perguntas semelhantes, tais como a idade exigida ou aconselhável para se prestar o concurso. Não há limites de idade para se prestar o concurso da Receita Federal, e eu também desconheço qualquer outro concurso fiscal que imponha

Cap. 2 · A DECISÃO DE PRESTAR UM CONCURSO | 45

tais limites. O mínimo acaba sendo balizado pela exigência de nível superior, e o máximo pela aposentadoria compulsória, que é de 70 anos e pode se tornar de 75 anos com as recentes alterações na legislação.

É bem verdade que nos últimos concursos a grande parte dos candidatos (diria que algo como três quartos) estava na faixa entre os 25 e os 35 anos, alguns vindos diretamente da universidade e outros já contando com algumas experiências profissionais na área pública ou privada. Havia, contudo, um número razoável de pessoas com mais idade, alguns com mais de cinquenta anos, que se dedicaram aos estudos após uma longa carreira em outras áreas e conseguiram a aprovação – tendo até mesmo um potencial de serem auditores melhores que os recém-formados em alguns aspectos, devido à ampla experiência que acumularam.

Dada a existência de várias atividades e ambientes para se trabalhar, não há nada que impeça que uma pessoa com mais idade preste o concurso – nem haverá meios obscuros de se prejudicar uma pessoa com muita idade, já que a prova é composta de etapas objetivas e discursivas apenas. Também não há teste físico para a Receita Federal, ao contrário do que ocorre com as carreiras policiais.

2.3.4. As opções de lotação

A área fiscal oferece opções de atuação em praticamente todos os pontos do território nacional. Da Inspetoria da Receita Federal de Chuí à Delegacia de Macapá, da Alfândega de Santos ao Aeroporto de Belém, das Coordenadorias de Brasília à Superintendência Regional no Recife; a Receita Federal tem inúmeras unidades. Somem-se a isso todas as unidades dos fiscos estaduais. Se ainda não estiver satisfeito, considere as administrações tributárias municipais, as quais oferecem também concursos interessantes.

Em concursos para alguns cargos, como é o caso de Auditor-Fiscal e de Analista Tributário da Receita Federal do Brasil, há o padrão de se realizarem provas nacionais, para as quais as vagas são oferecidas ao fim do processo. O mesmo ocorre em outras áreas, como a policial, para Agente e Delegado da Polícia Federal. Tal sistemática pode fazer com que uma pessoa não tão bem qualificada tenha uma lotação inicial em um local distante de sua residência, o que exige a predisposição de, nesse caso, mudar-se por um período, até uma oportunidade de remoção que permita chegar à cidade preferida. Em muitos cargos de auditoria no nível estadual acontece o mesmo, porém a área de deslocamento possível é menor, pois se limitará àquele estado da federação.

Em todos os casos é possível se chegar à cidade desejada com o tempo, seja por meio da remoção, que ocorre a cada concurso novo para aqueles que desejam se inscrever, seja por meio de permuta com outra pessoa. Em casos em que a pessoa não tem condições de deixar sua cidade de forma alguma, uma boa alternativa é focar nos concursos fiscais municipais ou naqueles concursos que costumeiramente oferecem as vagas já definidas de início, como é o caso de Analista do Banco Central. Não é um concurso puramente fiscal, mas é igualmente interessante.

De toda forma, diferentemente de muitas instituições que têm sede apenas em capitais, os órgãos tributários, por seu tamanho e alcance, oferecem muitas possibilidades de lotação diferentes. **Tanto faz se seu plano de vida é trabalhar em uma grande cidade ou em uma cidade menor do interior, em um estado menos povoado, em uma cidade litorânea – a área fiscal possui unidades que podem o interessar.**

Dessa forma, você não ficará limitado à Brasília ou às grandes capitais. Na área fiscal, seja considerando as inúmeras unidades da Receita Federal ou ainda as unidades das Secretarias da Fazenda estaduais e municipais, você certamente encontrará um concurso que o permita, com o tempo, trabalhar na cidade em que deseja, ou, ainda, em uma cidade maior próxima a ela!

2.3.5. O número elevado de concursos fiscais e a redução do risco

Além desses pontos elencados acima (o reconhecimento, a atividade, a formação necessária e os locais de trabalho), podemos citar mais um ponto vantajoso ao se optar pela área fiscal: a existência de um número elevado de concursos para cargos de auditoria e também para outros cargos correlatos do executivo.

Quando fizemos, no início deste capítulo, a discussão relativa às diferentes áreas da carreira pública, dando um panorama dos concursos, mostramos as características gerais de cada grupo.

O primeiro grupo apresentado, relativo a notários e práticos, oferecia uma remuneração completamente fora da média, mas exige uma preparação muito cara (no caso do concurso para práticos) ou uma disputa ferrenha com candidatos muito experientes (no caso de notarial). Sendo assim, acredito que estes concursos são ideais para pessoas que, já ocupando um cargo interessante e buscando aumentar sua remuneração, ou ainda dispondo de uma retaguarda financeira já bastante grande, mergulhem de cabeça na preparação podendo lidar com os grandes riscos de não serem aprovadas. Para um concurseiro de primeira viagem ou para uma pessoa que precisa da aprovação para se recolocar no mercado, sentir-se mais confiante ou melhorar sua qualidade de vida, o caminho ideal seria um concurso com menores riscos.

O segundo grupo apresentado pode ser muito interessante aos leitores que possuam formação em direito e já tenham a prática jurídica requerida (normalmente de três anos), ou estejam no caminho de obtê-la. Nesse caso, optar pela via dos concursos jurídicos de alto nível pode ser mais interessante que a carreira fiscal, principalmente se o fator decisivo for a remuneração. A maioria dos candidatos, porém, não possui tal formação, o que os tira dessa via. Há ainda uma quantidade considerável de Auditores-Fiscais que são formados em direito e optaram pela área fiscal devido a vários fatores, dentre os quais podemos ressaltar a atividade desenvolvida (que em muitos casos se afasta das práticas intensamente burocráticas que podem se tornar recorrentes no sistema judiciário).

O terceiro grupo, que envolve analistas e consultores do legislativo e também funcionários do alto escalão dos Tribunais de Contas, corresponde a cargos muito bons e que exigem um conhecimento técnico bastante acurado em diversas áreas. Não costumam exigir formação específica somente em direito, havendo oportunidade para formados em outras áreas. Acabam, porém, não sendo a melhor via para a grande maioria dos concurseiros por um fator importante: a oferta de vagas é baixíssima e a existência dos concursos é pouco previsível. Eles podem ser um grande estímulo para uma pessoa que, já ocupando um bom cargo público, busque aumentar seu nível de responsabilidades e de remuneração. São, porém, a meu ver, muito arriscados para serem o foco de um candidato que não pode assumir um risco tão grande de que o concurso não abra ou abra com uma concorrência insana.

O quarto grupo é aquele no qual se encontra o foco deste livro: a área fiscal. A área fiscal é um excelente caminho para candidatos que, possuindo nível superior em qualquer área e qualquer nível de experiência profissional, desejem um cargo valorizado no Poder Executivo e que apresenta uma oferta de vagas elevada – o que reduz o risco de uma reprovação após um longo período de dedicação.

Ao se estudar para a área fiscal o candidato não se depara com os altos custos e poucas vagas de uma preparação para prático, com a enorme concorrência e as poucas vagas dos concursos notariais, com a exigência de formação em direito e prática jurídica de tantas carreiras, nem tampouco com a reduzida oferta de vagas e de concursos que marca os bons cargos do Legislativo.

Estudando para a área fiscal, terá ainda uma preparação que pode ser aproveitada para os vários concursos de auditoria fiscal existentes – na Receita Federal e Secretarias da Fazenda estaduais e municipais. Esta preparação ainda constitui uma base boa para que, na ausência de um concurso fiscal interessante, o candidato tente uma vaga nos cargos do ciclo de gestão ou de analista, já que terá uma base sólida em muitas matérias que são comuns aos concursos do Executivo.

A área fiscal, assim, quando analisada dentro do universo dos concursos públicos de boa remuneração, apresenta-se como **uma via pela qual o candidato encontrará uma boa oferta de vagas, grande gama de concursos correlatos e, no futuro profissional, uma ampla variedade de locais e de atividades a serem desenvolvidas.**

É inegável que esta área tem concursos difíceis, que exigem uma intensa preparação (a qual começaremos a discutir já no próximo capítulo), e o seu nível de preparação pode depender muito da sua experiência pré-existente. Assim, a escolha do concurso a se prestar pode depender desse fator. Como discutimos, não há nenhum curso superior que deixe o candidato preparado para um concurso fiscal, tampouco algum que o deixe com uma vantagem enorme perante os outros candidatos, mas existem, sim, casos em que o candidato já sai com alguma vantagem (que, se aliada a um forte estudo, o deixa bem próximo da vaga). Este seria o caso de pessoas que já têm uma base educacional forte, trazendo uma bagagem em português, inglês e raciocínio lógico – e eventualmente alguma noção de direito ou contabilidade.

Um candidato com uma boa base educacional, que leia os temas de estudo e compreenda com facilidade, tem totais condições de se preparar com o foco em um concurso fiscal de alto nível. Um candidato que já está afastado dos estudos há algum tempo ou que se depara com temas complexos e sente grande dificuldade pode estar alguns passos atrás. Ele tem sim condições de brigar, mas a preparação vai levar um tempo maior. E é aí que alguns candidatos me perguntam: não valeria a pena uma técnica "em escadinha", buscando um concurso menos complexo para depois galgar voos mais altos?

Como resposta, eu tenderia a afirmar em um primeiro momento que sim, pois faz todo o sentido que o candidato busque inicialmente um concurso menos complexo e então, após a aprovação, com a bagagem de aprendizado adquirida neste concurso, com as experiências que serão ganhas nesta primeira função pública e também com a remuneração que será auferida, o candidato possa buscar uma preparação focada em um concurso fiscal.

É necessário, porém, muita atenção neste ponto. O candidato não deve jamais "atirar para todo lado" (prestar vários concursos isolados só porque o edital está aberto), sob pena de ter pouquíssimas chances de aprovação em cada concurso isolado. Um exemplo dessa técnica equivocada seria estudar dois meses para o banco do Brasil e prestar a prova, depois três meses para o INSS porque viu que o edital está aberto, e depois se direcionar a alguma preparação para técnico porque alguém recomendou. Fazer isso é quase um atentado às suas chances de aprovação. O candidato deve sempre ter apenas um concurso em foco, e por um prazo mais longo.

O detalhe aqui que eu considero é que ter apenas um concurso de menor complexidade nos planos, tal como o de técnico, pode não ser a melhor estratégia. Em primeiro lugar, porque você tende a limitar muito o seu aprendizado e não estar preparado para outros concursos correlatos. Em segundo lugar, porque uma boa preparação para um concurso de menor complexidade não necessariamente custará tão menos que para um concurso de maior complexidade. E, em terceiro, porque se preparando para um concurso de maior dificuldade você estaria se preparando em um nível mais difícil, o que faz sua capacidade de raciocinar aumentar – e, consequentemente, aprimorará sua capacidade de aprender e de fazer uma boa prova.

Assim, acredito que a melhor estratégia para quem busca um cargo fiscal, mesmo que a pessoa tenha consciência de que vá precisar prestar outros concursos menos complexos no caminho e ir subindo degrau por degrau, é focar já no concurso mais complexo da área. Se pegarmos o exemplo do cargo de Auditor da Receita ou de algum fisco estadual, na sua preparação você estará aprendendo conteúdos que o deixarão apto a diversos concursos, mas sem perder o restante do conteúdo e tendo a certeza de que está aprendendo para alguns dos concursos mais difíceis do País – o que torna a preparação mais "puxada", demandando bastante esforço, mas o deixando mais forte e preparado.

Quando abrir um concurso para ATA do Ministério da Fazenda, para técnico do INSS ou de algum órgão do poder executivo, para analista de algumas áreas, para cargos do ciclo de gestão ou cargos fiscais de outras esferas, você terá uma boa base de matérias que o deixará quase 100% preparado para os concursos menos complexos e pelo menos 60% preparado para os concursos da mesma dificuldade do de Auditor-Fiscal.

Nesse ponto, caso você deseje abrir mais o leque e prestar alguns concursos menos complexos a fim de já se posicionar na administração pública, você terá a chance, já que muitas matérias desses concursos estarão sob o leque de matérias do concurso da Receita e das Secretarias da Fazenda. Do contrário, ao fim do ciclo você estará com uma base muito boa, apto a prestar o concurso principal da sua área.

Essa é mais uma razão pela qual eu acredito que a área fiscal constitua uma excelente escolha para candidatos que visam a um bom cargo na administração pública, mas que não podem deixar de pensar nos riscos inerentes a se prestar um concurso e em uma forma de reduzi-los.

2.4. SERIEDADE DOS CONCURSOS

Caso você tenha concordado com minhas impressões e comece a se interessar pela área fiscal, tenho certeza de que outra dúvida surgirá em sua cabeça: "Os concursos são sérios mesmo?" Em outras palavras, o candidato pode se dedicar por meses (e na maioria das vezes, por anos) a esse objetivo tendo a certeza de que não há fraudes?

Essa dúvida me passou pela cabeça quando eu decidi me dedicar aos estudos, já que não conhecia nada desse mundo dos concursos. Posso dizer que minha impressão tem sido muito positiva. Infelizmente há casos isolados, normalmente em concursos de nível local, em que vemos por intermédio da mídia denúncias de algum tipo de favorecimento. Na imensa maioria dos concursos, porém, em especial os de maior destaque, há um nível de seriedade enorme. Não apenas as bancas selecionadas costumam ser bastante profissionais (ESAF, CESPE, FCC, Vunesp etc.), como também todas as etapas do concurso são acompanhadas de perto pela própria comunidade de concurseiros.

Na minha experiência com concursos, apenas no concurso de Analista do Seguro Social de 2013 as coisas saíram do rumo esperado. Houve um erro da banca, que não entregou a prova a alguns candidatos, e, após uma série de lambanças, acabou anulando as etapas do concurso realizadas até ali e refazendo as provas – o que me deixou bastante chateado, pois nas minhas contas eu tinha grandes chances de ser aprovado. Em todos os outros (Receita, Auditor do Trabalho, Analista do BACEN etc.) o concurso funcionou como um relógio. No meu primeiro concurso, da Petrobras, ainda na faculdade e antes de decidir me dedicar à área fiscal, eu fui até chamado para checar o lacre dos pacotes de prova.

É claro que eventualidades podem acontecer, mas **os concursos maiores têm tido um grau de seriedade muito alto, com um controle enorme na hora dos exames e um nível de publicidade bastante grande**. Algumas regras parecem paranoicas de tão rígidas: detectores de metal nos banheiros, exigência de canetas transparentes. Isso sem falar na captura das digitais de todos os candidatos. Não apenas a banca, mas também o órgão público e os próprios candidatos estão de olho em todos os atos tomados. No caso das provas em que não há exame oral, a chance de existir algum favorecimento de ordem subjetiva é ainda mais reduzido.

Em resumo: caso você decida que a área pública é interessante, não tenha medo de cair de cabeça nos estudos!

Capítulo 3
A PREPARAÇÃO DOS ESTUDOS

Após discutirmos as vantagens e desvantagens da carreira pública, entramos em uma etapa fundamental para um concurseiro: a preparação. Essa discussão pode ser construtiva para um candidato que irá prestar qualquer tipo de prova ou exame que envolva uma preparação de médio ou longo prazo.

Em um primeiro momento não discutiremos o estudo em si, mas os diversos fatores que orbitam em torno de uma boa preparação e que devem ser levados em conta – tais como a obtenção de tempo para estudar, o ambiente de estudos e o controle de aspectos como o financeiro.

Vou realçar desde já algo que considero muito importante: nesse debate sobre técnicas e preparação do estudo não há um método ideal. Há, sim, muitos fatores que podem melhorar seus estudos e muitos erros que devem ser evitados, porém não há uma fórmula mágica. Para mim, seria muito melhor se houvesse e eu a tivesse descoberto, pois não apenas o livro seria um sucesso como eu estaria preparado para outros concursos excelentes que existem, outros vestibulares, enfim...

O ideal para um concurseiro é encontrar o método que melhor se adapta à sua situação. **Se o método não está dando certo, busque informações, veja o que as pessoas que já foram aprovadas recomendam e eventualmente mude aquilo que não está dando resultado.** Mas caso o seu método esteja dando certo, caso você esteja indo bem em simulados e percebendo que tem entendido bem os assuntos, não é porque outras pessoas dizem que há um jeito certo que você deve necessariamente alterar o que está fazendo.

Estar aberto a outras impressões é essencial e evita que nos percamos em nossos próprios erros, mas caso você tenha um jeito que saiba que funciona para você (o jeito que você estudava na universidade, o jeito que estudou para o vestibular e gostou, enfim), não tenha medo de começar seus estudos para o concurso organizando as coisas do seu jeito – desde que os resultados apareçam.

Digo isso porque minha preparação foi muito diferente do que as pessoas costumavam afirmar. É por isso que, mesmo ao expor aquilo que eu fazia, vou tentar ao máximo expor também outros meios consagrados de se organizar – e assim você poderá ter outras impressões caso não concorde com as minhas. Em outras palavras, terá um direcionamento sem perder de vista as outras possibilidades.

Um segundo ponto que cabe realçarmos antes de continuar este capítulo sobre aspectos acessórios do estudo: **não passe um tempo maior buscando otimizar seus estudos do que aquele que você passa efetivamente estudando**. Eu vejo em minhas palestras e nas perguntas que me mandam por e-mail muitas pessoas que levam meses entre a decisão de prestar um concurso e o início dos estudos. Buscam conhecer detalhadamente cada material, a opinião de cada aprovado nos concursos anteriores, compram a melhor lâmpada, a melhor cadeira e o melhor computador. Só se esquecem de um detalhe: não estão estudando!

Estar em frente a essa preparação de longo prazo cria uma sensação natural nas pessoas de medo e insegurança, que as faz buscar todo tipo de informação. Este livro busca justamente explicar as principais dúvidas sobre o cargo e os estudos, a fim de passar certa segurança ao candidato. Essa procura por informações é importante, mas acaba fazendo surgir certo conforto por parte do candidato em buscar mais e mais opiniões sobre organização estudos em vez de encarar o início deles, mergulhando com tudo nos livros. Isso deve ser evitado.

Busque as informações necessárias. Leia algumas dicas de preparação, leia um livro (como você está fazendo), e informe-se com mais de uma fonte sobre os melhores métodos e materiais. Mas não gaste uma parte enorme do tempo com isso. Uma pessoa que ainda está ponderando se prestará concursos pode levar mais tempo, principalmente se ainda está no mercado de trabalho, já no caso de uma pessoa que já decidiu seguir a vida de concurseira eu acredito que em duas semanas ela já deva estar com o método e os materiais escolhidos, pronta para sentar na cadeira e estudar.

Em resumo: ter um estudo organizado é essencial, mas a preocupação de estar fazendo do melhor jeito não pode tomar sua cabeça de uma forma que atrapalhe os horários de estudo efetivo. Se você passar mais tempo buscando saber como estudar direito constitucional do que efetivamente estudando direito constitucional, algo está errado. **Defina uma estratégia inicial com base em opiniões seguras e comece seus estudos assim que possível. Com o andamento deles você estará mais apto para perceber o que está dando certo e o que eventualmente deu errado.**

Se por um lado você não deve iniciar seus estudos de qualquer jeito, perdendo tempo e dinheiro, por outro você não pode estar obcecado com sua organização de estudos a ponto de não usar seu tempo naquilo que realmente importa: estudar.

Sei que já conversamos alguma coisa sobre isso no livro, mas antes de entrar na discussão sobre a etapa de estudos vale realçar: os concursos têm se tornado bastante competitivos nas últimas décadas. Foi-se aquele tempo em que uma pessoa tinha conhecimento de que o edital estava aberto, comprava uma apostila e conseguia ser aprovada. Foi-se também o tempo em que o público majoritário que prestava esses concursos era formado por pessoas que buscavam um final de carreira mais estável ou uma recolocação profissional.

Hoje a realidade que temos corresponde a concursos de alto nível técnico, prestados por pessoas de diferentes idades e formações e que colocam a carreira como seu principal objetivo de longo prazo. Não esperam o edital abrir, muito pelo contrário. Caso você não esteja preparado e o edital do concurso seja publicado, você terá em média dois meses até prestar a prova, o que não será suficiente nem mesmo para cobrir as matérias básicas de forma satisfatória.

Sua preparação tem de começar no momento em que você decidir que quer ser servidor público naquele cargo. O edital será publicado com o tempo (não apenas o do seu concurso ideal, como também de outros que podem ser muito atrativos), e, quando ele vier, tendo você estudado de forma dedicada e eficiente, estará preparado para este desafio.

Assim, **no início de sua trajetória, você precisa conhecer bem as regras do concurso que irá prestar, mas não deve se preocupar com o fato de o edital estar aberto ou não.** Na verdade, no começo dos seus estudos, o melhor é que o edital saísse dali a um ano, caso você disponha de um bom volume de tempo para estudar. Como previsões com esse prazo são quase impossíveis, o melhor é focar na preparação sabendo que os concursos eventualmente serão abertos.

Os concursos fiscais, por exemplo, devido à sua importância para a arrecadação financeira dos entes da federação, não deixarão de acontecer ao longo do tempo – mesmo que uma eventual crise leve a um quadro de menos concursos, há sempre algum bom sendo oferecido de tempos em tempos. Os concursos jurídicos são outro grupo que mostram uma grande regularidade, até mesmo em momentos de crise.

3.1. ORGANIZANDO O TEMPO

Um fator essencial na sua preparação é o tempo que você terá para se preparar. Há dois grandes grupos no caso da disputa pelas vagas na área fiscal: aquelas pessoas que estão se dedicando integralmente aos estudos e aquelas que estão conciliando os estudos com o trabalho. Há, ainda, muitos outros casos que também incluem certo dispêndio de tempo, como cuidar dos filhos ou da casa, e que devem ser avaliados de acordo com sua proximidade com um desses dois casos mais clássicos: "trabalhar e estudar" ou "só estudar".

Primeiramente, é necessário explicar que **um candidato em qualquer desses dois casos tem chances de ser aprovado, desde que entenda as limitações de cada caso e se dedique de forma constante.** As estatísticas do último concurso de Auditor-Fiscal da Receita Federal do Brasil, em 2014, mostram que aproximadamente 25% dos candidatos apenas estudavam, enquanto 75% estudavam e trabalhavam. Esses números são muito próximos aos que foram obtidos nas estatísticas do último concurso de Agente Fiscal de Rendas da Sefaz-SP, em 2013.

É bem verdade que, dos candidatos que declararam estar trabalhando e estudando, a maioria trabalhava na esfera pública (aproximadamente 80%), e consequentemente já tinham contato com o mundo dos concursos. No entanto, é interessante ver que nesse espectro de aprovados temos tanto pessoas que apenas se dedicavam aos estudos, quanto pessoas que estudavam e trabalhavam – o que inclui esse grupo menor, mas ainda relevante, de pessoas que, sem experiência anterior no serviço público, sem o conhecimento adquirido em concursos anteriores e conciliando o trabalho com os estudos, obtiveram sucesso.

O resultado não impressiona: é fato que a maioria das pessoas não pode deixar de trabalhar para estudar. Na maioria das vezes, não há uma escolha, e o fato de não estar trabalhando se deve a uma dificuldade de se colocar no mercado de trabalho. Há, porém, pessoas que optaram por não trabalhar para se dedicar aos estudos – o que foi o meu caso. É importante, assim, que analisemos cada um desses casos.

Caso a pessoa esteja apenas estudando, tem a grande vantagem de poder mergulhar de cabeça nos livros por um longo período. A absorção de conteúdo pode ser melhor, já que não há tantas outras coisas com o que se preocupar. **É necessário, porém, que a pessoa tenha a plena consciência de que aquilo não é um período de descanso, mas de estudo intenso. A disciplina é essencial**. Os estudos se tornam o seu trabalho, e por isso não é exagero nenhum considerarmos que os estudos devem durar pelo menos oito horas diárias (eu recomendaria dez horas, para fazer essa grande disponibilidade de tempo render ainda mais).

Esse ritmo não é facilmente obtido, e no início o candidato terá um período em que cansará mais rápido – isso é normal. Mas, como eu já disse, não pode haver uma sensação de tranquilidade ou de férias eternas. É preciso saber lidar com a pressão financeira e com a pressão que a própria pessoa e também a família pode vir a colocar sobre o candidato que está apenas estudando. O segredo é apenas um: responsabilidade. Com responsabilidade, o candidato poderá extrair do tempo disponível o máximo de estudo possível, fazendo valer sua vantagem de estar apenas estudando.

No caso de conciliar o trabalho com os estudos, é claro que a disponibilidade de tempo será menor, porém outras pressões são reduzidas: não há o desconforto por estar apenas estudando, sem uma fonte de renda. Não há também aquela pressão social que pode vir a ocorrer partindo de pessoas conhecidas ou familiares. Isso pode ser uma vantagem para o candidato, no sentido de que ele pode realizar a prova de forma mais tranquila, já que nem todos os seus ovos estarão na mesma cesta.

O importante nesse caso é ter o controle do tempo. Mesmo que o candidato esteja cansado ao final do expediente ou apareçam outras coisas, é importante que ele saiba que a preparação exige uma constância nos estudos. Uma semana parada pode fazer com que a pessoa perca bastante do seu ritmo e, assim, tenha seu rendimento diminuído. A regularidade é essencial.

Mais do que isso, a obtenção de tempo para estudar também é importante para um candidato que está trabalhando. Analise seus horários e busque os momentos em que você possa estudar, idealmente intervalos superiores a uma hora (que é tempo suficiente para que você desenvolva seus estudos com uma boa absorção). Estudar de forma muito "picada", com muitas interrupções, pode ser ruim para a compreensão. Tente, assim, buscar intervalos maiores em sua rotina sempre que possível.

Algumas boas ideias correspondem a mudar alguns horários sempre que possível para escapar do trânsito das grandes cidades, otimizar sua rotina fazendo as tarefas da semana em horários condensados ou na saída do trabalho, e aproveitar todo momento para estudar. No caso do estudo teórico eu realmente recomendo intervalos maiores, mas para momentos de revisão qualquer tipo de estudo ou de informação pode ser relevante. Assim, por exemplo, caso você tenha feito cursos em áudio ou vídeo, por exemplo, salvar o áudio de uma aula que você já fez e colocá-lo no som do carro durante seu trajeto (ou no celular para ouvir com fones de ouvido durante um trajeto a pé) pode o fazer rever alguma coisa em um momento que, de outra forma, não serviria para nada.

Um candidato que esteja apenas estudando e mantenha um bom ritmo durante a semana pode se dar ao luxo de descansar mais no fim de semana, estudando poucas horas ou até mesmo, eventualmente, não estudando em um dos dias. Para um candidato que concilia trabalho e estudo, porém, por mais que o lazer e o descanso sejam importantes, é de suma importância que, além das horas que tenha diariamente, ele aproveite ao máximo os finais de semana (com dedicação bastante intensiva em pelo menos um dos dois dias).

3.2. A ESCOLHA PELA DEDICAÇÃO EXCLUSIVA OU EM PARALELO COM O TRABALHO

Cabe aqui uma discussão importante: dado que existem essas duas condições diferentes e que mudam bastante a abordagem e o estilo do estudo (estar penas estudando ou trabalhando e estudando), para aqueles que têm a opção de escolher, valeria a pena se demitir

Cap. 3 · A PREPARAÇÃO DOS ESTUDOS | 59

para se dedicar 100% aos estudos? Ou, no sentido contrário, valeria a pena buscar um emprego e abdicar da preparação em tempo integral?

Tais decisões são muito pessoais e dependem da realidade de cada candidato, porém podemos dar algumas informações que servirão de base para uma escolha mais estruturada e prudente.

Algumas pessoas não têm essa escolha num curto prazo, e assim, caso tenham optado por buscar uma vaga na área pública, devem seguir a preparação dentro das suas condições aproveitando ao máximo as oportunidades disponíveis.

Uma pessoa que esteja desempregada e não esteja conseguindo se recolocar no mercado está na primeira situação e não tem a todo o momento a opção de mudar para a segunda situação (trabalhar e estudar). Nesse caso, o concurso corresponde a uma boa opção, na medida em que pode representar uma oportunidade de exercer um cargo com boa remuneração e estabilidade e também tendo em vista o fato de que a pessoa dispõe de tempo para estudar. Nada impede que ela participe de processos seletivos caso a volta ao mercado continue sendo o seu foco principal.

Já uma pessoa que esteja empregada e dependa do rendimento do seu emprego para seu sustento imediato está no segundo grupo e não tem a opção no curto prazo de migrar para o primeiro grupo, dos candidatos que apenas estudam. Nesse caso, tendo consciência de que precisa fazer render ao máximo seu tempo mais limitado de estudos (mas sem perder de vista que há, sim, candidatos que conduzem seus estudos em paralelo com o trabalho e obtêm sucesso), devem estabelecer uma estratégia eficiente e segui-la.

Tais candidatos podem ainda, com o passar do tempo, optar por migrar para empregos que consumam um tempo menor ao longo da semana, ou mesmo prestar concursos de menor complexidade que tenham matérias em comum com aquelas que estão sendo estudadas, a fim de ingressar na administração pública o quanto antes e, com horários mais regrados, ter mais possibilidades de seguir no preparo para concursos mais complexos.

Há, porém, casos nos quais as pessoas têm certa margem de escolha. É o que passaremos a abordar.

No caso de um candidato que se encontra estudando e trabalhando, mas começou a ponderar se não seria melhor deixar seu emprego e apenas estudar, a fim de dispor de mais tempo para sua preparação, é fundamental que avalie alguns aspectos. Esta é uma das decisões mais delicadas a se tomar ao longo de toda a sua preparação.

Em primeiro lugar, deve ponderar se possui a estrutura financeira para tal atitude. Caso o candidato seja o arrimo de sua família, demitir-se é uma atitude arriscada (ou até inviável). Tenha em mente que, apesar de haver candidatos aprovados em um prazo relativamente pequeno (de alguns meses a um ano), a preparação da grande maioria leva anos, tempo este que depende até mesmo de o edital do seu concurso desejado efetivamente abrir no período em que você finalizou o estudo de todo o conteúdo. Caso ele não abra exatamente quando terminar seu estudo, você permanecerá estudando e revisando, mas o tempo até a aprovação logicamente começará a aumentar.

É fundamental que, ao optar por se demitir, você tenha consciência deste prazo e tenha uma economia própria, ou ainda o apoio financeiro dos pais e familiares, para passar por este período. Conforme discutiremos mais à frente, a preparação envolve um custo que também não pode ser negligenciado, o que coloca um grau de importância ainda maior ao seu planejamento financeiro. Sem uma retaguarda, eu pessoalmente não recomendo a demissão para dedicação exclusiva – parece-me mais ponderado nesse caso a preparação em paralelo ao trabalho, mesmo que mais longa.

Um segundo ponto que pesa na escolha entre se demitir ou não, também muito importante, corresponde à sua base acadêmica e intelectual. Eu defendo em meu livro, a partir da minha experiência e das diferentes realidades que pude constatar entre os aprovados, que qualquer pessoa que seja focada e desenvolva um estudo de bom nível tem chances de ser aprovada em um concurso fiscal de alto padrão. Defendo ainda, como já conversamos, que a vantagem inicial trazida de um curso de graduação específico é pequena em termos de conteúdo – o que é facilmente perceptível ao se analisar o edital.

Não podemos desconsiderar, porém, que há pessoas que, pela sua trajetória acadêmica, experiências profissionais, história de vida ou mesmo por sua facilidade de assimilar conteúdo, têm um potencial maior de serem aprovadas (e essas pessoas normalmente têm a consciência disso, por já terem enfrentado outros desafios em seu passado). O próprio fato de a pessoa ser recém-formada pode impactar positivamente em sua preparação, na medida em que está mais acostumada com a rotina de estudos.

Não cabe aqui nenhum julgamento quanto a candidatos com base maior ou menor, pois, na verdade, a própria meritocracia é muit falha quando não damos as mesmas oportunidades a todos. Mas efetivamente há uma diferença na base educacional dos diversos candidatos, e mesmo que esta não seja impeditivo para uma aprovação no longo prazo, é um fator importante para essa decisão de se demitir ou não.

Para um candidato que tenha uma boa base educacional e também os outros requisitos que estamos descrevendo nesta seção, tais como a retaguarda financeira, a opção por se preparar de forma integral pode ser bastante frutífera.

Se, por outro lado, a pessoa tiver mais dificuldade para focar nos estudos, pode ser mais prudente manter a preparação em paralelo com o trabalho, sem enfrentar logo de cara a pressão de estudar tendo se demitido do seu emprego. Com mais tempo, o candidato retomará seu contato com os estudos e paulatinamente começará a ganhar uma base teórica, sem correr os riscos mais altos associados ao estudo de forma integral.

Reflita ainda que a dedicação exclusiva implica afastamento do mercado de trabalho, que pode gerar uma desatualização e uma dificuldade de recolocação no futuro (o que se resume no já citado "risco mais alto" da preparação integral), o que também deve ser ponderado. Ao mesmo tempo, o aprendizado de inúmeras matérias importantes também para a iniciativa privada, como administração, direito e contabilidade pode mitigar esse risco e transformar este período em um intenso aprendizado também voltado ao mercado.

Um terceiro ponto importante é o panorama do mundo dos concursos no momento dessa escolha. Muito provavelmente, os concursos não deixarão de existir tão cedo, e muitos deles, quando analisados em longo prazo, apresentam até mesmo uma certa constância, mas é fato que há períodos com maior oferta de vagas e outros com menor oferta. Isso impacta nas chances de aprovação de um candidato, e consequentemente deve ser um elemento de ponderação na escolha entre se demitir ou manter seu emprego durante a preparação.

Repare que em nenhum dos casos aqui descritos estamos falando da simples opção por se preparar para um concurso. Esta decisão deve ser tomada observando-se os critérios do capítulo anterior. Mesmo que suas finanças sejam mais apertadas, seu contato com o mundo dos estudos esteja "enferrujado" ou o panorama de abertura dos concursos não seja o mais otimista, estudar para a área pública é uma opção que pode render excelentes frutos.

A questão que discutimos aqui é uma gestão de riscos: entre os candidatos que têm a opção, alguns podem apostar alto em uma preparação com dedicação exclusiva, teoricamente mais rápida, porém com um custo de oportunidade grande, enquanto outros se posicionam melhor mantendo uma preparação em paralelo com o emprego, tendo chances reais de aprovação, porém trabalhando com um prazo maior.

A escolha inversa também pode passar pela cabeça de um candidato – ou seja, um candidato que está apenas estudando ponderar se não seria melhor voltar ao mercado de trabalho. Nesse caso, ele tem uma desilusão parcial com a rotina de um concurseiro, ou, ainda, passa a enfrentar algum tipo de dificuldade financeira, e pensa em dar um passo rumo a um risco menor, interrompendo a dedicação exclusiva e buscando um emprego a fim de manter os estudos em paralelo.

As mesmas considerações que fizemos valem para este caso, porém no sentido oposto. No caso de um candidato que perceba que está em um ritmo bom e ainda disponha de uma retaguarda, minha dica é para que pense bastante antes de abandonar uma preparação intensiva, pois muitas vezes podemos estar próximos do objetivo e acabar abrindo mão dele por um medo momentâneo. Caso a questão seja motivada por um cenário econômico ou mesmo um anúncio de restrição na área dos concursos que não pareça ter solução no curto prazo, ou ainda caso o candidato esteja tendo muitas dificuldades para engrenar nos estudos, a opção por se recolocar no mercado de trabalho pode, sim, ser uma estratégia interessante.

Com as ponderações referentes ao tempo de estudo feitas, passaremos a outros aspectos que, apesar de não constituírem o núcleo central de sua preparação (que é o estudo em si), são muito importantes para que seu estudo seja feito de forma equilibrada e saudável.

3.3. ORGANIZAÇÃO DO LOCAL E DOS MATERIAIS DE ESTUDO

Para um bom estudo é necessário também um local de estudo adequado e confortável. Este local idealmente será na sua casa ou em um ambiente de cursinho, caso você venha a optar por esse tipo de preparação (discutiremos os materiais no capítulo apropriado). Na minha experiência, bibliotecas e outros lugares não são práticos, já que, apesar de poderem ser mais tranquilos que o ambiente doméstico, envolvem deslocamentos que comprometem um tempo que poderia ser de estudo – mas, novamente, as preferências de cada pessoa também devem ser levadas em conta.

É importante que você tenha o hábito de estudar no mesmo lugar, na medida do possível. Isso gera menos distrações e pode fazer com que você se adapte mais facilmente à rotina de preparação para o concurso, associando aquele lugar e aquele período à ideia de concentração e estudo.

O ambiente de estudo deve ser claro, a fim de não cansar rapidamente sua vista, e não deve envolver distrações. Sua mesa deve ser organizada, de preferência limpa e apenas com o material e os objetos que você pretenda utilizar. A própria conservação dos materiais deve ser igualmente organizada, com uma clara separação por matérias e também uma separação dos materiais que você já utilizou (e usará para eventuais revisões) e dos que você ainda utilizará.

Se os materiais forem em PDF, há da mesma forma a necessidade de organização das pastas no computador de modo a encontrar facilmente o material por matéria e aula, bem como saber avaliar o que já foi utilizado e o que ainda será (o que permite uma noção de quanto o estudo já andou e de quanto poderá avançar em uma determinada semana).

A cadeira não deve estar muito alta com relação à mesa a ponto de forçar sua coluna, nem tão baixa a ponto de comprometer sua postura corporal. Idealmente seus braços devem estar sobre a mesa de uma forma que não force muito a posição dos seus cotovelos sobre a mesa. Você pode seguir as mesmas dicas que são dadas para a posição de cadeiras em escritórios, e facilmente encontradas na internet.

Um material que eu particularmente não usei, mas que muitos candidatos elogiam, é o apoio de livros. Já vi candidatos elogiando apoios de marcas mais renomadas e outros afirmando que o melhor apoio que viram era aquele que as pessoas costumam usar para apoiar bíblias na cômoda do quarto. Esses materiais são interessantes na medida em que permitem que você não se curve muito sobre o material, mantendo uma postura mais adequada.

Ao assistir a uma aula, mantenha uma postura adequada, com sua lombar apoiada na cadeira. Posturas erradas não apenas podem levar a uma situação de relaxamento e de perda da concentração como também podem levar a prejuízos à sua saúde e ao seu desempenho de longo prazo.

Evite ao máximo estudar deitado. Além de dificultar uma leitura atenta e levar facilmente ao sono, esta posição ainda restringe seus movimentos, dificultando a feitura de anotações e observações de forma ágil no material. A posição deitada é facilmente associada ao repouso, e o seu foco ao estudar é outro. Além disso, normalmente é muito maléfica em termos de posicionamento corporal.

Quanto aos outros objetos físicos, eu sinceramente não tenho maiores observações a fazer – a não ser aquelas que toda pessoa com bom senso faria. Não tenha um local mal iluminado e, sobretudo, não tenha um conjunto de mesa e cadeira que cause mal à sua coluna. Tal situação representa um risco à sua saúde no longo prazo, o que é um fator muito importante. Ainda assim, caso você não dê importância a isso e queira focar apenas em um alto rendimento, pense que uma má postura causa a necessidade de pausas cada vez mais constantes, podendo até mesmo causar lesões que reduzam seu potencial de estudo. **Negligenciar fatores que dão suporte ao seu estudo é um erro que deve ser evitado.**

Mas, para não ser interpretado de uma forma radical, deixem-me ressaltar novamente: não caia no erro de muitos concurseiros de se preocupar com cada minúsculo detalhe a ponto de passar mais tempo preparando os estudos do que efetivamente estudando. Se a situação realmente envolver uma posição muito desconfortável, ou houver um risco real de lesão, conserte seu local de estudos o quanto antes. Mas não caia na situação extrema de criar uma preocupação desnecessária em cima de todo pequeno aspecto do seu cotidiano. O importante é que você estude.

Cap. 3 · A PREPARAÇÃO DOS ESTUDOS | 65

Tenha saúde, preocupe-se com sua postura e sua visão como uma pessoa com bom senso faria, mas não se esqueça: grande parte dos aprovados passa nos concursos estudando em uma cadeira e uma escrivaninha normais, ou até mesmo em uma mesa de cozinha – o que os diferenciou dos demais foi a quantidade e a qualidade de estudo.

3.4. A IMPORTÂNCIA DAS OUTRAS PESSOAS

Alguns candidatos de primeira viagem se perguntam sobre o estudo em grupo ou individual. Tenho que ser sincero: não vejo um estudo em grupo rendendo bons frutos a longo prazo. O concurso exigirá um preparo longo e regrado, o que dificulta bastante a coesão do grupo. As pessoas ainda tenderão a evoluir em diferentes velocidades, o que seria excelente em uma sala de aula seguindo uma aprendizagem constante no ciclo escolar, mas não se mostra adequado a uma preparação para concursos. A distração gerada seria, a meu ver, muito maior que os benefícios. Estudar para concursos é algo que envolve uma preparação séria e realizada individualmente.

Isso não exclui, logicamente, a importância que outras pessoas terão ao longo do processo. Em primeiro lugar, **é importante que as pessoas próximas a você estejam envolvidas no processo** (em especial aquelas que habitam a mesma casa e aquelas que dependem economicamente de você, ou das quais você depende economicamente). Com relação a terceiros, o fato de explicar ou não seus planos pode ser importante ou desnecessário, a depender do seu estilo. Mas as pessoas próximas precisam entender que aquele tempo que você passa sozinho concentrado e estudando tem um propósito bastante importante.

É fundamental que essas pessoas entendam o sacrifício que você está fazendo em termos de tempo e dinheiro, e que na medida do possível deem o apoio necessário a esta decisão. E, acredite, caso você esteja levando seus planos a sério, as pessoas saberão reconhecer isso – e até mesmo uma situação inicial de desconfiança pode levar a um ambiente de apoio.

O contato com outras pessoas que conheçam a área é igualmente fundamental – e é, de certo modo, o que você está fazendo ao ler este livro. Pessoas que já passaram por essa experiência têm muito a oferecer, e devem ser contatadas em caso de dificuldades.

É também muito importante a troca de experiências entre os próprios concurseiros – e para isso algumas plataformas on-line ajudam bastante. Fóruns como o FC (Fórum Concurseiros) foram por muito tempo a base de informações de muitos candidatos, assim como grupos específicos no Facebook. Hoje em dia, há um vasto universo de opções, o que exige até mesmo um cuidado para não querer estar em todos os grupos e gastar um tempo enorme checando informações e um tempo pequeno estudando.

3.5. A INFORMAÇÃO

Obter informações por meio das plataformas de discussão é bastante útil, e pode ser uma boa ideia checá-las diariamente por um período não maior que trinta minutos por dia, na parte da noite, ao final da jornada de estudos (para não haver distrações no meio dos estudos). Este tempo também deve ser suficiente para frequentar bons sites sobre concursos, a fim de estar informado sobre quais concursos estão com edital aberto ou próximo de abrir.

Um concurseiro bem preparado é também um concurseiro bem informado. Assim, tenha o costume de acessar sites que reúnem informações sobre concursos, de acompanhar a área sobre concursos e empregos dos principais portais de notícias do país e também de checar os sites de cursinhos e editoras que mantenham uma área de informação sobre os concursos abertos. Uma boa ideia é cadastrá--los na barra de favoritos e consultar sempre que entrar na internet, criando um hábito.

Dessa forma, você estará sempre informado sobre as movimentações que o processo do concurso que você deseja teve no Ministério do Planejamento, o que dá uma certa previsão de quando ele pode sair, e também estará antenado sobre a abertura de vários outros concursos que possam ser interessantes por cobrarem matérias em comum com aquelas que você está estudando.

A troca de informações também é grande nos ambientes de cursinho. Optar ou não por aulas em cursinhos é algo que será discutido na seção sobre técnicas de estudo, porém fica aqui a observação: caso você tenha investido dinheiro nessa modalidade, não deixe de aproveitar todo o *know-how* de professores e colegas de curso mais experientes. Aproveite os intervalos e os grupos que o pessoal mantenha para acompanhar todas as informações que surgirem sobre editais, materiais e até mesmo técnicas de estudo.

Caso sua escolha tenha sido por um material escrito ou em PDF, lance mão das informações da internet, nos sites, fóruns e grupos, para ter essa base de informação sobre o concurso, sobre os materiais indicados e sobre as oportunidades abertas.

3.6. O PERIGO DA DISTRAÇÃO

Ao lidarmos com esse tema de fóruns e redes sociais, que, como já comentamos, podem ser uma importante ferramenta de informação e até mesmo de motivação para um candidato, é importante que realcemos a parte negativa desses fatores. Eles podem gerar uma grande perda de tempo se usados incorretamente.

Durante seus estudos, como comentaremos, é ideal fazer alguns intervalos quando se está cansado. Mas **jamais entre nas redes sociais, use aplicativos como WhatsApp e Telegram, assista TV ou jogue jogos em videogame nos intervalos de estudo.** Idealmente, use tais aparelhos apenas de noite, ao fim da jornada de estudos e após ter feito a checagem de informações on-line que recomendamos anteriormente.

Todas essas atividades geram grande perda de concentração. Aplicativos de conversa como o WhatsApp geram uma interrupção tão constante que, se usados com as notificações ativadas, acabarão por inviabilizar completamente uma tentativa de estudo séria. No caso das redes sociais, os problemas são vários – e alguns deles pouco discutidos neste âmbito de preparação para concursos, apesar de muito válidos.

Primeiramente, as redes sociais, se usadas nos momentos inadequados ou sem controle, geram uma perda de tempo absurda, especialmente porque você tenderá a passar muito mais tempo do que inicialmente planejou no site. Não é à toa que no filme *A Rede Social*, em dado momento, um dos fundadores do Facebook tenta vender sua ideia a investidores realçando a quantidade de tempo que as pessoas permanecem no site. Esse consumo de tempo é extremamente danoso aos seus estudos.

Em segundo lugar, você tenderá a ver muitas coisas aleatórias, algumas interessantes, que o prenderão a atenção e criarão um déficit de concentração que durará vários minutos após o uso – o que prejudicará o seu rendimento nos estudos.

Por fim, algo que pode ser mais importante que todos os anteriores: nas redes sociais há uma constante venda de felicidade. Uma realidade que não é natural, mas que constitui a realidade virtual que construímos em nossos perfis. E isso pode atrapalhar muito, por um motivo bastante simples: como concurseiro, sua rotina será monótona. Você terá poucas fotos bonitas para compartilhar, e verá muitas de outras pessoas. Verá aquela pessoa que não optou pelo seu caminho de estudos postando fotos na praia, verá aquela pessoa que continuou no emprego do qual você se demitiu ou foi demitido postando fotos de uma comemoração da empresa no Rio de Janeiro ou de um curso em Nova Iorque. Verá festas de amigos, verá viagens, verá o *status* de uma eventual ex-companheira ou de um eventual ex-companheiro.

E sabe o que isso vai gerar? Uma perda absurda de motivação e de concentração. E para isso não há nenhuma técnica que eu possa ensinar: apenas o passar dos dias fará você voltar ao momento de maior motivação que tinha antes de ter acesso a essas notícias.

Sendo assim, evite ao máximo as distrações da TV e do videogame, as notificações mais que numerosas do WhatsApp e, acima de tudo, o volume de tempo gasto no Facebook – bem como as situações de desmotivação que podem ser trazidas por ele. Use seu tempo livre ao longo do dia para estudar, mantendo uma alta concentração e um bom volume de horas.

Isso não significa uma atitude radical. Eu mesmo tinha Facebook durante meus estudos e mantive a conta aberta, acessando ao fim da jornada de estudos e aos fins de semana. Não tinha WhatsApp porque ainda não conhecia bem o aplicativo, mas logo depois que fui aprovado passei a ter – e talvez se ainda estivesse estudando manteria a conta, mas vendo as mensagens apenas no final do expediente. Muitas pessoas que me escrevem perguntando sobre concursos e que se mostram bastante dedicadas optaram por suspender as contas dos dois aplicativos – uma decisão que eu deixo à sua escolha. O ideal é que, mantendo ou não tais atividades em um curto período da noite, elas não interfiram na sua preparação rumo ao seu objetivo complexo e de longo prazo: a aprovação em um concurso público.

3.7. A IMPORTÂNCIA DE UMA ATIVIDADE FÍSICA

Não negligencie o potencial construtivo que a prática de um esporte ou de uma atividade física pode trazer à sua preparação. Com mais qualidade de vida e com seu corpo e mente se sentindo melhor você poderá atingir um ritmo melhor de estudos, tendo menos estresse e maior potencial de absorção de conteúdo. Além disso, apesar de a aprovação ser o seu foco principal, sem dúvidas a saúde é algo de que ninguém pode se dar ao luxo de abrir mão.

É comum o concurseiro julgar que qualquer atividade fora dos estudos é uma perda de tempo, mas esse é um grande erro. Já dizia o velho provérbio de origem latina, "mente sã, corpo são". As contribuições da atividade física são inúmeras: ela ajuda a melhorar sua disposição, sua concentração, sua atenção e até mesmo sua memória.

Você não estará perdendo tempo ao deixar de estudar durante aquele período no qual está praticando uma atividade física, mas sim melhorando sua performance, de modo que um tempo menor nos estudos poderá trazer um rendimento equivalente às horas em que se dedicou ao exercício físico. Uma caminhada na parte da manhã ou ao fim da tarde já seria algo bastante produtivo (é o que eu fazia), mas os candidatos que tenham um esporte de preferência que seja mais intenso podem muito bem mantê-lo.

Independentemente de você estar trabalhando e estudando ou apenas estudando, não deixe de ter uma atividade física. No segundo caso seu tempo será maior, o que permite uma atividade por um período também maior. É claro que aqui entra novamente o bom senso: a prática do esporte visa à sua saúde e, de forma acessória, pode auxiliar sua concentração e descanso da mente. Ela não vai gerar diretamente sua aprovação.

Entre dois candidatos, um sedentário que apenas estuda e um completamente ativo que estuda menos tempo, eu jogo todas as minhas fichas na aprovação do primeiro. Mas o ideal é que tenhamos um candidato que, sem deixar de dispender um grande tempo para os estudos, encontre momentos para a prática de um esporte, ganhando em saúde e em equilíbrio de vida.

Assim como conversamos quando discutíamos a postura corporal, vale a mesma lógica: mesmo que você não ligue para sua saúde (hábito que, nem preciso dizer, deve ser mudado) e pense apenas no concurso, ainda assim deve passar a ter uma rotina mais saudável, pois sua preparação é de longo prazo e seu corpo deve estar preparado para o acompanhar nessa trajetória que muitas vezes pode ser cansativa!

3.8. A IMPORTÂNCIA DO LAZER

Mesmo no caso de diversões que não envolvam uma atividade física, eu acredito que elas devem estar presentes em sua rotina. Elas o auxiliam a sair daquele mundinho isolado no qual a preparação para um concurso o lança. Liberam a sua mente, renovando-a para um novo ciclo de estudos, reduzem bastante seu estresse e ainda podem manter sua motivação mais elevada, caso as pessoas ao seu redor tenham uma atitude positiva perante a sua dedicação aos estudos.

Não deixe de ir a uma comemoração ou um aniversário, a não ser que esses momentos estejam acontecendo com uma frequência tão grande que esteja atrapalhando bastante seus horários de estudo. No caso de uma pessoa que concilia trabalho e estudo eu reconheço que esses momentos serão mais selecionados, e algo com frequência maior que uma vez por semana já poderia trazer prejuízos aos estudos caso o horário de que a pessoa disponha seja exíguo. Mas para uma pessoa que mergulhou de cabeça no mundo dos concursos e esteja só estudando, caso ela esteja imprimindo um ritmo forte de segunda a sexta, pode sem dúvidas sentir-se livre para aproveitar alguns momentos do fim de semana.

É claro que o bom senso entra aqui também: se você não tiver planos, estude. Da mesma forma, não torne frequentes eventos como baladas, que podem reduzir bastante seu aproveitamento no dia seguinte. Mas não deixe de ir a um aniversário, a um casamento, a um teatro ou jogo de futebol caso você goste e tenha disponibilidade. Tudo em equilíbrio e com bom senso é permitido, desde que o controle se mantenha em suas mãos e você perceba que os estudos estão avançando.

Vou dar um exemplo pessoal. Eu sou uma pessoa que gosta muito de futebol. Torço para o São Paulo e, num nível local, para o Rio Claro e para o Velo Clube, os dois times da minha cidade. E eu adoro ir ao estádio. Durante a minha preparação, como já comentei, estudei em Rio Claro, na casa dos meus pais, a fim de reduzir despesas. Pois bem, em janeiro de 2014 começou o Campeonato Paulista, com o poderoso Rio Claro na primeira divisão e o glorioso Velo Clube na segunda. E

Cap. 3 · A PREPARAÇÃO DOS ESTUDOS | 71

eu acompanhei quase todas as partidas deles em casa, normalmente nos finais de semana.

E por que fiz isso? Porque eu gostava. Simples assim. Eu sabia que naquelas duas horas não estava estudando nem fazendo nada de construtivo, mas era um momento de descontração, com amigos, e eu também sabia que no dia seguinte eu estaria estudando com muito afinco, eventualmente até um pouco mais para compensar o tempo perdido. Não deixei de sair com amigos em aniversários, de ir a um casamento de um amigo ou parente ou até mesmo de curtir o Carnaval de 2014. Mas eu tinha um controle muito grande do que estava fazendo. Sabia que os momentos de lazer não podiam ser eternos, sabia que durante a semana estava dando meu máximo nos estudos, e que compensaria os momentos de lazer.

Moral da história: não deixe os momentos de lazer passarem, em especial se você dispuser de um bom volume de horas para estudar. Não se torne completamente neurótico em torno dos seus estudos. Eles são o seu principal plano naquele momento, seu maior foco de atenção, mas para a sua saúde e relaxamento tenha o costume de, em alguns momentos, fazer o que você gosta. Um candidato que se abstenha de qualquer lazer estará tornando sua rotina tão insuportável que, de forma indireta, está criando um impulso para que queira desistir dela mais pra frente.

Conheço pessoas que, ao se decidirem pela preparação para um concurso público, deixaram claro para todos os amigos que estavam abdicando de qualquer vida social. Mas, curiosamente, não conseguiam imprimir um bom ritmo de estudos. Parecia que o fato se se punir evitando qualquer forma de lazer deixava essas pessoas mais sérias, mas não necessariamente refletia em melhores resultados. Tente ser o oposto disso: alguém que se dedique ao máximo e também aproveite seu lazer, dentro das possibilidades que a situação oferece. Lembre-se: **o que o aprova no concurso é aquilo que você faz, não aquilo que você deixa de fazer.**

A palavra chave nessa história toda é controle. Se você estiver com as rédeas da situação na sua mão, se você sai com os amigos, mas no dia seguinte se dedica mais ainda aos estudos para compensar, se você tem a percepção de que está ganhando conteúdo dia após dia mesmo não abrindo mão de alguns momentos de lazer, isso é excelente. Você está conseguindo conciliar momentos de estudo e de relaxamento de forma equilibrada, o que é muito difícil de ser feito, mas é muito importante!

3.9. A IMPORTÂNCIA DO SONO E DOS INTERVALOS

Nessa mesma linha de raciocínio podemos incluir o sono. Muitos especialistas têm afirmado, e me parece extremamente coerente: não vale a pena comprometer o sono a fim de obter mais horas de estudo, pois ele é essencial em seu processo de aprendizagem. Uma boa noite de sono é muito importante para que você, além de não comprometer sua saúde, consiga estudar por um bom volume de horas durante o dia, assimilando conceitos complexos e compreendendo bem aquilo que lê.

É claro que, como todos os aspectos que discutimos aqui, o equilíbrio de todos os fatores exige bom senso. No caso de uma pessoa que se equilibra entre a rotina de estudos e o trabalho, os cuidados da casa ou a criação dos filhos, é claro que falar para fazer isso tudo e ainda dormir pelo menos oito horas é algo irreal.

A dica do sono vale muito bem para as pessoas que dispõem de tempo para tanto, mas no caso de pessoas com rotinas corridas é importante ter o bom senso de equilibrar os fatores, sabendo que eventualmente pode ser necessário ter menos horas de sono (bem aproveitadas) a fim de se garantir que haja um bom período de estudos diário (idealmente superior a três horas). É provável, porém, que sacrificar muitas horas de sono em nome do aprendizado não seja algo eficiente em termos de volume de informação apreendida (e logicamente também não será bom para a sua saúde). Na medida do possível, busque um equilíbrio. Apenas dessa forma seu estudo não será em vão, e você terá uma capacidade de assimilar melhor os conteúdos e memorizá-los mais facilmente.

Embora esse equilíbrio seja difícil de ser determinado, **lembre-se: um estudo é produtivo na medida em que você entende a sistemática da coisa e é capaz de aplicar aquele conteúdo na resolução de exercícios e para a compreensão dos temas subsequentes**. Caso você não esteja conseguindo fazer isso e esteja com o sono irregular, essa pode ser uma das explicações – e nesse caso é fundamental reequilibrar essa balança entre sono e estudos.

Um ponto deve ser destacado, porém: dormir nos intervalos do estudo pode ser bastante prejudicial para a sua preparação. Em primeiro lugar, porque faz você perder a concentração por algum tempo, além de demorar mais para atingir um bom ritmo novamente. Há uma inércia logo após acordarmos, em especial se o sono não atingir seu ciclo ideal, e isso causa a sensação de cansaço, a perda de concentração e, como consequência natural, a perda de produtividade. Em segundo lugar, porque o controle do tempo se tornará mais difícil. A cada tentação de descansar mais um pouco, a cada dez minutos a mais, a cada apertar do botão soneca seus objetivos ficam um pouco mais distantes.

Dessa forma, não despreze a importância de um sono regrado e com qualidade à noite ou ainda em momentos específicos do dia, caso esta seja a sua rotina e você perceba que é um hábito salutar. Mas, no desenvolvimento dos estudos, quando naturalmente ocorrerão pequenas pausas, da mesma forma que afirmamos que você não deve ver TV nem realizar nenhuma outra atividade que gere perda de concentração, também deve ter em mente que este é um momento inoportuno para tirar uma soneca.

Essas pausas são justamente o segundo ponto que queremos destacar dentro desse item. Um estudo só é capaz de render bem com uma pessoa descansada, e isso se refere também à sobrecarga que atingimos após um certo período de estudo. É muito importante fazer um pequeno intervalo a fim de descansar um pouco.

Esse descanso será importante também para o seu corpo, já que é uma oportunidade de sair da posição de estudo, evitando até mesmo problemas relacionados à postura ou mesmo à circulação sanguínea. Será o momento de se lembrar de beber água ou fazer um pequeno lanche, recompondo as energias e mantendo a saúde. E, mais ainda, será uma chance de "esfriar a cabeça", relaxando sua mente, dando um tempo para que seu cérebro assimile as informações com mais calma e ficando preparado para um novo período de estudo.

Em um curso preparatório seu intervalo será regrado, e este momento (normalmente de 15 minutos, que separam duas aulas de 1h30 a 2h00) será uma grande oportunidade de descanso e de contato com os outros concurseiros – que trará distração e informação. Em casa, eu costumava fazer da mesma forma: parava por dez ou quinze minutos a cada duas horas.

Repare que os intervalos não precisam ser rígidos. Eu particularmente nunca cronometrei meu estudo, apenas mantinha uma certa atenção ao relógio. Estabelecer intervalos rígidos pode fazer com que você pare em um momento de bom rendimento dos estudos, o que não faz sentido algum. Assim, não burocratize seus estudos de uma forma que leve não a um ganho, mas sim a uma perda de rendimento. Mantenha-se, porém, atento à necessidade de atenção ao corpo e à mente.

Sempre que possível, pare a cada uma hora e meia ou duas horas, levante-se, movimente-se por alguns minutos, beba água, vá ao banheiro e então volte aos estudos. Não deixe que este intervalo entre períodos de estudo seja superior a quinze minutos – nesse caso não é mais um intervalo, mas sim uma parada –, nem faça atividades que tragam distração. Aproveite este momento justamente para se recompor, sem perder a concentração.

Você perceberá em pouco tempo que essa quebra, se não for exagerada, vai lhe dar muito mais predisposição a seguir estudando, e lhe proporcionará a estrutura física necessária para suportar as horas de estudo!

3.10. A IMPORTÂNCIA DA ALIMENTAÇÃO

A alimentação segue a mesma linha de raciocínio do bom senso. Vou ser sincero: mesmo falando com muito menos propriedade que uma pessoa formada na área de nutrição ou medicina, eu posso dizer que não acredito em uma interferência direta dos alimentos na memória – em especial no curto prazo. Eu acredito, porém, no impacto que uma boa alimentação em nossa disposição para as atividades diárias e, claro, de forma ainda mais importante, em nossa saúde.

Eu desconheço um grupo de alimentos que leve a um melhor aproveitamento nos estudos da noite para o dia, como uma poção mágica. Há alimentos que, no longo prazo, trazem componentes importantes para as funções do corpo associadas à memória (tais como grãos, peixes e alguns chás, como o verde). Mas sejamos realistas: o impacto disso na sua rotina de concurseiro, que levará de alguns meses a alguns anos, é baixíssimo.

O fundamental, então, é que você se atenha a dois pontos que, indiretamente, podem afetar seus estudos: o primeiro é a perda da disposição ou o aumento do cansaço. Para impedir que isso ocorra, evite alimentos pesados na sua rotina. Evite um padrão de alimentação

Cap. 3 · A PREPARAÇÃO DOS ESTUDOS | 75

que o traga sono e que seja de difícil digestão, dando prioridade a uma alimentação mais leve e saudável. Nesta mesma linha de raciocínio surge o segundo ponto: tenha uma alimentação regrada a fim de valorizar sua saúde.

A rotina de concurseiro é pesada e bastante sedentária. Ao lado dá já discutida prática de uma atividade física, ter uma alimentação regrada é fundamental para que você preserve sua saúde. Falamos sobre isso não apenas pelo lado evidente da análise, de que sua saúde é algo de extrema importância, mas até mesmo pensando em pontos mais específicos: **um candidato que não cuide de sua saúde será como uma máquina sem manutenção e terá maiores dificuldades de enfrentar a maratona de estudos e de provas pela qual passará.**

E isso quer dizer que sua alimentação não poderá ter nenhum deslize? É claro que não. A melhor pessoa para falar isso é uma profissional, e a situação depende muito do quadro de cada pessoa, porém o que passamos aqui são informações derivadas da experiência com a rotina de estudos e até mesmo do bom senso. Caso haja momentos em que você queira uma refeição mais prazerosa e que fuja da rotina, tente ao máximo que ela seja em um dos dias de descanso dos estudos.

A prova será abordada em um outro capítulo, mas já cabe uma informação a mais: essas informações que passamos, se já devem ser seguidas na rotina natural de estudos, devem ser observadas de forma ainda mais intensa no período próximo à prova. Estar bem preparado e não conseguir ter um bom desempenho em uma prova devido a fatores como cansaço e mal-estar é provavelmente uma das piores sensações pela qual um concurseiro pode passar. Assim, nos dias que antecedem a prova a atenção será redobrada: um bom sono, um descanso até mesmo maior que o normal, uma alimentação leve e equilibrada e um bom planejamento logístico serão essenciais. Se tais fatores não são capazes de por si só aprovar um candidato mal preparado, podem sim causar a reprovação de um bom candidato.

Apenas uma observação, pessoal: grande parte do que nós falamos nessa parte, sobre saúde, sono e esportes, é para reforçar a ideia de que nenhum plano de vida seu pode estar dissociado de uma vida regrada e saudável. Mas tenha em mente que estamos discutindo atividades acessórias, atividades que darão apoio à atividade principal que você desenvolverá: estudar.

Se eu tiver que apostar entre dois candidatos, um que estudou de forma muito intensa sem se preocupar com nenhum aspecto acessório e outro que se preparou mal mas prestou atenção à necessidade de praticar uma atividade física e de ter um sono regular, eu não tenho a menor dúvida: apostarei no que estudou. Agora, afirmar que esse candidato que estudou sem atenção aos fatores acessórios conseguirá aguentar uma rotina pesada por vários meses e terá uma boa qualidade de vida no futuro é algo em que eu, infelizmente, não aposto todas as minhas fichas.

O que eu preferiria ver é, com certeza, um candidato que presta uma enorme atenção aos estudos sem se esquecer das atividades que dão suporte à sua rotina. Este, sim, está no caminho certo para um bom desempenho.

Cabe neste momento discutir um último ponto, que já foi alvo de dezenas de perguntas que muitos candidatos me fizeram em palestras e pelas redes sociais: o uso de medicamentos ou de qualquer tipo de substância que pudesse elevar a concentração. Minha resposta sempre foi categórica: não utilizei, e por favor não venha a ingerir nada sem recomendação médica. Mesmo substâncias que são costumeiramente relacionadas a um estudo por mais horas, tais como os energéticos, não são, a meu ver, recomendáveis para uma preparação como a de um concurseiro fiscal – que tem como características um estudo intenso e de longo prazo.

Como se não bastasse o risco ao ingerir alguma substância de forma desregulada, o uso de produtos, tais como os ricos em cafeína não geraria os efeitos que precisamos aqui. Diferentemente de uma semana intensa de provas na faculdade (situação na qual eu nunca gostei de ingerir nada, mas tinha amigos que afirmavam precisar de um energético), aqui estamos lidando com uma situação diferente, de longo prazo, na qual a ingestão de qualquer substância ou medicamento não terá como o ajudar, na medida em que não faria efeito ao longo de todo esse tempo. Além de gastar um bom dinheiro e ter poucos resultados, você ainda teria o risco de ficar dependente de algo para se sentir confiante nos estudos.

O ritmo e o rendimento nos estudos não aparecem do nada e tampouco são fáceis de se obter, mas só há um caminho: um estudo constante e que seja cada vez mais aprimorado em termos de tempo e qualidade, lançando mão de bons métodos como os que discutiremos na seção adequada.

3.11. O CONTROLE FINANCEIRO

Mudando um pouco o tema, mas ainda dentro do âmbito de atividades acessórias ao estudo (não se engane por este nome, pois conforme já conversamos, elas não são o coração da sua preparação, mas ainda assim são muito importantes), temos o controle financeiro. Na seção em que discutimos a opção por se dedicar de forma integral ou estudar em paralelo com o emprego já citamos alguns fatores que serão importantes à nossa análise aqui.

A preparação envolverá tempo. Há casos de aprovações com menos de um ano de estudos, como o meu (dez meses com preparação integral) e o de alguns outros colegas que fizeram até mesmo em menos tempo, porém a regra é que a preparação leve alguns anos, já que o candidato precisa cobrir todo o conteúdo exigido, aguardar a publicação do edital (período no qual lança mão de revisões estruturadas) e ser aprovado na prova (muitas pessoas não são aprovadas na primeira tentativa, mas sim nas subsequentes).

A preparação envolverá, também, recursos. Caso você esteja fora do mercado de trabalho, este tempo descrito acima vai demandar recursos por si só. Mas, mais que isso, um bom material exige um investimento razoável. Abordaremos esta questão com mais detalhes na seção adequada, mas, independentemente da forma de preparação (apostilas, cursinho, PDFs, livros), estamos falando em um investimento que possivelmente atingirá a faixa de alguns milhares de reais.

Há ainda gastos menores ligados à preparação, como inscrições nos concursos que abrirem e cujos conteúdos interessem, a compra de materiais isolados e de papelaria e o investimento em um computador ou tablet caso você goste de estudar com tais aparelhos e não os possua. Há ainda alunos que optam pela contratação de *coaching* ou de materiais especiais para revisões, o que pode encarecer a preparação.

É fundamental que você tenha um controle financeiro que torne seu estudo estruturado e viável.

O primeiro ponto para controlar bem suas finanças é não desperdiçar dinheiro em sua preparação. Avalie os pontos que discutiremos sobre a preparação, informe-se ao máximo com outros concurseiros que estão se preparando ou ex-concurseiros que obtiveram êxito e também em portais, e faça um investimento seguro em materiais. Da mesma forma que não é interessante um gasto extremo com um volume de materiais maior do que o que você conseguirá estudar, e que eventualmente virão a não ser utilizados, por outro lado, também não são aconselháveis economias tolas quando o assunto é a escolha de um bom material, já que tal atitude pode comprometer a qualidade da sua preparação ou gerar mais gastos no futuro para corrigir essas falhas.

Um segundo ponto importante é o controle de todos os seus gastos, a fim de não ter surpresas nessa fase de preparação. Se você não está trabalhando, esse controle é ainda mais importante. Equilibrando suas contas você não apenas consegue manter uma situação estável e previsível, como também consegue focar de forma ainda mais intensa nos estudos, sem as complicações que um descontrole pode causar. Há bons aplicativos que permitem um controle de despesas e até mesmo uma análise daquilo que você está gastando, com um potencial de impacto muito positivo no equilíbrio de suas contas.

Minha dica: **abrace esta fase de concurseiro com sobriedade**. Não é a hora de grandes gastos pessoais, mas sim de dedicação intensa com foco na aprovação. Tenha as despesas relacionadas à preparação e também aquelas que não podem ser evitadas de forma alguma, mas abra mão do supérfluo. Com uma preparação forte e focada, no futuro chegará o momento em que você poderá desfrutar de todas as coisas das quais abriu mão nesse esforço momentâneo.

Para um candidato que deixou de trabalhar porque possuía uma retaguarda capaz de mantê-lo pelo período de preparação, um bom gerenciamento das suas receitas também é importante. Não perca dinheiro por não saber gerenciar seu patrimônio.

Como este não é um livro sobre investimentos, não avançaremos neste âmbito, porém deixe seu dinheiro guardado em aplicações rentáveis, abandonando péssimos negócios como a caderneta de poupança. Uma alternativa fácil e confiável é o Tesouro Direto, que vende títulos públicos federais mais seguros que as aplicações privadas e que podem facilmente, neste momento, render uma vez e meia o rendimento de uma caderneta de poupança. É importante, claro, que você saiba o que está fazendo, mas normalmente a informação sobre investimentos no Tesouro é fácil e acessível. O risco é menor, o rendimento é maior e a liquidez também é alta – havendo até mesmo a oportunidade de potencializar seus ganhos com um pouco de especulação, mantendo um risco ainda baixo. Caso você esteja no grupo de candidatos que já possui um patrimônio e se mantém estudando por meio dele, boas atitudes de investimento podem ser a diferença entre um estudo viável a longo prazo ou não.

No meu caso, quando eu optei por me demitir eu possuía uma poupança de aproximadamente R$ 40.000,00. Não possuía esposa e filhos, o que facilitou muito minha decisão por parar de trabalhar. Voltando para a casa dos meus pais, reduzi minhas despesas a praticamente zero. De forma bastante franca, não comprei praticamente nada nos dez meses de preparação. Com os juros da aplicação financeira, que rendiam algo como R$ 300,00, eu pagava o cursinho. Caso houvesse um investimento maior que eu precisasse fazer (a compra das apostilas, de um ou outro livro específico ou mesmo as despesas com os concursos que eu prestava), eu era obrigado e retirar do montante principal que eu tinha guardado, mas isso nunca era feito de forma precipitada. E **eu me sentia bastante confiante com minha preparação, porque sabia que dentro desse controle financeiro rígido estava algo muito importante: a sustentabilidade dos meus estudos.**

É claro que a vida da maioria dos candidatos inclui uma complexidade maior, com gastos ligados à família ou a não possibilidade de redução de despesas da forma como eu pude fazer, mas o importante é que você seja capaz de colocar sua situação no papel e, consciente dos gastos e do tempo requeridos para uma preparação, consiga ter uma estratégia que viabilize seus estudos.

3.12. EQUIPAMENTOS ÚTEIS

Como um último tópico relacionado aos investimentos necessários para a preparação, vale destacar alguns aparelhos que podem ser úteis à sua preparação.

Um computador e um bom acesso à internet serão essenciais para a sua preparação. Caso você tenha optado por materiais digitais ou por videoaulas on-line, o computador e a internet serão a base para o seu estudo. Além disso, eles possibilitarão a você o acesso a um alto número de informações relevantes nas diversas plataformas sobre concursos que existem on-line. Não há a necessidade de que o computador tenha configurações avançadas, já que o estudo não demandará muita capacidade de processamento da máquina.

Se você tiver optado por materiais digitais, mas ainda assim gostar de estudar com os textos em papel, pode ser interessante a compra de uma boa impressora – e neste caso o fato de as recargas serem baratas pode ser mais importante que o preço inicial da impressora, já que o volume a ser impresso será grande.

Eu sou uma pessoa que gosta muito de estudar com o material em papel, mas devido à inviabilidade de imprimir vários materiais acabei me acostumando paulatinamente a estudar na tela do computador. Eu o aconselho a tentar fazer o mesmo, já que as vantagens (financeira e ambiental) serão grandes. Porém, no começo dos estudos, quando você ainda não estiver acostumado com o ritmo, em partes mais complicadas do estudo ou mesmo em matérias que exigem maior trabalho manual, como contabilidade e raciocínio lógico, não tenha receio de imprimir o conteúdo e partir para o estudo debruçado nos papéis. A sensação de controle do estudo e de assimilação do conteúdo é maior com o papel e a caneta na mão, o que pode aumentar o rendimento do candidato.

Algumas pessoas já me perguntaram sobre tablets. Eu particularmente não os usei para o estudo, normalmente só uso em casa para consultar a internet a lazer e ainda assim muitas vezes acabo usando o celular e me esquecendo que tenho um tablet. A decisão aqui dependerá das suas preferências. Caso você não tenha uma grande preferência por nenhuma forma, eu aconselharia que na sua casa você siga seus estudos na tela do computador ou em papel, situações em que a concentração é mais fácil e que exigem que você mantenha uma posição corporal mais regrada.

O tablet pode ser um excelente aliado se você dispuser de tempo em locais não convencionais e quiser aproveitá-lo para estudar (no ônibus, no metrô, em uma sala de espera...).

Vencida a etapa de conhecimento dos fatores que, ao serem usados em paralelo à nossa preparação, podem potencializar nosso estudo e nosso rendimento, e aliando tal conhecimento à compreensão do edital, que faremos em um documento bastante detalhado que segue em anexo a este livro, nada mais resta a não ser mergulhar nos estudos!

Capítulo 4

ESTRATÉGIAS DE ESTUDO

Chegamos ao grande desafio, que exigirá muita dedicação e disciplina para ser vencido: a preparação. E, sem dúvida alguma, há diferentes formas de organizá-la. Não se engane com o que é dito em muitos lugares: não há um método ideal de preparação. Quando eu fui aprovado eu escrevi um depoimento no Fórum Concurseiros que atingiu mais de vinte mil visualizações e teve uma repercussão bastante grande na época, não apenas pela minha classificação no concurso, mas também por eu ter estudado de uma forma bastante diferente da maioria dos candidatos.

Enquanto a maioria das pessoas estuda por ciclos, alternando disciplinas, eu estudava uma mesma disciplina por bastante tempo. Não tenho como afirmar que isso é o ideal para todas as pessoas: já houve candidatos que me procuraram afirmando que também preferem o estudo de uma disciplina de forma intensa, e outros que me disseram que tentaram mas preferiram voltar aos ciclos. Isso é o efeito natural da minha afirmação no parágrafo anterior: não há um método ideal. É por isso que, nesse livro, tentaremos deixar as opções em aberto para os candidatos, sempre que duas ou mais vias parecerem igualmente válidas.

Há, porém, inúmeras técnicas que já são pacificadas como algo construtivo para a preparação do candidato, assim como muitos erros que já foram cometidos até mesmo pelos melhores candidatos. Tentaremos neste capítulo chamar a sua atenção para estes pontos, a fim de que você tenha muito menos percalços em sua trajetória.

Se no capítulo anterior realçamos a importância do controle do tempo, cabe-nos aqui ressaltar a importância do método, que será o responsável justamente por fazer esse tempo disponível render. Não são poucos os candidatos que estudam bastante, mas que, por não conseguirem atingir uma concentração adequada ou por não conseguirem reter aquilo que estudaram, acabam tendo insucessos no momento da prova.

Desse modo, sem vislumbrar um método ideal, tentaremos direcionar o candidato a atitudes que serão de bastante valia em seu estudo, tentando muitas vezes abordar também a opinião contrária, para que você, com um direcionamento inicial e também com o conhecimento das diferentes opções existentes, possa guiar seu estudo e até mesmo ser capaz de traçar caminhos alternativos caso perceba que determinada técnica não está rendendo.

Ao conjunto de toda essa linha de raciocínio eu preferi dar o nome de estratégias de preparação. Estratégia, porque, sem dúvida, envolve um plano e uma coordenação de recursos a fim de se atingir um objetivo. Estratégias, no plural, porque há mais de uma à disposição, a serem usadas em função das características do candidato e do momento em que o seu estudo se encontra.

Um ponto inicial, que você já deve ter em mente o quanto antes, é uma autoavaliação a fim de saber em que ponto da trajetória você se encontra. Um candidato que já está estudando para a área e que esteja lendo este livro a fim de reforçar seu conhecimento sobre a área fiscal e sobre as formas de preparação está em um nível diferente do candidato que está começando a se interessar pela área.

Há também a diferença de trajetória dos candidatos. É inegável que vivemos em uma sociedade desigual, onde algumas pessoas são privilegiadas com um bom ensino enquanto outras não têm as mesmas oportunidades – sociedade na qual a própria ideia de meritocracia pode ser bastante contestada. Isso fará com que algumas pessoas já possuam uma bagagem vinda de sua vida acadêmica, ou ainda uma experiência profissional, que lhe permitam um desenvolvimento mais rápido dos estudos.

Não queremos com isso desanimar ninguém. Há entre os meus colegas auditores histórias muito variadas de vida, desde a excelência acadêmica até a superação de situações bastante difíceis. **O importante é que o candidato tenha esse conhecimento de si mesmo a fim de enfrentar suas dificuldades da forma mais honesta e eficiente possível.** Isso vai ser bastante importante em algumas discussões que vamos desenvolver!

4.1. ESTUDO PARA COBRIR O EDITAL X ESTUDO PERMANENTE POSTERIOR

Um primeiro conceito fundamental que o candidato deve ter em mente é algo que já tivemos a oportunidade de conversar: o concurso público tem se tornado bastante competitivo, e por consequência a preparação é longa, exige bastante dedicação e não depende, em seu início, de haver ou não um edital aberto. Na verdade, se você decidir se preparar para um concurso concorrido hoje e daqui a um mês o edital do seu concurso abrir (prevendo uma prova daqui a três meses, por exemplo), isso nem mesmo é bom para você. Eu sugiro que nesse caso você vá e preste a prova, sem dúvidas, mas você muito provavelmente não vai ter aprendido tudo que o edital exige – e terá, assim, chances muito pequenas.

Da mesma forma que você não aguardará a abertura do edital para estudar, **quando concluir o estudo de todo o edital, não deverá parar de estudar**. A complexidade do conteúdo exige novas sequências de estudos para que você consiga assimilar conceitos que tenha deixado passar, seja porque não entendeu, seja porque na primeira passada, sem ter muita experiência, você não tenha julgado relevante. O estudo se dá por camadas, que vão uma após a outra sedimentando seu entendimento dos assuntos, não apenas evitando que você se esqueça mas também fortalecendo o entendimento de muitos tópicos.

Assim, cobrir todo o edital e abandonar os estudos até o momento da prova é um erro que apenas os candidatos não habituados à rotina de concurseiro cometem. Ao cobrir todo o edital, você manterá o mesmo ritmo e recomeçará seu estudo a partir dos materiais que você usou, dos resumos que você construiu e, eventualmente, de novos materiais que você tenha adquirido para reforçar seu estudo a partir de outras fontes, caso seja possível.

É a partir dessa ideia que temos **uma clara distinção entre dois momentos do seu estudo: a etapa inicial, visando a cobrir o edital pela primeira vez, e o regime permanente** que se inicia ao final desta primeira fase, **no qual se dão novos ciclos de estudo** – que na verdade são grandes revisões do conteúdo já aprendido.

A duração da primeira etapa pode ser bastante variada. No meu caso, em preparação intensiva, ela durou algo como oito meses. Há casos de pessoas que levaram menos tempo, porém a média tende a ser superior a isso, em especial se considerarmos que há pessoas que conciliam trabalho e estudo. Esta parte também é mais longa para pessoas que estão se deparando com o edital pela primeira vez. Para casos de pessoas que já são Analistas e estudam para Auditor-Fiscal, por exemplo, ou que já tiveram uma boa sequência de estudos, porém acabaram a interrompendo, o desenvolvimento pode ser mais rápido.

A segunda etapa não tem uma duração definida, justamente pela ideia que a define: uma repassagem constante por todo o conteúdo aprendido. Se o edital demorar, essa etapa será mais longa, e a motivação para seguir firme nos estudos contará bastante. Mas não deixe o estudo de lado baseando-se no conforto de já ter coberto todo o edital: a cada repassada você perceberá o quanto de detalhes, de regras e de conceitos seriam deixados de lado caso essa constante aprendizagem não se mantivesse.

Caso você tenha dificuldades em lidar com o longo prazo inerente a uma preparação para um concurso fiscal, estabeleça "minimetas". Tenha a meta de estudar e entender bem tal conteúdo, de realizar seu ciclo de estudos semanal (se você optar por essa forma de preparação), de acertar um determinado percentual nos exercícios ao final de cada aula (ou em simulados, em uma etapa mais avançada da preparação). Será gratificante perceber que a bagagem de estudo acumulada permitirá que você aprenda mais facilmente novos conteúdos.

Sua preparação, de certa forma, segue um comportamento exponencial. Sei que os candidatos de exatas entenderão essa analogia mais facilmente, mas de toda forma ela não é difícil: exponencial é uma função que, descrevendo de forma bem simples, cresce a uma velocidade cada vez maior. Serve para muitas aplicações científicas, e a meu ver serve como um bom exemplo da velocidade dos seus estudos.

Quanto mais organismos em uma população, mais rápido ela cresce. E é isso que acontecerá no seu estudo: quanto mais base teórica você possuir, mais fácil será para assimilar novos conteúdos e aumentar ainda mais rapidamente essa base.

Se, por um lado, quanto mais você estudar mais vai conhecer a matéria, por outro, quanto mais você conhecer a matéria mais rápido vai conseguir estudar. É por isso que você não pode desanimar no começo, em que muitas vezes ficamos patinando sobre uma matéria acerca da qual não conhecemos quase nada. **O desenvolvimento do** estudo de forma séria e estruturada vai gerar um aumento natural do ritmo e do aproveitamento, que o trarão muito mais confiança e tranquilidade no médio prazo. Isso vale tanto para a fase de cobertura inicial do edital, quanto para as etapas de revisão da segunda parte (o seu estudo permanente).

Já houve muitos casos de pessoas me perguntando por e-mail ou redes sociais se eu tinha um palpite sobre quando o concurso abriria, pois queriam estudar na medida certa para a aprovação. Permitam-me reforçar mais uma vez, já pedindo desculpas pela repetição: isso não existe! Seu estudo deve começar no momento em que você opta pela carreira fiscal e vê isso como um objetivo, e ele só para quando você é aprovado – ou quando você desiste, o que eu espero que não venha a acontecer. Entre esses dois momentos, ele tem de ser constante, independentemente de você já ter coberto todo o edital ou de haver previsão de abertura do novo concurso.

4.2. O ESTUDO ANTES E DEPOIS DA ABERTURA DO EDITAL

Na etapa anterior discutimos dois momentos diferentes em que o seu estudo se dará, em função de o quão avançado seu estudo está. Nessa etapa discutiremos outro fator que divide sua preparação em dois momentos distintos: a abertura do edital desejado.

Como já conversamos, normalmente o estudo para um concurso se dá a partir da análise do que foi cobrado no edital anterior daquele concurso. No nosso caso, em nossa análise do edital (que segue em anexo a esse material) fizemos uma discussão mais abrangente e propusemos uma preparação em função das disciplinas cobradas nos últimos três editais de Auditor-Fiscal, que pode ser facilmente direcionada para outros bons concursos fiscais que eventualmente sejam abertos. É o tipo de análise que pode ser feita para qualquer outro concurso, a fim de levantar os conteúdos que são normalmente cobrados e servir de base para montar uma grade de estudos.

Mesmo com essa estratégia, que tende a reduzir os riscos de uma surpresa na abertura do novo edital, este poderá sempre trazer algumas alterações, que devem ser devidamente assimiladas pelo candidato. Mais do que isso, a abertura do edital implica que a tão esperada oportunidade de ingressar no cargo desejado está próxima – e essa proximidade com a prova o levará a uma rotina de estudos ainda mais forte e com ainda mais dedicação.

A preparação sem que o edital esteja aberto se dá da maneira que será tratada ao longo desse capítulo, justamente por corresponder à maior parte das horas que você dispenderá como concurseiro. Você se dedicará inicialmente à cobertura de todo o edital, e posteriormente a um ciclo de grandes revisões do conteúdo a fim de se manter sempre afiado e de aprofundar cada vez mais seu conhecimento.

Com o edital aberto, porém, sua rotina mudará, já que a prova está a alguns meses de ser realizada, e seu foco será voltado a quatro pontos essenciais:

1. A análise das disciplinas que foram incluídas neste novo edital, mas que não se encontravam no seu plano de estudos

A primeira atitude será uma análise detalhada do conteúdo previsto para o edital, que o levará a detectar tais casos de disciplinas que estavam fora do seu "radar", mas que agora terão que ser bem compreendidas para que lhe rendam pontos na prova. Isso é algo natural, e que em uma baixa escala tem ocorrido em muitos concursos. No caso de Auditor-Fiscal da RFB, em 2009 os candidatos foram surpreendidos com a prova discursiva, que não existia até então. Em 2012, os candidatos foram surpreendidos com a cobrança das Legislações Tributária e Aduaneira, que não ocorreu em 2009. Em 2014, porém, não tivemos nenhuma matéria que tenha sido incluída no edital de forma inesperada.

No caso de haver disciplina nessa situação, você tentará aprender o máximo possível de seus conceitos até a prova, a fim de não estar em desvantagem. Não se desespere, porém: ela provavelmente foi uma novidade para quase todos os candidatos, o que tende a não gerar uma enorme distorção nas notas. No caso da Receita você deve ficar atento, porém, com o mínimo de 40% exigidos para cada matéria. De forma alguma deixe de dar atenção a essas disciplinas pensando que as outras sozinhas lhe renderão a aprovação. A regra do concurso da Receita Federal, ao prever esses requisitos mínimos, não permite que isso aconteça.

Mesmo se o seu concurso não prever uma pontuação mínima, faz todo o sentido que você busque aprender essas matérias que acabaram de ser incluídas no novo edital, pois são pontos que podem fazer muita diferença na classificação final. Assim, vá atrás de um bom material – que certamente será lançado rapidamente pelos cursinhos, sites de venda de materiais ou editoras – e estude esta pequena parte da matéria que não foi tratada nos seus estudos habituais.

2. A análise das disciplinas que foram retiradas deste novo edital

A análise detalhada do conteúdo previsto para o edital o levará também a esta segunda situação: pode haver disciplinas que, apesar de constarem no seu plano de estudos inicial, não serão mais cobradas no concurso que acabou de ser aberto. No concurso de Auditor-Fiscal, isso ocorreu com a matéria de Economia e Finanças Públicas, de 2009 para 2012, e com os Direitos Civil, Penal e Empresarial, de 2012 para 2014.

Nesse caso sua situação é muito mais confortável: basta saber a extensão daquilo que foi retirado e simplesmente deixar de lado aquelas matérias neste curto prazo, fazendo a revisão apenas daquilo que será cobrado na prova.

3. Terminar de cobrir todo o edital

Esta atitude só é necessária caso o novo edital seja aberto no início de seus estudos, enquanto você ainda não cobriu todo o edital pela primeira vez. Conforme já conversamos, nesta situação você não deve deixar de prestar o concurso, pois ele não apenas representa uma chance de aprovação para você, como também lhe possibilitará um imenso aprendizado em experiência de prova, gestão do tempo e conhecimento das regras envolvidas – que muitas vezes deixamos passar ao simplesmente lermos o edital.

Se você se encontrar nesse caso de abertura do edital enquanto ainda está estudando muitos conceitos pela primeira vez, o fundamental será aproveitar o tempo disponível até a prova para cobrir o máximo possível do edital. O raciocínio que usamos no item 1 nos serve também aqui: já que se exige um mínimo por disciplinas, é bastante importante que você tenha estudado o máximo possível de todas a fim de ter chances no concurso.

4. Fazer uma intensa revisão

Ao estar com o edital coberto, o candidato poderá dedicar este período que antecede o exame para fazer uma revisão bastante intensiva, a fim de estar com o conteúdo fresco na hora da prova. Dê um enfoque maior nas matérias nas quais você tenha um aproveitamento pior, a fim de afastar uma eliminação por uma eventual regra do mínimo em cada disciplina, e também dê um enfoque nas disciplinas que têm mais peso no edital, o que pode melhorar sua pontuação final.

No caso da Receita, observe ainda com bastante cuidado as disciplinas de Legislação Tributária e Aduaneira, que têm um conteúdo bastante grande e de difícil assimilação, já que alguns pontos não seguem uma linha de raciocínio clara com o restante da matéria e acabam tendo que ser decorados.

Por fim, não descuide da prova discursiva caso você não tenha facilidade em escrever. Pratique com as redações dos concursos anteriores e até mesmo com temas que você mesmo proponha, com assuntos do conteúdo das disciplinas que podem ser cobradas nesta prova.

Na ausência de um serviço especializado de correção, busque um professor de português. Caso nenhuma das formas seja viável para você, encontre alguém de sua confiança que tenha bons conhecimentos na área. É muito importante, porém, ter uma opinião externa e capacitada sobre suas redações, não apenas na questão de conteúdo (que até certo ponto você pode verificar nos livros se respondeu corretamente) mas sobretudo nas questões que evolvem a língua portuguesa – coesão, concordância, desenvolvimento do texto.

Aproveitando bem esses dois momentos da sua preparação, **ganhando bastante conteúdo sem o edital aberto e fazendo uma boa revisão a partir da abertura do edital, suas chances de sucesso na prova certamente serão grandes!**

4.3. TEORIA *X* EXERCÍCIOS

Uma das perguntas que rondam a cabeça dos candidatos corresponde ao papel das questões na preparação. Seriam elas uma ferramenta a mais no aprendizado? Seriam elas o principal fator de um estudo de sucesso? Eu tendo a ficar no meio termo.

Na verdade, para ser sincero, eu sou uma pessoa que gosta mais de estudar a teoria do que de fazer questões. Essa característica eu trago desde a faculdade. Quando eu entrei na Unicamp, o volume de exercícios nas listas de estudo era absurdo. Minha decisão, então, foi simples: na impossibilidade de fazer todos, não vou fazer nenhum. Eu fazia muitas provas estudando com a teoria e com exercícios resolvidos, e dava certo. Levei isso pela graduação inteira: eu estudava pela teoria e xerocava listas de exercícios resolvidas de amigos – quando alguém achava estranho eu brincava dizendo que eu não gostava de procurar problemas, só soluções.

Eu acabei transportando isso para a minha vida, inclusive para a preparação para a área fiscal: fazia poucos exercícios. Mas isso não era uma estratégia por assim dizer, era uma simples preferência – e eu fazia dessa forma porque tinha confiança de que na hora da prova conseguiria colocar tudo aquilo no papel, com base na minha experiência em resolver provas.

A maioria dos concurseiros não tem essa opinião, e eu acho bastante prudente que não tenham. Não há dúvidas de que os exercícios, na grande maioria dos casos, representam uma ferramenta muito boa para a fixação do conteúdo e, mais do que isso, para que o candidato perceba se consegue ou não colocar aquilo que aprendeu em prática.

Assim, se você já tem uma boa autonomia nos estudos e também prefere a teoria aos exercícios, fica o meu exemplo: é possível ser aprovado usando uma estratégia à qual você se adapte bem, mesmo que ela seja fora do normal – afinal, como já conversamos, há muitas dicas importantes que podemos passar, mas não há um método único e ideal.

Porém, se você tem encontrado dificuldade de reter aquilo que aprende ou mesmo de colocar aquilo que sabe no papel na hora da prova, recorra aos exercícios como forma de complementar seu aprendizado. Eles apresentarão pequenos desafios a serem vencidos a cada resolução, aumentando seu foco, melhorando sua capacidade de se concentrar diante de uma questão e até mesmo aprimorando seu método de abordar um problema.

O ideal nesse caso é que você tenha questões resolvidas, já que poderá comparar sua resposta com a resolução correta, aprendendo bastante. É possível encontrar tópicos nos principais fóruns que discutem questões cobradas nos últimos concursos, e que o auxiliarão em casos de dificuldade. Para um estudo em maior escala, porém, considere a aquisição de um bom livro de questões resolvidas, que poderá lhe fornecer milhares de questões separadas por área, matéria ou mesmo por bancas organizadoras. Há também a opção pelas plataformas on-line de resolução de questões, às quais o candidato pode ter acesso pagando uma mensalidade.

Desse modo, acredito que a resolução de questões é uma das principais ferramentas para um bom preparo do candidato, mesmo que pessoalmente eu prefira estudar focando muito mais na teoria. De toda forma, não tenho muitas dúvidas de que a sequência natural é construir uma base sólida lendo a teoria e partir para os exercícios quando você perceber que consegue respondê-los com uma boa taxa de acertos. Não acho que valha a pena fazer exercícios em bateria tendo que consultar a resolução a toda hora. O melhor é fazer exercícios enquanto você percebe que está lidando bem com eles. Se você estiver travando a toda hora, é necessário voltar para fortificar sua base teórica antes de prosseguir nos exercícios.

Há, ainda, dois tipos de estudo com exercícios, a serem usados em momentos distintos: o primeiro, baseado naquela sequência de questões que normalmente integram o final de cada capítulo de um livro, PDF ou apostila, deve ser feito tão logo se conclua o estudo do respectivo capítulo, servindo para a fixação dos conteúdos estudados e para o realce dos pontos importantes.

O segundo modo, mais aprofundado, deve ser feito quando o candidato já tem o conhecimento daquele conteúdo, e se encontra na fase da revisão, após o primeiro ciclo de cobertura do edital – mas também pode ser feito ao longo da preparação, caso o candidato realmente goste do estudo através de questões. Esse estudo lança mão de questões mais elaboradas, como aquelas dos livros e plataformas específicas ou ainda aquelas encontradas nas provas de concursos fiscais anteriores.

No caso desses exercícios mais complexos, **é muito interessante que o candidato tenha o hábito de simular uma situação de prova**: faça as questões cronometrando, a fim de não apenas avaliar se você sabe aquele conteúdo, mas também se está preparado a responder às questões dadas em uma situação de pressão, na qual o controle do tempo é fundamental.

Outro papel importante que a resolução de exercícios desempenha é permitir que o candidato identifique falhas em seu estudo, tais como conteúdo que ele estudou e não se lembra ou ainda que ele ignorou em seu estudo. Isso poderá fornecer ao candidato um bom rol de temas a serem observados nas revisões, ou ainda apontar que seu método de estudo ou seu material não estão à altura do necessário para uma preparação forte.

Assim, guarde bem essas dicas: lance mão de questões sempre que você sentir que precisa fixar melhor os conteúdos, quando for necessário treinar questões como controle do tempo e administração da pressão que a prova gera, ou ainda para descobrir os pontos da matéria em que ainda encontre dificuldades. No decorrer desse capítulo, no momento em que abordarmos os métodos de preparação, falaremos mais dos exercícios e de como colocá-los em sua rotina de uma forma constante, a fim de trazer todos esses benefícios para a sua preparação.

Apenas não caia no erro de tratar materiais de exercícios como sua principal fonte de estudo. O alicerce da sua preparação é um estudo aprofundado da teoria, por meio de materiais escritos ou de cursos. As questões são um complemento a essa teoria, que podem sem dúvidas potencializar seu entendimento e sua capacidade de memorização.

4.4. ENTENDER X DECORAR

Não são raros os casos em que as pessoas ligam a ideia de ser aprovado em concursos diretamente à capacidade de decorar conteúdo. Já vi anúncios afirmando que "mais de 70% dos candidatos aprovados em determinado concurso fizeram determinado curso de memorização" – sendo que eu perguntei a vários colegas aprovados para Auditor-Fiscal, Analista-Tributário e Agente Fiscal de Rendas, e das mais de cinquenta respostas apenas duas pessoas fizeram um curso parecido.

Logicamente a facilidade em guardar conceitos será um fator que facilitará seus estudos, mas acima de tudo é necessário que você tenha em mente que, ao estudar um número de matérias tão grande quanto o de um concurso fiscal, **o fundamental não será o ato de decorar, mas sim a compreensão daquilo que se está estudando.**

Há casos isolados que envolvem, sim, a retenção de determinada informação por si só. Isso pode ocorrer em qualquer matéria, mas normalmente há uma maior incidência nas disciplinas que envolvem o conteúdo disposto em decretos – tais como Legislação Tributária e Aduaneira, no caso da Receita Federal. Tais documentos são tão detalhados que muitas vezes a única saída é um pouco de "decoreba". Por exemplo, algumas regras específicas de determinado regime aduaneiro especial.

Em muitos casos, porém, em especial nas disciplinas de contabilidade e de direito, são apresentadas regras que, dentro de um sistema, fazem todo o sentido. O candidato pode não ser capaz de ver aquilo na primeira passada de olhos sobre o texto, porém, ao avançar em seus estudos, ganhando uma base teórica forte, ele muitas vezes perceberá que tal conceito há algum tempo aprendido fazia sentido dentro dessa lógica.

O estudo é feito em camadas, e o desenvolvimento das leituras e das aulas vai construindo uma base cada vez mais forte. Ao ler a Constituição, por exemplo, você se deparará com muitos temas tributários, em especial dos arts. 145 ao 162. Naquele momento as coisas podem parecer meio "jogadas". Posteriormente, porém, já com uma base em direito administrativo, você começará a entender alguns princípios dessa área.

Mais à frente, ao estudar direito tributário, você irá passar por vários desses institutos com maior detalhe, compreendendo pontos que possam ter passado despercebidos. Por fim, ao estudar as legislações, terá de lançar mão de muitos temas trabalhados nessas matérias a fim de compreender as regras – o que fortalecerá ainda mais sua compreensão das etapas anteriores.

É por esse motivo que você também não deve iniciar seu estudo de uma disciplina pela parte que mais lhe interessa, se essa parte não estiver no início do material. Um material bem estruturado apresentará uma lógica de aprendizado, e segui-la à risca será muito importante para que você, a partir da base, forme uma boa compreensão da disciplina.

Ao final, e apenas nas partes mais aprofundadas de cada matéria, pode haver a necessidade de decorar algum conteúdo. Eu particularmente nunca vi vantagem em cursos especializados nesse tema, tampouco sei de muitas pessoas que lançaram mão de tal técnica, porém devo admitir que não conheço o tema de forma aprofundada. Se você decidir investir em um curso com essa orientação por acreditar que pode potencializar seu rendimento, e se o investimento for algo viável dentro do seu planejamento financeiro, sinta-se mais do que à vontade para desbravar essa área.

Há, contudo, instrumentos de fácil uso que ajudam bastante na hora da prova. O uso de mnemônicos, tais como COM-FI-FOR-M-

-OB (para se lembrar dos cinco elementos de um ato administrativo: competência, finalidade, forma, motivo e objeto) ou SO-CI-DI-VA--PLU (para se lembrar dos fundamentos da República, definidos no art. 1º da Constituição Federal), é muito eficaz. Pequenas rimas, cantos ou outros tipos de frases podem ser grandes aliados para evitar um branco na hora do exame.

Da mesma forma, o treinamento da memória ligada a conceitos pode ser desenvolvido pelo meio de técnicas como os *flash cards*, que são aqueles cartões pautados em que você pode anotar pontos importantes para relembrar na hora de uma apresentação, por exemplo. Adaptados ao estudo para concursos, seus cartões podem conter, por exemplo, perguntas e questões a serem resolvidas por você. Assim, você pode anotar a questão na parte da frente do cartão e a resposta correta na parte de trás.

Outra ideia é anotar termos-chave da matéria na parte da frente e uma explicação sobre o que são na parte de trás. Durante o uso dessa técnica, você tenta ver se guardou os conceitos e, caso contrário, pode ver a resposta na parte de trás do cartão. Um uso repetido em temas mais complicados e que exijam a assimilação pela via da memorização pode se mostrar bastante útil.

Uma técnica acessória, que também pode o ajudar a melhorar a compreensão do tema, é o desenvolvimento de mapas mentais, que correspondem a campos no estilo de "balões" com determinado conteúdo e que vão se desenvolvendo por meio de flechas para formar os conceitos que derivam dele. Um exemplo, bastante simples, é apresentado abaixo:

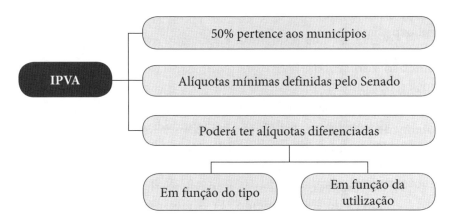

Eles podem ajudar bastante, principalmente nos momentos de revisão. Tenha em mente, porém, que essas são técnicas para a melhor compreensão ou memorização de conteúdo, mas não servem para a construção de sua base teórica. Sua base virá com muito estudo a partir de materiais escritos ou de aulas, e será lapidada com o bom uso de questões e de métodos auxiliares naqueles pontos em que você tenha maior dificuldade de compreensão ou de memorização.

4.5. REVISÕES

Apesar de abordarmos as revisões caso a caso quando trabalharmos as diferentes formas de preparação possíveis, decidi antecipar esse tema para deixar clara a importância da sua discussão.

As revisões têm se tornado um tema recorrente nas conversas entre concurseiros e também na grande maioria das palestras e textos que auxiliam a estruturar o estudo. Estão na moda, assim como algumas formas de estudo específicas. Em minha visão, elas são sim um excelente instrumento para vencer as dificuldades que nossa memória sofre ao longo do processo de estudos, porém devem ser encaradas como uma ferramenta, e não como algo que venha a burocratizar seu estudo.

Grande parte dos autores que abordam o tema citam os trabalhos de Hermann Ebbinghaus, que foi um psicólogo de muita influência no desenvolvimento de testes de inteligência. Em um de seus trabalhos, Ebbinghaus estudou a memória humana de forma empírica (ou seja, fazendo testes e avaliando os resultados), analisando a capacidade que os participantes tinham de reter as informações após determinados períodos de tempo.

Ao analisar tais resultados, ele chegou a algumas importantes conclusões:

1) A memória é gradativa, havendo uma relação entre o número de repetições realizadas e a quantidade de conteúdo retida;

2) Decorar novamente uma lista velha requer menos tempo e um número menor de tentativas do que a memorização original;

3) Os resultados podem se traduzir na figura de uma curva, a "curva do esquecimento". O esquecimento tem pelo menos

duas fases, havendo uma rápida queda inicial, seguida de um declínio mais lento e gradual que permanece por um tempo próximo a um mês – após o qual se daria um quase completo esquecimento.

Exemplo de curva de decaimento

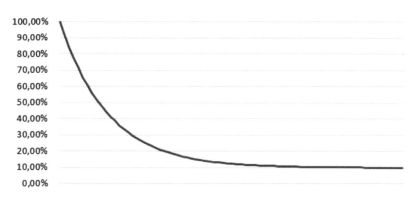

O gráfico de decaimento decorrente das análises de Ebbinghaus é o principal argumento que leva a maioria dos candidatos, autores e *coachs* a recomendarem uma sequência de revisões da matéria estudada, a fim de otimizar a memorização do conteúdo estudado. Essas revisões levantariam a curva e também reduziriam sua taxa de decaimento.

Exemplo de curva de decaimento com revisões

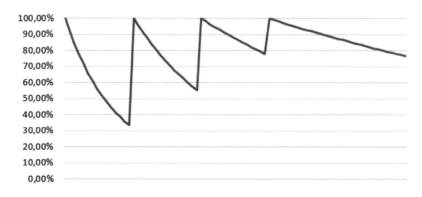

Independentemente se suas revisões serão estruturadas em um cronograma rígido ou se serão feitas à medida em que você sentir que precisa rever determinados conteúdos que estão sendo esquecidos, o fato é que essa noção de curva do esquecimento é muito importante, e facilmente perceptível na prática – quem de nós não estudou um conteúdo alguma vez e se esqueceu de muita coisa logo na sequência?

O problema das metodologias que levam as revisões e as conclusões de Ebbinghaus a um patamar indiscutível na área dos concursos é que elas muitas vezes burocratizam o seu estudo, criando uma sequência de revisões que é massacrante em termos de horas.

Não há uma homogeneidade entre os especialistas em concursos: alguns defendem que a revisão seja feita logo após o estudo (o que eu particularmente acho desnecessário), outros defendem que ela seja feita no dia seguinte, outros defendem que além de alguma destas duas revisões haja ainda uma sequência após uma semana ou um mês.

O grande problema é que, no desenvolvimento do estudo, isso gera um grande acúmulo de revisões no seu cronograma. Você terá que estudar o que previu, fazer a revisão do dia anterior, a revisão da semana anterior e a revisão dos meses anteriores, por exemplo. Mesmo que a ideia seja que cada revisão de um mesmo tema dure menos tempo que as anteriores (pois você estará cada vez mais habituado àqueles conceitos), esse volume de revisões faz com que muitas vezes o candidato se perca ou se desespere, desviando-se assim de outro ponto muito importante: a sequência do conteúdo.

Eu sempre achei as revisões muito úteis, uma das ferramentas mais poderosas que temos em mãos, porém sempre tive algumas críticas a um sistema muito forçado de revisões. Vou explicar o porquê.

Em primeiro lugar, um bom estudo retém mais do que normalmente é citado pelos defensores das revisões. Imaginar que em uma hora o candidato já não se lembre de boa parte do que estudou é supor que o estudo foi mal feito, seja por falta de foco, por uma leitura rápida e desatenta, ou mesmo pela falta de hábito do candidato com os estudos – algo que será vencido com o tempo.

Se o rendimento for tão baixo, esse candidato não precisa de uma série de revisões, mas de um método de estudos que aumente o seu rendimento – seja alterando o material, seja alterando o formato do aprendizado (textos, aulas, questões), seja cortando focos de distração.

Após uma leitura do material você deve conseguir reter um bom volume de informações, mesmo que isso demore um pouco para acontecer em seus estudos. Um dos principais fatores que fará com que isso aconteça é algo que já discutimos: a importância de se compreender o que se está lendo, entender os fundamentos que levam àquilo e perceber o papel daquilo dentro do sistema. Apenas memorizar sem compreender é um dos fatores que mais levariam o candidato ao esquecimento.

Em segundo lugar, o estudo Ebbinghaus (que você pode encontrar na internet se tiver interesse, porém a única versão à qual eu consegui acesso está em inglês) utilizava um método que se baseava em experimentos nos quais os participantes decoravam sílabas desconexas e sem sentido, cada uma constituída por duas consoantes separadas por uma vogal – por exemplo, "pav", "gaf", "tod".

Eu não estou discutindo o método, muito pelo contrário. Desses resultados podemos retirar conclusões muito mais abrangentes, e sem dúvida Ebbinghaus foi um grande teórico e psicólogo. Só para descontrair, vale citar que ele chegou até mesmo a ser citado em um episódio da série The Big Bang Theory, tamanha a popularidade de suas pesquisas. Mas repare que nas analogias que fizeram muitos concurseiros ao trazer as conclusões do autor para a rotina de estudos podem ter se esquecido de alguns fatores importantes.

Quando estudamos para concurso, estamos seguindo uma linha de raciocínio. Muitas disciplinas são aprendidas a partir de uma base, e muitas delas se interconectam em dado ponto – em especial as de Direito. **Não é uma simples "decoreba", é uma compreensão, um aprendizado, um entendimento da lógica central do tema.** A teoria de Ebbinghaus lida com um objeto diferente – sequências de sílabas sem sentido.

Se eu disser para você decorar a sequência de sílabas VE, LA, AM, VE, AZ, AN, VI você provavelmente terá alguma dificuldade inicial, e se esquecerá em alguns dias. Mas seu eu disser que elas correspondem às primeiras sílabas das cores que formam o arco-íris, você já terá alguma facilidade. Você não estará pensando em uma sílaba, mas em um conceito que está por trás da sequência. E, se após um bom tempo eu perguntar a sequência novamente, a partir da informação de que são sete sílabas e da recordação da imagem de um arco-íris, você muito provavelmente será capaz de deduzir a resposta.

Um estudo estruturado e baseado na compreensão apresentará, sim, uma curva de decaimento. Mas ela será menos trágica do que as curvas definidas para os casos de sílabas aleatórias. E um candidato habituado a um bom estudo precisará de menos revisões do que as que são normalmente recomendadas.

Ainda assim, é bastante construtivo lançarmos mão de revisões, pois elas certamente produzem um bom resultado no estudo e na confiança do candidato, podendo ser um bom método de dar cadência ao estudo sem abandonar completamente os temas já estudados. Muitas pessoas têm tido resultados satisfatórios com esses métodos, e nesse caso devem continuar com essa estratégia. Mas, em minhas recomendações, vou utilizar as revisões de forma moderada. Elas não deixarão de existir, pois são bastante importantes, mas eu garanto que elas não entrarão em uma acumulação que torne inviável o seu desenvolvimento, ok?

E como devem ser feitas as revisões?

Se você tiver o costume de fazer resumos ao longo de seus estudos (anotações de aula ou resumos dos textos lidos, de preferência contendo apenas os pontos chave e de forma esquematizada), eles serão sem dúvida sua melhor fonte para as revisões. A desvantagem é que essa técnica levará a um gasto maior de tempo para avançar nos estudos normais, mas por outro lado ganha-se um bom tempo nas revisões.

Se você, assim como eu, não tinha paciência para criar resumos a partir dos materiais existentes e gostava de avançar o máximo possível na leitura, tenha ao menos o hábito de sublinhar e anotar o seu material, mesmo que o material seja digital – há ferramentas em leitores de PDF que o permitem tais anotações. Sua revisão, assim, será a partir daquilo que você considerou importante em seus estudos e deixou anotado com marcações ou de anotações ao lado da página.

Um terceiro método que pode dar bons frutos é a revisão por meio de questões. Nesse caso eu acho aconselhável que o candidato já tenha passado por ao menos uma revisão normal, com materiais ou resumos, antes de avançar para esta tática. As vantagens aparecem a partir do desafio que o candidato estará impondo a si mesmo, gerando uma boa análise do aproveitamento que teve nos estudos e do degrau em que o candidato se encontra na sua preparação.

Cap. 4 · ESTRATÉGIAS DE ESTUDO | **101**

A desvantagem é que uma revisão por meio de questões pode levar um tempo maior, mas esse tempo não será perdido, dadas as vantagens dessa técnica. É um bom método de refinamento dos estudos, para um candidato em nível avançado e com o edital já coberto – que poderá, por exemplo, fazer tais revisões de forma cronometrada, para testar também seu tempo de prova.

E com que frequência devemos fazer as revisões? Discutiremos isso na sequencia deste livro, de acordo com a preparação escolhida pelo candidato, não se esquecendo do que defendemos há algumas páginas: quanto maior a compreensão do tema, menor a necessidade de revisões.

O que acabamos de discutir se refere à preparação até a cobertura total do edital. Você estará ganhando conteúdo e revisando com alguma frequência para não deixar esse conteúdo perdido. Após esta etapa você entrará na fase de estudos permanentes, que visa à manutenção daquele conteúdo que você já aprendeu e a eventuais desbravamentos de temas mais específicos, detalhes da legislação e questões mais complexas. Essa fase de regime permanente constitui, por si só, uma grande revisão, e dessa forma não haverá mais essa ideia de revisões em separado do estudo. Seu estudo diário será baseado em ciclos de revisão do edital, que ocorrerão de forma cada vez mais rápida – já que você estará cada vez mais preparado.

Você pode lançar mão eventualmente dos seus resumos e anotações, porém nesta etapa após toda a cobertura do edital é importante que você volte aos livros e materiais aprofundados. Assim, você não somente se manterá na ativa, não esquecendo aquilo que aprendeu nem perdendo o ritmo de estudos, como também estará aprofundando ainda mais seus conhecimentos. É hora de se aprofundar na leitura da lei seca, dos decretos e dos regulamentos, e também em eventuais atos normativos de outras matérias que não sejam jurídicas. É hora ainda de fazer exercícios ainda mais complexos em matérias como Raciocínio Lógico e Contabilidade. É hora de partir para materiais mais complexos para buscar pontos teóricos que não tenham sido cobertos.

Pode parecer muito, mas **este momento é na verdade o filet mignon que todo concurseiro deseja: estar com o edital coberto, fazendo revisões e estudos pontuais para um aprimoramento cada vez maior, e apenas esperando a abertura do edital desejado** – para o qual, nem é preciso dizer, você vai estar superpreparado.

Bom, já conversamos sobre os conceitos iniciais – estudo inicial e permanente, estudo antes e depois do edital, compreensão, memorização e revisões. Vamos, assim, começar a estruturar a sua preparação!

4.6. A ESCOLHA DOS MATERIAIS

Um primeiro ponto que vale a pena discutir são os diferentes materiais existentes. A escolha por um determinado tipo é algo central na sua preparação, e vai afetar seus métodos de estudo.

Diferentemente do que ocorria no passado, em que havia basicamente materiais impressos (livros e apostilas, ambos de forma escassa) e cursinhos presenciais (apenas nas grandes cidades), **hoje em dia não temos mais uma escassez, mas sim uma enorme oferta de materiais** – alguns bons, outros menos recomendáveis. Mais que isso, temos outras formas de estudo, tais como materiais em PDF, videoaulas, cursos telepresenciais, plataformas de resolução de questões, entre outros. É muito importante saber se situar em meio a isso tudo.

Não ache que você precisa de tudo, muito pelo contrário. Seus materiais devem ser suficientes para amparar sua rotina de estudos. Um volume enorme de materiais não somente vai gerar um investimento muito maior que o necessário como ainda vai criar a sensação de que o estudo nunca acabará. O ideal é o equilíbrio, o bom aproveitamento de um material (ou mais de um, caso sejam em formatos diferentes, tais como um em vídeo e outro escrito) para, depois de tê-lo esgotado, aí, sim, buscar outras fontes de estudo.

Você deve ponderar as vantagens de comprar um pacote que cubra todo o edital ou itens separados dos professores mais bem avaliados. Deve escolher um formato ao qual você se adapte, uma linguagem e complexidade adequadas ao seu nível de preparação e até mesmo um preço que torne seu estudo viável.

Ao mesmo tempo que não pregamos o excesso, pois o que lhe trará a aprovação será o volume de conteúdo bem estudado e não o número de materiais comprados, não podemos deixar de dar o aviso: **cuidado com uma economia exagerada, que comprometa a qualidade dos materiais e o afaste, assim, da tão sonhada aprovação.**

Tenha cuidado também com materiais antigos. As atualizações nas leis são constantes e podem impactar diversas disciplinas do edital, até mesmo aquelas não jurídicas, como contabilidade por exemplo.

Mais que isso, a jurisprudência (entendimento que o judiciário tem tido sobre determinados temas) tem sido bastante cobrada em matérias como direito tributário e administrativo, e sua renovação pode ser ainda mais rápida que a das leis.

Veja esse exemplo: as emendas constitucionais são as alterações de dispositivos cuja aprovação é a mais difícil dentro do nosso ordenamento jurídico, e ainda assim são constantes. Quando eu prestei a prova estávamos na de número 77, e no momento em que escrevo este livro estamos bem próximos da de número 100. Agora imagine as alterações que existem ao considerarmos várias matérias, muitas delas baseadas em decretos e instruções cuja alteração é muito mais simples! Em síntese, **seu material deve estar atualizado, sob pena de comprometer uma parcela do seu estudo.**

Na área fiscal, em muitos casos não há oferta de cursos para cada concurso de forma individualizada, o que leva a maioria dos candidatos a optar pela preparação para Auditor-Fiscal da Receita Federal do Brasil – com a consequente adaptação aos diferentes concursos na fase final da preparação, como já conversamos.

A fim de abordar todas essas características, vamos conversar um pouco sobre os diferentes tipos de materiais disponíveis. Discutiremos, para cada tipo de material, as principais vantagens e desvantagens por meio de alguns critérios, e discutiremos ainda para qual grupo de candidatos cada material é mais adequado.

As tabelas a seguir resumem as características de cada tipo de material.

CURSOS PREPARATÓRIOS PRESENCIAIS	
Os tradicionais "cursinhos" ainda atraem muitos candidatos, já que as vantagens de ter um professor em sala de aula não são desprezíveis.	
Critério	**Características**
Formato	Aulas em sala de aula com um professor, e eventual material de apoio.
Pacote ou peças avulsas?	Pacote completo. Ao fechar o pacote de um cursinho, será oferecida uma preparação contendo aulas de todas as disciplinas, baseada no último ou nos últimos editais – o que representa uma facilidade para o candidato em início de preparação.

Critério	Características
Linguagem	Acessível, já que a explicação por intermédio de um professor tende a simplificar muitos conteúdos mais complexos.
Profundidade	Média ou alta, a depender da qualidade do cursinho. A complementação com um material escrito pode ser de grande valia.
Praticidade	Baixa. Um cursinho presencial envolve deslocamentos que podem tomar tempo e dinheiro.
Flexibilidade	Baixa. Os conteúdos serão dados em determinados dias. A reposição das aulas depende da política do cursinho, mas não será a qualquer momento. A capacidade de o candidato controlar qual matéria vai estudar no dia não existe.
Disciplina necessária	Menor. O candidato, ao deixar sua casa e estar em um local diferente e dedicado ao estudo, tem uma tendência maior a não perder tempo ou "enrolar".
Autonomia necessária	Baixa, pois não há a escolha de professores e a grade de estudos é pouco flexível.
Atualização do conteúdo	Constante. A atuação de um bom professor impedirá que você esteja desatualizado com relação às alterações legais e jurisprudenciais, e pode até mesmo render a boas dicas sobre conteúdos mais cobrados.
Interação com o professor	Alta, já que ele está presente em sala para sanar as dúvidas.
Interação com os colegas	Alta, o que representa uma fonte de motivação e uma ótima oportunidade para se informar sobre bons materiais, dicas de estudo e abertura de concursos.
Disponibilidade	Baixa. Cursinhos telepresenciais, por toda a estrutura envolvida, tendem a se concentrar em grandes cidades.

Recomendado para: candidatos de grandes cidades, que possuam a capacidade de investimento e que estejam em uma fase inicial ou ainda em uma fase de retorno aos estudos, enfrentando uma dificuldade de avançar sem o auxílio de um professor. Candidatos que priorizam o contato com o professor, em detrimento da flexibilidade de montar a própria grade de estudo.

CURSOS PREPARATÓRIOS TELEPRESENCIAIS	
Representam uma adaptação dos cursinhos à realidade da transmissão por satélite e, mais recentemente, da transmissão pela internet. O aluno se dirige a uma sala de aula do cursinho, porém assiste à aula em uma tela. A aula é gravada em estúdios, com a vantagem de que o efeito de escala gerado permite muitas vezes a presença de professores de grande renome.	
Critério	**Características**
Formato	Aulas em sala de aula sem a presença do professor. Assiste-se à aula (gravada ou ao vivo) por meio de uma tela. Eventualmente podem incluir material de apoio.
Pacote ou peças avulsas?	Pacote completo, da mesma forma que um curso presencial.
Linguagem	Acessível, da mesma forma que um curso presencial.
Profundidade	Média ou alta, a depender do cursinho.
Praticidade	Baixa, já que o candidato deve se dirigir a um espaço físico do cursinho.
Flexibilidade	Baixa. Há maior facilidade para reposições que num cursinho tradicional, mas as aulas continuam em horários pré-definidos. Normalmente há também um grupo de aulas que não são dadas em sala, mas sim disponibilizadas em plataformas on-line para serem vistas quando for mais conveniente.
Disciplina necessária	Menor. Tal qual os cursos presenciais, há um local ao qual o candidato deve comparecer todo dia, o que gera uma cadência e uma tendência de maior disciplina.
Autonomia necessária	Baixa, pois não há a escolha de professores e a grade de estudos é pouco flexível.
Atualização do conteúdo	Constante, da mesma forma que em um curso presencial.
Interação com o professor	Média, já que você terá que utilizar a plataforma de apoio ou mesmo o seu e-mail para enviar mensagens que serão respondidas ao longo da aula ou, mais comumente, após o término da aula.
Interação com os colegas	Alta, da mesma forma que em um curso presencial.

Critério	Características
Disponibili-dade	Média. Não estão presentes em cidades muito pequenas, mas muitos se estabelecem em um sistema de franquias que já alcança muitas cidades médias.
Recomendado para: candidatos que valorizem a atuação de um professor em sua preparação, explicando melhor os conceitos complexos, mas, por residirem em cidades médias, por buscarem um investimento menor ou por não terem o hábito de perguntar muito, se acostumam bem à ideia do sistema telepresencial.	

CURSOS PREPARATÓRIOS ON-LINE

Os cursos preparatórios 100% on-line têm surgido como uma decorrência natural do avanço da internet, e hoje encontram bastante popularidade entre os candidatos. Perde-se, porém, o contato físico com os colegas e a infraestrutura de estudos.

Critério	Características
Formato	Consistem em um curso sem salas de aula, fornecido por meio da internet por intermédio de uma plataforma à qual o aluno terá acesso por um determinado período.
Pacote ou peças avulsas?	Constituem um pacote completo que aborda todo o edital. A possibilidade de compra de materiais avulsos será tratada no item subsequente (videoaulas).
Linguagem	Acessível, tal qual os cursos preparatórios presenciais e telepresenciais.
Profundidade	Média ou alta, a depender do cursinho.
Praticidade	Alta. O candidato pode assistir às aulas de sua casa.
Flexibilidade	Baixa. Normalmente há uma rotina de aulas a ser seguida. Uma situação em que o candidato poderia estudar livremente se assemelharia mais à realidade das videoaulas.
Disciplina necessária	Alta. O candidato terá que ter a disciplina de acessar o conteúdo e assistir às aulas sem a cadência que o comparecimento a uma sala de aula pode gerar.
Autonomia necessária	Baixa, pois não há a escolha de professores e a grade de estudos é pouco flexível.
Atualização do conteúdo	Constante.

Critério	Características
Interação com o professor	Baixa. Ocorre por meio de plataformas virtuais ou e-mails.
Interação com os colegas	Não existe de forma presencial, apenas em eventuais plataformas ou fóruns.
Disponibilidade	Alta, podendo ser cursado por um candidato de qualquer cidade, desde que possua um ponto com acesso à internet.

Recomendado para: candidatos que aprendam melhor com aulas que com materiais escritos, que não desejam perder tempo em deslocamentos, e que valorizem também o fato de ter um programa já montado em suas mãos, mesmo com menor flexibilidade na grade de estudos. Há a necessidade de uma maior disciplina.

VIDEOAULAS ON-LINE

As videoaulas em plataformas na internet têm crescido bastante no mercado e apresentam a vantagem de o candidato muitas vezes comprar apenas determinadas matérias, focando nas que tem mais dificuldade e escolhendo a dedo os professores. O candidato pode ainda, ao comprar todo o curso, ter a flexibilidade de escolher a sequência de matérias que utilizará em sua preparação.

Critério	Características
Formato	Videoaulas acessadas do seu computador, disponíveis por um determinado prazo após a compra.
Pacote ou peças avulsas?	Normalmente são materiais avulsos, vendidos por matéria, porém com a possibilidade de se adquirir o conjunto de todas as disciplinas por um preço com desconto.
Linguagem	Acessível, tal qual os cursos preparatórios.
Profundidade	Média ou alta, a depender do nível do professor. Pode ser vantajoso um suporte escrito. Algumas empresas já incluem em seu material de videoaulas materiais em PDF, o que forma um "combo" bastante atrativo.
Praticidade	Alta. Você assistirá às aulas em seu computador, onde quiser.
Flexibilidade	Alta. Você poderá organizar sua grade de estudos, estudando a partir da ordem de matérias que desejar.

Critério	Características
Disciplina necessária	Alta. O candidato deverá ter a disciplina de acessar o conteúdo e assistir às aulas sem a cadência e o rigor que o comparecimento a uma sala de aula pode gerar.
Autonomia necessária	Média, pois como há a possibilidade de se comprar apenas uma disciplina, o candidato poderá escolher entre diferentes professores de diferentes cursos para montar seu material. A ordem de estudo também não é rígida, o que exige certa autonomia para montar sua própria grade.
Atualização do conteúdo	Será constante se o site tiver o bom hábito de regravar as videoaulas com o passar do tempo. Preste atenção à data de gravação das videoaulas.
Interação com o professor	Baixa, provavelmente não ocorrerá ou se dará por meio de plataformas de apoio.
Interação com os colegas	Inexistente, salvo em eventuais plataformas ou fóruns.
Disponibilidade	Alta, já que o candidato inscrito só necessita de um computador com acesso à internet.

Recomendado para: pessoas que gostam de estudar com aulas (e não puramente com os materiais escritos), mas não sentem a necessidade de uma sala de aula e de um professor presente ao seu lado. Há ainda a grande vantagem da flexibilidade, de se poder definir sua grade de estudos da maneira como você preferir. Requer bastante disciplina.

APOSTILAS EM PAPEL

As já bem conhecidas apostilas ainda se mantêm vivas no mercado, graças ao seu valor mais acessível e ao apego que muitos candidatos têm aos materiais impressos, que podem ser manuseados e anotados de forma muito mais ágil. Uma observação deve ser feita, porém: não estamos falando de apostilas de banca de jornal, no estilo "tudo que você precisa saber para tal concurso". Esses materiais devem ser evitados. Estamos falando de apostilas sérias, feitas por empresas ou cursinhos renomados e que apresentam volumes detalhados para cada matéria.

Critério	Características
Formato	Apostilas em papel.

Critério	Características
Pacote ou peças avulsas?	Normalmente são materiais avulsos, vendidos por matéria, porém com a possibilidade de se adquirir o conjunto de todas as disciplinas por um preço com desconto.
Linguagem	Acessível, com uma escrita menos complexa e que costuma fluir bem. Em contrapartida, desenvolvem menos o tema.
Profundidade	Baixa ou média, a depender do material. Se você perceber que é baixa, nem compre. Normalmente as apostilas são boas opções para a introdução ao estudo, mas não costumam ter a profundidade de um curso preparatório, dos livros ou mesmo dos melhores materiais em PDF.
Praticidade	Alta. Você terá os conteúdos em papel, e poderá estudar em qualquer lugar.
Flexibilidade	Alta. Você poderá definir a ordem dos seus estudos como preferir.
Disciplina necessária	Alta. Requer uma grande disciplina para que não fiquem guardadas no armário.
Autonomia necessária	Média, pois na compra de um pacote não há a necessidade de escolhas profundas entre autores, porém, a ordem de matérias a estudar não é rígida – o que exige certa autonomia.
Atualização do conteúdo	Não costuma ser tão constante quanto os materiais digitais, por seu caráter impresso. Tome cuidado com as datas de edição.
Interação com o professor	Não há interação com o professor.
Interação com os colegas	Não há colegas de sala.
Disponibilidade	Alta, já que você poderá encomendar pela internet e receber em sua casa, em praticamente qualquer lugar.
Recomendado para: pessoas em início de estudo, buscando um material com preço menos elevado e que dê uma cadência inicial ao estudo, ou ainda um complemento a um curso preparatório.	

MATERIAIS EM PDF	
Os materiais em PDF cresceram muito nos últimos quinze anos, e hoje representam um dos tipos de material que mais aprova candidatos.	
Critério	**Características**
Formato	Materiais escritos em formato digital. Algumas empresas vendem os PDFs em conjunto com videoaulas, o que oferece um conteúdo bastante amplo ao aluno.
Pacote ou peças avulsas?	Normalmente são materiais avulsos, vendidos por matéria, porém com a possibilidade de se adquirir o conjunto de todas as disciplinas por um preço com desconto.
Linguagem	Menos acessível que a explicação de um professor, mas não oferece muitas dificuldades ao entendimento. Tende a ser mais didática que um livro.
Profundidade	Alta. Muitos materiais têm trazido conteúdos bastante desenvolvidos e completos.
Praticidade	Alta. A única ressalva é que, por serem digitais, podem trazer algum desconforto ao candidato que goste de estudar com o material físico (já que a impressão de tudo poderia ser inviável). Por outro lado, muitos candidatos se habituam facilmente a isso e até preferem o formato digital, devido à facilidade de se buscar determinado conteúdo dentro do material.
Flexibilidade	Alta. Permitem que você estruture seu estudo como preferir.
Disciplina necessária	Alta. Exige-se muita disciplina para que o cronograma de estudos seja cumprido.
Autonomia necessária	Média, pois se pode adquirir um pacote completo sem a necessidade de escolha dos autores, mas a ordem das matérias a ser estudada não é rígida. Escolher cada autor de forma individual é outra opção que pode levar a ótimos resultados, mas exige uma autonomia ainda maior.
Atualização do conteúdo	Alta. O fato de o material ser digital e o grande volume de vendas de algumas empresas faz com que o material seja constantemente atualizado. Mas fique sempre atento à versão e à qualidade da empresa.
Interação com o professor	Não há professor.

Critério	Características
Interação com os colegas	Não há colegas de sala. Eventualmente pode haver um espaço de debates on-line.
Disponibilidade	Alta. A plataforma é on-line e os materiais em PDF podem até mesmo ser baixados para o computador ou tablet.

Recomendado para: pessoas que aprendem melhor com a leitura que com videoaulas, que possuem bastante disciplina e que buscam uma alta flexibilidade na organização dos estudos.

LIVROS

Os livros específicos são a forma mais aprofundada de se preparar para concursos, trazendo um conteúdo bastante completo, porém com uma complexidade mais alta. Uma observação deve ser feita: em concursos não jurídicos, como os da área fiscal, evite livros acadêmicos, em especial no âmbito do Direito – pois tais livros trarão conceitos e discussões que não serão cobrados na prova e que podem confundir ainda mais. Busque os livros focados no seu concurso, o que não será difícil, já que há vários autores excelentes voltados para a preparação de candidatos.

Critério	Características
Formato	Livros em papel ou, de forma menos comum, em formato digital (e-books).
Pacote ou peças avulsas?	Materiais avulsos dedicados a cada matéria.
Linguagem	Mais complexa que a de uma apostila ou PDF.
Profundidade	Alta, sendo possivelmente o aprendizado mais completo dentre as formas existentes.
Praticidade	Alta, pois o candidato estuda onde preferir.
Flexibilidade	Alta, pois o candidato pode estruturar sua grade de estudos da forma que preferir e também escolher os autores que julga melhores.
Disciplina necessária	Alta. É necessária uma grande disciplina para que eles não fiquem guardados na estante.
Autonomia necessária	Alta, pois é necessária a escolha dos autores e a ordem de matérias a ser seguida.

Critério	Características
Atualização do conteúdo	Alta, no caso de livros que apresentem boa frequência de edições. Caso contrário, é necessária certa atenção.
Interação com o professor	Não há professor.
Interação com os colegas	Não há colegas de sala.
Disponibilidade	Alta. Podem ser adquiridos pela internet e entregues em qualquer lugar.
Recomendado para: candidatos que aprendem bem por meio da leitura, buscando uma preparação bastante aprofundada e com a liberdade de definir sua grade de estudos e seus autores preferidos.	

Como pudemos detectar, há muitas variáveis importantes para a escolha do tipo de material a ser adquirido, sendo que a escolha pode até ser mais fácil para alguém que se enquadre exatamente nas condições que demos como preferíveis para determinado material, porém pode ser delicada para alguém que, por exemplo, goste da atuação de um professor em sala, porém more em uma cidade menor.

Acontece, porém, que a escolha entre os materiais, assim como a do método a se adotar, não é algo completamente exato. Eu mesmo, em minha preparação, lancei mão de um curso telepresencial, de um conjunto de apostilas e, quando os estudos estavam mais avançados, de alguns livros específicos para cada matéria. Agora, porém, que tenho um conhecimento muito mais amplo sobre as opções de materiais, talvez tivesse feito de forma diferente, pois acredito que tenho o perfil de uma pessoa com maior autonomia e disciplina, que se daria bem com materiais como PDFs ou livros.

Sua escolha dependerá de vários fatores, mas um deles é central, e de certa forma divide as estratégias em duas a partir deste ponto:

- Alternativa 1: você julga que precisa de um curso preparatório, que por um lado tomará boa parte do seu tempo e impedirá uma flexibilidade na escolha das disciplinas a estudar, porém fornecerá o conteúdo de uma forma menos complexa, mais bem explicada e "mastigada" para você. Além disso, fazer um curso vai auxiliar caso você seja um candidato com pouca disciplina, já que estará definindo mais claramente seus períodos de estudo. Um bom complemento ao curso seriam apostilas para servir de material teórico escrito.

- Alternativa 2: você tem maior disciplina, entende as coisas com facilidade e deseja ter a gestão do seu tempo. A opção natural será por um estudo por meio de PDFs ou livros, com eventual complemento de videoaulas nas matérias mais complexas.

Nada impede que ao longo da sua trajetória você acabe mesclando as duas formas ou ainda mudando de uma para outra. Uma pessoa que decidiu fazer cursinho costuma, ao final do período do curso, migrar para o estudo autônomo, assim como pessoas que buscaram o estudo autônomo com livros e PDFs e não assimilaram bem o conteúdo costumam buscar um curso preparatório. Uma pessoa dedicada e apta ao estudo terá um bom desenvolvimento em qualquer dos caminhos.

Há sempre espaço para correções, e nenhum estudo será em vão. Porém, como transições no meio do caminho podem gerar perda de dinheiro, o ideal é que você faça uma autoavaliação e opte pelo caminho que seja mais adequado à sua realidade: a via mais regrada dos cursinhos ou a via mais autônoma do estudo em casa com materiais escritos.

4.7. A PREPARAÇÃO COM CURSOS PREPARATÓRIOS

Uma primeira alternativa, como conversamos, corresponde à opção pelos cursos preparatórios. **Ela é um bom caminho para pessoas que estão há algum tempo afastadas dos estudos, que julgam que não têm uma base escolar forte, que não aprendem bem somente pela leitura ou que não tenham a disciplina necessária para um estudo mais flexível.** Sentindo-se inseguras com o processo de aprendizagem autônomo, encontram certamente mais confiança em uma aula dada por um professor.

O investimento tende a ser maior, em especial se o candidato buscar um curso presencial, e a estratégia de estudo será pouco flexível. Diferentemente das análises que teremos referentes ao estudo com livros ou PDFs, que abordarão o estudo por ciclos ou ainda o estudo de uma disciplina de cada vez, aqui sua escolha é limitada:

você acompanhará as aulas propostas pelo curso e terá algum tempo de estudo em casa.

Em resumo, os cursos são uma opção normalmente mais cara, mas que podem impulsionar o aprendizado inicial de muitas matérias em casos nos quais a pessoa esteja enfrentando uma dificuldade para arrancar nos seus estudos.

Opte por um curso presencial caso você esteja em uma cidade que ofereça tal conceito (normalmente apenas cidades maiores têm tais cursos), não perca um tempo enorme em deslocamentos e valorize a presença de um professor na sala (que poderá tirar suas dúvidas com uma velocidade que nenhum outro material irá proporcionar).

A opção por um curso telepresencial é ideal para aqueles candidatos que estejam em cidades médias, sem acesso a um curso presencial, ou que não deem valor tão alto ao fato de o professor estar na sala – mas ainda consideram importante ter uma aula e ir a um local físico do cursinho, no qual poderão interagir com os colegas e ter uma rotina de estudos mais regrada.

A opção on-line é boa para candidatos que queiram economizar tempo (e também dinheiro, na maioria dos casos), sem perder a vantagem de o curso fornecer um combo de disciplinas já cobrindo o edital (caso contrário poderiam optar pela escolha de videoaulas por matéria). O estudo em casa, porém, exige uma maior disciplina.

Caso o curso preparatório não forneça materiais escritos de bom nível para que você acompanhe as aulas e para que possa estudar fora delas, pense em adquirir esses materiais à parte (o que elevará ainda mais o investimento neste método). Partindo do princípio de que o curso já tende a oferecer uma boa base, um conteúdo um pouco mais simples, como uma apostila, já poderia surtir tal efeito – mas logicamente um material ainda mais aprofundado seria excelente, desde que você tenha o tempo de estudá-lo e a capacidade financeira de adquiri-lo.

Apesar de fornecer uma base muito boa, não pense que apenas assistir às aulas de um curso vai o deixar completamente preparado. Este é um erro de muitos candidatos de primeira viagem, que podem até mesmo vir a se decepcionar ao concluir um curso e não obter sucesso na prova – e acabarem infelizmente abandonando o sonho da aprovação. Há, claro, candidatos que estudam por meio de um

Cap. 4 · ESTRATÉGIAS DE ESTUDO | 115

cursinho e obtêm a aprovação, mas o estudo complementar que se faz em casa é extremamente importante.

Na sala de aula são decifrados pontos complexos da matéria, mas é em casa, sentado, estudando suas anotações ou outro material, que você assimilará o conteúdo. São as chamadas HBC ("horas de bunda na cadeira"). **O curso não é um passaporte para o tirar dos estudos em casa, ele é um complemento para que você entenda mais facilmente determinados temas.** Tenha isso em mente acima de tudo!

Quando o curso terminar, o que deve ocorrer entre seis e dez meses após o início, mantenha-se estudando no mesmo ritmo, mas agora em casa, já que você já foi introduzido a esse mundo de matérias inicialmente complexas e já ganhou um ritmo e uma disciplina de estudos maior. Como os cursos cobrem todo o edital, você entrará no mesmo ponto que alguém que fez o estudo inicial em casa, e estará preparado para um estudo permanente baseado em revisões e no aprofundamento de temas específicos.

4.7.1. O estudo com curso preparatório em paralelo com o trabalho

Nesse caso, é bem provável que você terá pouco tempo de estudo além daquele em sala de aula. Alguns cursos preparatórios oferecem aulas durante a semana, e outros oferecem intensivos aos finais de semana. Veja o que mais se adapta à sua rotina, porém é muito importante que em nenhum dos casos você perca o foco de duas coisas importantíssimas: a necessidade de estudar em casa, complementando o curso, e a necessidade de manter uma rotina de estudos diária.

Assim, se você fizer o curso aos finais de semana (o que particularmente não seria minha primeira opção), tenha o hábito de diariamente reservar um tempo para estudar. Sei que a rotina muitas vezes torna isso difícil, mas os concursos hoje em dia exigem essa dedicação – caso contrário a pessoa pode apenas estar enganando a si mesma. Se for possível, estude ao menos três horas por dia, revisando a parte teórica dos temas tratados na aula do final de semana, fazendo questões sobre aquele conteúdo e passando os olhos sobre o tema que será dado no próximo fim de semana.

Perceba que dessa forma, mesmo só tendo aulas nos finais de semana, você se manterá em atividade ao longo da semana e não perderá a cadência nos estudos. Seguir essa lógica de revisar o que foi dado no fim de semana com uma leitura mais aprofundada e com questões, além de fazer a leitura do que virá a ser dado na próxima semana, fará com que você passe por cada conteúdo três vezes (na leitura preliminar, na aula e na revisão.

Dessa forma você poderá levar dúvidas levantadas na primeira leitura para a aula, e poderá sedimentar o aprendizado com a revisão. Não caia no erro de pensar que isso é desnecessário: com seu tempo de estudo reduzido, fazer valer o seu tempo gasto em aula e o seu investimento feito no cursinho é fundamental, e isso só virá se você consolidar e aprofundar em casa o que foi aprendido em sala de aula.

Caso sua escolha seja pelo curso ao longo da semana, o que eu acho mais vantajoso (a não ser que os deslocamentos envolvidos tornassem isso inviável em sua rotina), você terá aulas de três horas a três horas e meia por dia, em média. Isso manterá uma rotina de estudos boa ao longo da semana. Tente ainda dispor de uma hora ao longo do dia, de preferência sempre no mesmo horário e em momentos que sua produtividade seja boa, para revisar o conteúdo dado no dia anterior.

Aos finais de semana, em que provavelmente não haverá aulas, aproveite para dar mais uma revisada na teoria que foi dada na semana (desta vez bem rapidamente, já que as revisões de dia anteriores já foram feitas ao longo da semana), fazer um bom número de exercícios sobre os conteúdos daquela semana (e de semanas anteriores, se você tiver a disponibilidade e quiser dar mais uma revisada), e também estudar de forma mais aprofundada os temas que foram dados em aula.

Sei que é difícil manter a disciplina de estudar aos finais de semana, em especial quando não há a obrigação de ir à aula presencial, mas tenha o máximo de dedicação a ponto de manter essa prática, ao menos em um dos dois dias (no sábado ou no domingo). Será certamente um diferencial em relação a muitos candidatos.

Nem é preciso dizer, no âmbito dessa discussão sobre estudar com cursinho em paralelo ao trabalho, que, embora esteja cansado e tenha seu maior foco no trabalho, você deve aproveitar seu tempo em sala de aula o máximo possível. Se portar de forma atenta, aproveitar o tempo em sala para aprender o máximo possível e até mesmo avançar em uma leitura paralela caso a aula esteja muito lenta: todos esses aspectos contarão para a sua aprovação.

Em salas de cursinho para concurso normalmente o clima é mais sério que em salas de cursinho para vestibular, até mesmo porque em geral as pessoas que ali estão têm maior consciência do valor e da importância daquilo. Mas sempre vale a pena ressaltar: não faça do cursinho um lazer – até mesmo porque há muitas opções de lazer mais divertidas e mais baratas, se este era o seu foco. E, por mais que eu concorde que seja difícil, tente vencer o cansaço e absorver tudo o que a aula tem a passar. O resultado certamente fará tudo isso valer a pena!

4.7.2. O estudo com curso preparatório e com dedicação exclusiva aos estudos

Nesse caso o candidato dispõe de tempo para um bom volume de horas além do curso preparatório, e manter a dedicação a ponto de seguir uma rotina de estudos séria e dedicada é extremamente importante para que ele possa extrair desse tempo disponível o maior rendimento possível. Além disso, pensar em materiais escritos que complementem o curso se torna ainda mais relevante.

Minha preparação foi dessa forma. Hoje, após ter tido contato com tantas pessoas e conhecido tantas formas de preparação, que me levaram a um conhecimento da área muito diferente do que eu tinha em 2013 (quando iniciei minha preparação), eu talvez fizesse outra escolha, utilizando livros ou materiais em PDF. A flexibilidade para montar sua própria grade pode trazer muitos bons resultados à sua preparação. Mas a minha realidade hoje é bem diferente da daquela época, pois eu já conheço bem melhor o mundo dos concursos, o que torna difícil a comparação. E, ainda assim, não posso negar que ter feito um cursinho me ajudou muito a compreender conceitos que poderiam gerar maior dificuldade se eu estivesse estudando sozinho.

De toda forma, ao seguir uma preparação baseada em um cursinho e estando em dedicação exclusiva aos estudos, você deverá organizar sua rotina de forma cuidadosa. Coloque o curso na hora do dia em que você menos acha que estudaria, pois assim você se forçará a ir ao curso nesses momentos e ainda terá o restante do dia para estudar em casa. No meu caso, não tive dúvidas: coloquei o curso no período da manhã, para me forçar a acordar cedo e ter uma rotina mais parecida com a de um trabalho mesmo. De tarde e de noite em me debruçava nos materiais que o curso fornecia e nas apostilas e livros que tinha em casa.

O curso tomará um período do seu dia (normalmente manhã ou noite, a depender do que você escolheu). Nos outros períodos, uma pessoa sem outros compromissos deveria estar se dedicando aos estudos por um tempo de seis a sete horas, em média. Nesse caso o candidato pode, aos fins de semana, reduzir bastante essa carga – por exemplo estudando algumas horas no sábado e tendo o domingo livre. Mas, claro, dizemos isso porque o normal é que a pessoa se canse e queira uma folga. Se você não está cansado, não está comprometendo seu sono ou sua saúde e está com disposição, siga estudando o máximo possível!

Caso sua rotina envolva cuidar dos filhos ou outras responsabilidades, esse tempo além do curso pode ser menor. Mas, se for essa a situação, busque aproveitar também as horas do fim de semana. Não se perca nesse processo: **a grande disponibilidade de tempo que a preparação em dedicação exclusiva proporciona pode levar a um sentimento de "amanhã eu faço isso" – e essa sensação é perigosíssima**, o fazendo perder essa sua grande vantagem, que é justamente o tempo disponível. O controle do seu tempo nesses casos deve ser tão grande quanto o daqueles candidatos que estão estudando em paralelo com o trabalho, e suas expectativas de rendimento devem ser ainda maiores.

No seu tempo livre, inclua uma revisão daquilo que foi dado no dia anterior – algo que, se for feito num bom ritmo, não deveria ultrapassar o tempo de meia hora ou, no máximo, uma hora.

Passe então a um estudo do conteúdo que foi dado na aula anterior mediado do seu material de apoio, a fim de complementar o que foi trabalhado e aprofundar o estudo – já que nos materiais escritos muitas vezes há um nível de detalhamento maior do que aquele que o professor consegue dar em aula. Um estudo rigoroso de um tema dado no período de uma aula, por meio da leitura, e, se possível da resolução de questões associadas à matéria (a maioria dos materiais fornece questões ao final de cada capítulo), deverá durar algo como duas horas.

Ainda restam aproximadamente quatro horas e meia, se tomarmos como base as sete horas além do cursinho que recomendamos alguns parágrafos acima. É bastante tempo, e, a meu ver, não há como voltar essa preparação simplesmente para o estudo de coisas que foram passadas em aula. Dessa forma, nesse ponto do dia seu estudo avançará por algumas horas em rumos diferentes, sobre temas que ainda não foram explanados pelo professor nas aulas.

Minha dica: nesse caso, nessas horas que estão fora do período do curso e após a revisão e o estudo aprofundado do tema da aula, você deveria reforçar a sua base em quatro áreas que são básicas para o seu concurso. Falando mais especificamente da realidade de um concurso fiscal, a ideia seria de você aprofundar seus conhecimentos em Língua Portuguesa, Raciocínio Lógico, Direito e Contabilidade.

Esse estudo é desvinculado daquele que está sendo dado em sala de aula. Tal estratégia é voltada para que você aproveite o grande tempo livre entre cada aula e se desenvolva ainda mais rapidamente neste grupo de disciplinas que, além de valerem bons pontos na prova, são fundamentais para a boa compreensão de outras matérias e também podem ser cobradas em outros concursos que você venha a prestar pelo meio do caminho. São, ainda, disciplinas em que muitos candidatos apresentam dificuldades e relatam problemas para avançar em seu estudo – daí o interesse de reforçar a preparação nesses tópicos.

A meu ver, a base em Direito compreenderia, no caso da área fiscal, um estudo de Direito Constitucional, seguido de um estudo de Direito Administrativo e, por fim, um estudo de Direito Tributário. A ideia é estudar uma matéria na sequência da outra, pois a compreensão de Direito Constitucional pode auxiliar a compreensão do Administrativo, e o aprendizado de Direito Tributário é simplificado quando o candidato domina alguns conceitos de Direito Constitucional e Administrativo.

Se você já tiver uma base boa em alguma dessas matérias, como, por exemplo, em Raciocínio Lógico, pode deixá-la de fora do estudo intensivo neste momento.

Perceba que pode parecer complicado à primeira vista, mas não é. A questão que gera certa ruptura aqui é o fato de, ao se ter muitas horas disponíveis, o estudo quebra em dois: aquele voltado ao acompanhamento e à revisão do que foi dado em aula, e um outro em paralelo, que visa construir uma base teórica mais forte em matérias importantes.

Você terá, diariamente, um cronograma parecido com o seguinte:

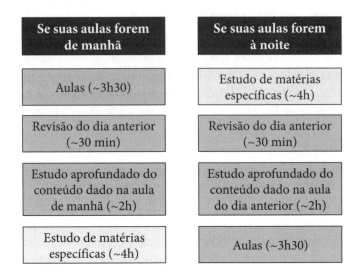

Observe que não colocamos horários, mas sim apenas uma sequência com uma quantidade de horas a ser cumprida. Isso vem de uma ideia já difundida por muitos autores: você não deve pensar necessariamente em horários fixos, pois, no caso de um atraso ou de um compromisso inesperado, todo o seu planejamento seria afetado. O ideal é pensar, de uma maneira mais flexível, em horários a serem cumpridos. O horário do cursinho logicamente é fixo, mas os outros podem se dar em diferentes momentos do dia – desde que ao final do dia você tenha cumprido o volume de horas predeterminado.

Nesses horários, certamente seria relevante fazer intervalos de tempo em tempo. Minha recomendação costuma ser de um intervalo de quinze minutos a cada uma hora e quarenta e cinco minutos de estudo, mas nada impede que você avance mais nos estudos caso esteja rendendo. O fundamental é que, por dia, você seja capaz de cumprir algo como o que apresentamos.

A parte em cinza escuro não teria o conteúdo controlado por você, mas sim pelo cronograma de aulas do cursinho. A parte em cinza claro, porém, é flexível, e você idealmente seguirá a ideia já explicada: formar uma base forte nas disciplinas mais básicas do seu concurso – que na área fiscal seriam Língua Portuguesa, Raciocínio Lógico,

Cap. 4 · ESTRATÉGIAS DE ESTUDO | **121**

Contabilidade e Direito (representado pelos Direitos Constitucional, Administrativo e Tributário). Na sequência, outras matérias podem ser também inseridas, tendo como espelho a lógica que vamos descrever na seção relativa ao estudo sem um curso preparatório.

Nesse ponto, de acordo com o que você preferir, o estudo poderá se dar com uma matéria por vez, ou com uma intercalação de matérias.

No primeiro caso você pegaria uma matéria e a estudaria intensamente neste período de quatro horas de estudo desvinculado do curso, sem mudar para nenhuma outra. Dentro de um ou dois meses seu estudo teórico desta matéria tenderia a estar finalizado, e você avançaria para a matéria seguinte.

No segundo caso, você poderia estabelecer a seguinte regra: estudaria em um dia duas horas de Língua Portuguesa e duas horas de Raciocínio Lógico, e no dia seguinte duas horas de Direito Constitucional e duas horas de Contabilidade. No dia seguinte voltaria a Língua Portuguesa e Raciocínio Lógico, e avançaria dessa forma na sequência dos dias. É uma ideia para quem não se adapta bem com a tática de estudar uma matéria só por um longo período de tempo.

Perceba que dessa forma as duas preparações que você está fazendo em paralelo podem apresentar algum descompasso. Você estará avançando seu estudo em casa em algumas matérias cuja aula ainda não assistiu, e consequentemente chegará o momento em que essas aulas serão dadas no curso e você já terá uma boa noção do conteúdo. Ora, não há problema algum: você aproveitará essas aulas como uma forma de revisão e de complemento àquilo que já foi estudado, ou ainda poderá levar à sala de aula outro material e estudar nos momentos em que o professor está abordando um tema que você já domina bem.

A otimização do tempo é algo fundamental quando você está estudando. No caso de estar fazendo um curso preparatório, **aproveite todo momento que possa parecer desperdiçado**. Estude no deslocamento para o curso, caso você vá de transporte coletivo, ou coloque uma aula sobre algo que você já domina bem no rádio do carro (ou no celular) e vá ouvindo no trajeto, como uma forma de revisão. Na sala de aula, não perca tempo batendo papo. Na verdade, ganhe tempo lendo o seu material de apoio quando o professor estiver explicando algo que você já sabe ou estiver falando sobre algo que não tem a ver com o conteúdo (estiver contando uma piada para descontrair, estiver falando de motivação, enfim...). **Cada minuto bem aproveitado**

é um minuto a mais de estudo, e um tijolo a mais que você coloca na construção deste sonho!

Vimos, assim, as duas formas de se estruturar uma preparação por meio de um curso preparatório. Vamos, na próxima etapa, abordar a preparação sem um curso preparatório – que, se por um lado exige maior disciplina e autonomia, por outro, pode se mostrar bastante interessante devido à flexibilidade que oferece.

4.8. A PREPARAÇÃO DE FORMA AUTÔNOMA

Apesar das nossas tentativas na seção anterior de flexibilizar o estudo e dar importância para determinadas matérias, no caso do uso de um curso preparatório há uma rigidez referente ao cronograma. Isso é bom para um candidato que está desenvolvendo sua disciplina e sua compreensão dos temas, mas pode impedir um avanço mais rápido de um candidato que tenha uma boa autonomia e uma boa velocidade de estudo em casa.

Assim, a partir de agora discutiremos as técnicas de preparação que não utilizam um curso preparatório, mas por outro lado lançam mão principalmente de livros, de bons materiais em PDF e eventualmente de videoaulas de matérias específicas.

A primeira vantagem dessa técnica é que você poderá escolher seus próprios materiais, caso deseje. Há boas avaliações em portais da internet, discussões em fóruns e, principalmente, depoimentos de aprovados, a partir dos quais você poderá ter contato com um rol de autores que são muito bem avaliados na área de concursos, tanto com livros bastante completos, quanto com materiais em PDF.

Sem dúvida, os autores têm diferentes formas de explicar um conteúdo, possuem diferentes ritmos de avanço e usam diferentes linguagens. Escolher aquela à qual você mais se adapta pode representar uma vantagem considerável para que você consiga um rendimento melhor.

Caso você ainda prefira um pacote com todo o conteúdo do edital, já que pode ter receio de ter que escolher materiais sem a experiência para tanto, isso também é possível, especialmente junto às empresas que vendem pacotes de PDFs bastante consagrados.

Uma segunda vantagem deste método é o maior aproveitamento do seu tempo, já que com o estudo em casa você não terá a perda de tempo associada a deslocamentos até o curso (no caso de presenciais ou telepresenciais), nem os custos associados a esse deslocamento.

Terá ainda uma maior flexibilidade no manejo deste tempo, já que o estudo pode respeitar determinadas preferências pessoais, tais como estudar aproveitando bastante a parte do dia na qual você mais rende, deixando seu descanso para os horários do dia nos quais se sente mais cansado. Logicamente você tem essa liberdade até o ponto em que não comece a interferir em fatores importantes, como o ciclo do seu sono, por exemplo – o que certamente não recomendamos.

Uma das maiores vantagens, porém, será sua flexibilidade para organizar a ordem de matérias estudadas, montando-a de forma otimizada. Como não há um cronograma rígido de aulas a ser respeitado (como haveria em um cursinho), você organizará seu tempo de modo original e pessoal, cujo foco e adaptabilidade poderão levar a excelentes resultados.

4.8.1. A organização das disciplinas

Nesse momento, entramos em uma discussão bastante direcionada ao concurso de Auditor-Fiscal da Receita Federal, mas facilmente adaptável a outro concurso fiscal e até mesmo a outros concursos em geral, desde que você compreenda as ideias que formam a base do nosso raciocínio e aplique-as ao edital que você deseja.

Conforme nossa análise do edital, para o concurso de Auditor--Fiscal trabalharemos em cima de 17 disciplinas. Algumas delas são cobradas em um mesmo grupo na prova, mas aqui separamos todas as disciplinas que tenham fundamentos diferentes, pois nosso foco está no estudo organizado de cada uma.

Disciplinas – Auditor-Fiscal da RFB
Língua Portuguesa
Espanhol ou Inglês
Raciocínio Lógico-Quantitativo
Administração Geral e Pública
Direito Constitucional
Direito Administrativo

Disciplinas – Auditor-Fiscal da RFB
Direito Tributário
Direito Previdenciário
Direito Civil
Direito Penal
Direito Comercial (Empresarial)
Auditoria
Contabilidade Geral e Avançada
Legislação Tributária
Legislação Aduaneira
Comércio Internacional
Economia e Finanças Públicas

Essas foram todas as disciplinas cobradas nos últimos três concursos de Auditor-Fiscal. Se analisarmos o último concurso, de 2014, veremos que duas delas não aparecem ("Economia e Finanças Públicas" e "Direito Civil, Penal e Empresarial"), porém são disciplinas que costumeiramente integravam a prova, e também são muito frequentes em outros concursos fiscais. Ao fazer esta análise expansiva, seu estudo será ainda mais completo e você evitará grandes surpresas na abertura do próximo edital.

É importante que você perceba também que tais disciplinas ainda escondem outras em sua estrutura. Direito Tributário tem abrangido conteúdos de Direito Previdenciário em muitos editais, mesmo sem haver a indicação clara do nome da matéria. O candidato só descobre isso ao ler atentamente os tópicos específicos que integram a matéria, normalmente discriminados ao fim do edital. Raciocínio Lógico inclui uma série de matérias, tais como matemática básica, matemática financeira, probabilidade e estatística. A matéria de Administração Pública tem trazido questões de análise financeira e orçamentária. Assim, não se engane: essas 17 matérias podem facilmente virar mais de 20, a depender de como a separação é feita.

Nossa análise se baseia no edital da Receita Federal por ser um dos mais complexos e aquele que serve de base para a maioria dos autores e professores da área fiscal, mas, como já conversamos, com algumas adaptações você chega facilmente a uma estrutura de estudos voltada a outros concursos fiscais estaduais ou municipais. Eles poderão não cobrar algumas matérias ou ainda incluir outras, mas tenderão a manter uma base parecida com o concurso da Receita Federal (em nossa análise do edital, demonstramos que para o último concurso de Agente Fiscal de Rendas do Estado de São Paulo, por exemplo, tal relação foi de aproximadamente 70%).

Ao analisarmos tais matérias, notamos que podemos dividi-las em três grupos: básicas, intermediárias e finais. Apresentamos a análise na tabela abaixo:

Matérias Básicas	Matérias Intermediárias	Matérias Finais
Língua Portuguesa Raciocínio Lógico-Quantitativo Contabilidade Geral e Avançada Direito Constitucional Direito Administrativo Direito Tributário	Espanhol ou Inglês Administração Geral e Pública Direito Previdenciário Direito Civil Direito Penal Direito Comercial (Empresarial) Economia e Finanças Públicas Comércio Internacional	Auditoria Legislação Tributária Legislação Aduaneira

Tal separação se deve a alguns fatores que vão ser muito produtivos para o seu desenvolvimento. Algumas matérias devem estar no início por sua complexidade ou por seu papel de disciplinas que dão suporte às outras, enquanto outras matérias se encaixam melhor ao fim dos seus estudos por não serem cobradas em todos os concursos fiscais ou por terem menor fundamento lógico e maior grau de detalhes que precisam ser decorados.

Matérias básicas:

O primeiro grupo concentra matérias cuja compreensão é muito importante para as demais. **Essas matérias não apenas são importantes por si sós, mas representam uma base para a sua sequência de estudos.**

Língua Portuguesa é muito importante para a interpretação dos textos e enunciados da prova, e também para os temas e redações da prova discursiva. Raciocínio Lógico, por sua vez, é uma matéria complexa, que pode melhorar seu entendimento de alguns conceitos de contabilidade e até mesmo seu raciocínio sobre as questões de múltipla escolha.

Contabilidade facilitará seu entendimento de matérias como auditoria e algumas legislações específicas de tributos internos, e as três disciplinas de Direito apresentadas serão fundamentais para que você tenha uma ideia de como o Direito se organiza e compreenda bem as outras disciplinas de Direito e também as disciplinas de Legislação Tributária e Aduaneira.

Um segundo argumento para a inclusão dessas disciplinas neste grupo é que são em geral matérias cujo preparo pode demandar bastante tempo, o que fundamenta a decisão de deixá-las para o início dos estudos.

Há ainda um terceiro argumento, tão forte quanto os primeiros, que depõe a favor da ideia de que essas disciplinas devem ser as primeiras a serem estudadas: elas são cobradas em inúmeros concursos públicos. Língua Portuguesa, Raciocínio Lógico, Direito Constitucional e Direito Administrativo aparecerão em uma infinidade de concursos da administração direta de qualquer de qualquer das três esferas de governo, e ter uma base boa nessas matérias pode o deixar mais preparado para tentar outros concursos menos complexos ao longo de sua preparação, caso seja do seu interesse.

Logicamente, tal divisão pode ser alterada em função dos conhecimentos prévios do candidato. Uma pessoa formada em exatas pode deixar Raciocínio Lógico para o segundo grupo de matérias, ou até mesmo para o terceiro. Um candidato com boa base em português pode deixar Língua Portuguesa para o segundo grupo, e um candidato com sérias dificuldades em língua estrangeira pode antecipar o estudo dessa disciplina. Mas, de modo geral, esse roteiro reflete bem a realidade geral de um concurseiro fiscal.

Matérias intermediárias:

Este segundo grupo envolve o estudo de matérias que:

- ou são menos complexas que as iniciais, tal como Administração, os Direitos Civil, Penal e Empresarial (que são cobrados com menor profundidade que as outras matérias de Direito), e também a língua estrangeira, caso você tenha bons conhecimentos nela,

- ou dependem do conhecimento prévio em alguma das matérias iniciais (por exemplo, Direito Previdenciário e, em certo grau, também os três direitos apontados acima),
- ou, por uma questão de equilíbrio das etapas, foram incluídas apenas nesse momento (tal como Comércio Internacional e Economia e Finanças Públicas). Essas duas disciplinas são densas e exigem bastante atenção, mas não precisam ingressar logo no começo do estudo.

Matérias finais:

Neste grupo incluímos três matérias: Auditoria e as duas Legislações, por alguns motivos:

- são matérias cuja compreensão depende bastante de outras. A matéria de Legislação Tributária depende de um bom estudo de Direito Tributário, a matéria de Legislação Aduaneira depende de uma boa base em Direito Tributário e em Comércio Exterior, e a matéria de Auditoria é facilitada caso o candidato tenha boas noções de Contabilidade,
- são matérias que não servem de base para nenhuma outra,
- são matérias que muitas vezes não requerem a compreensão de uma lógica interna, como as anteriores, mas sim uma boa capacidade de memorização – ou seja, podem ficar para o fim,
- no caso das Legislações Tributária e Aduaneira, é o típico caso de matérias que só serão cobradas com esse conteúdo no concurso da Receita Federal. Os concursos estaduais e municipais cobrarão as legislações do respectivo estado ou município, e assim uma preparação voltada a vários concursos fiscais deve deixar tais matérias para o arremate final.

Tendo em vista esta análise, vamos avançar na discussão de como estruturar o seu dia a dia de estudos, considerando que você escolheu a flexibilidade de montar sua própria grade – característica dessa seção, que aborda o estudo com livros ou PDFs.

Há duas formas básicas de montar sua estratégia: estudar uma disciplina de cada vez (ou algo próximo disso, com muito poucas trocas de matéria), ou estudar por meio de ciclos. Vamos, a partir de agora, abordar cada um desses métodos de forma detalhada!

4.8.2. O estudo com uma matéria de cada vez

Esse método tem sido menos popular que o dos ciclos de estudo, que discutiremos na sequência, porém eu o coloquei antes por duas razões: porque é o método que eu prefiro e que utilizei nos meus estudos para Auditor-Fiscal, e porque é interessante quebrar essa monotonia de opiniões sobre o estudo para a área fiscal, que têm se baseado unicamente em um estudo por ciclos.

Como já conversamos, não há um método ideal – o melhor método é aquele ao qual você se adapta melhor e que, consequentemente, o leva aos melhores resultados. É por isso que apresentaremos estas duas técnicas, que podem ser mescladas para criar outras várias. Há pessoas que se dão muito bem estudando por ciclos, outras que se dão muito bem estudando uma matéria por vez. Ambas as técnicas possuem vantagens e desvantagens.

Vamos, então, conversar um pouco sobre a forma de preparação que envolve o estudo de uma mesma disciplina por um longo período.

O método de se estudar uma matéria de cada vez traz algumas vantagens. A primeira delas é que nós podemos seguir à risca a ideia de construir uma base teórica sequencial, que parta das matérias que podem estruturar uma base de compreensão forte dos temas e passe, paulatinamente, para as disciplinas mais complexas, que muitas vezes dependem de uma boa compreensão de temas anteriores.

O controle do seu estudo se torna muito mais simplificado, já que não são necessárias planilhas ou outras formas de avaliação daquilo que será estudado no dia. Dentro de um planejamento macro, que reflete as disciplinas que já discutimos, você não terá muitas preocupações a não ser estudar de forma intensa e efetiva. Escapamos, assim, da dificuldade de montar os ciclos de estudo – que muitas vezes toma um tempo importante, leva os candidatos a se preocupar mais com a estruturação do estudo do que com o estudo em si, ou ainda os preocupa de tal forma que eles acabam buscando um auxílio profissional somente para isso.

A inércia que temos ao iniciar um período de estudos também será menor. Cada vez que interrompemos nossa linha de raciocínio e retomamos o estudo daquele tema em outro dia, temos um período inicial no qual nosso rendimento é baixo – uma inércia, por assim dizer, que dura algo como quinze minutos. Ao final deste período conseguimos nos encontrar melhor dentro daquela atividade, atingindo o ritmo ideal e também compreendendo melhor aquilo que estudamos – o que pode exigir até mesmo alguns retornos ao que estudamos anteriormente, caso tenhamos esquecido de algo fundamental.

Com uma técnica que se baseie no estudo de uma matéria de cada vez, essa inércia é menor, já que você está com aquele conteúdo fresco na memória e está estudando aquilo de forma intensiva. Isso pode fazer com que seu rendimento aumente. Mais do que isso, pode fazer com que sua confiança aumente, já que você avançará mais rapidamente.

Esse método também vai ao encontro de uma ideia bem simples: se eu estou estudando e meu estudo está rendendo, não devo mudar de matéria, mas sim aproveitar ainda mais esse bom momento.

Esta lógica de estudar uma matéria de cada vez por um longo período é a minha preferida. Foi a que utilizei em meus estudos para Auditor-Fiscal nos momentos em que estudava em casa, foi a que utilizei em meus estudos para a Fuvest quando resolvi estudar Direito após a aprovação no concurso, e é a que eu utilizaria se viesse a prestar outro concurso público – pois eu me encaixo nesse grupo de pessoas que valoriza uma preparação a fundo de cada tema e não perde o ritmo ou o interesse ao estudar um mesmo assunto por muito tempo.

O método tem algumas desvantagens que devem ser ponderadas – e que, se no seu caso se mostrarem maiores que as vantagens, podem justificar uma opção pelo método dos ciclos. Ele exige um grau de concentração mais alto, pode gerar esquecimento das matérias iniciais se não houver uma revisão adequada, e também pode gerar maior cansaço. É um método que exige um ritmo de alto nível e bastante autocontrole do candidato perante seus estudos. Abordaremos mais esses casos quando debatermos as vantagens do método baseado em ciclos.

O conhecimento em cada matéria não estará equilibrado ao longo dos seus estudos. Na verdade, estará muito desequilibrado. Mas, sendo a preparação de longo prazo, você cobrirá todas as matérias até o final da preparação, e, lançando mão de revisões, não encontrará tantas dificuldades de se lembrar do conteúdo.

Mas como eu vou montar esse estudo?

A ordem de matérias:

Em primeiro lugar, é bom explicarmos que apesar de falarmos que o estudo se dará com uma matéria de cada vez, isso não significa que o tratamento para todas será idêntico, e também não significa que não haverá algumas mudanças de matéria para evitar o cansaço do candidato com aquele tema. Esses elementos podem ser incluídos para dar um pouco mais de dinamismo ao estudo.

Dividiremos inicialmente as matérias em matérias sequenciais e matérias de intercalação.

As primeiras, que denominamos matérias sequenciais, são aquelas cujo conteúdo envolve uma sequência lógica grande e uma boa compreensão de algumas matérias anteriores, e por isso dentro da nossa estratégia devem ser tratadas por meio de um estudo intenso e longo.

As segundas, que denominamos matérias de intercalação, são aquelas compostas de vários temas com menor conexão entre si, que podem ser aprendidas de uma forma mais "cortada", em etapas separadas. Elas servirão para intercalarmos com as matérias previstas em nossa sequência de estudos quando o candidato não aguentar mais olhar para a matéria que está estudando. Essa intercalação, porém, ocorrerá poucas vezes. Se o candidato sentir que quer intercalar mais vezes e que ganha rendimento com isso, isso significa que o melhor método para ele é o estudo por ciclos, que discutiremos na sequência, e não este.

Apresentamos abaixo nossa sugestão de divisão para o concurso de Auditor-Fiscal da Receita Federal do Brasil, já apontando a sequência ideal para as matérias do primeiro grupo. É importante notar que qualquer matéria com a qual o candidato já tenha tido contato pode

Cap. 4 · ESTRATÉGIAS DE ESTUDO | 131

ser empurrada para o grupo das matérias de intercalação, pois exigirá um estudo menos concentrado.

Matérias Sequenciais	Matérias de Intercalação
1º) Direito Constitucional	Língua Portuguesa
2º) Direito Administrativo	Raciocínio Lógico-Quantitativo
3º) Direito Tributário	Espanhol ou Inglês
4º) Direito Previdenciário	Administração Geral e Pública
5º) Contabilidade Geral e Avançada	Direito Civil
6º) Economia e Finanças Públicas	Direito Penal
7º) Auditoria	Direito Comercial (Empresarial)
8º) Comércio Internacional	
9º) Legislação Aduaneira	
10º) Legislação Tributária	

As matérias sequenciais serão estudadas nessa ordem, uma de cada vez. A troca para a próxima matéria se dará quando todo o edital da matéria anterior tiver sido concluído.

As matérias de intercalação, por sua vez, serão colocadas na sua rotina por algumas horas sempre que você cansar da matéria sequencial que está estudando, para quebrar o ritmo e mudar um pouco o foco, evitando uma sobrecarga.

Perceba a lógica desse método: conseguimos criar uma base forte em Direito, englobando três disciplinas que estão entre as mais complexas do concurso, e já engatando o estudo de Direito Previdenciário, que tem tudo a ver com Direito Tributário.

Passamos então a um grupo que envolve Contabilidade Geral e Avançada (a segunda grande base teórica que você terá que criar, ao lado de Direito) e outras duas disciplinas que seguem e uma área fora do Direito: Economia e Finanças Públicas e Auditoria.

Entramos, a partir daí, na reta final, começando com um aprendizado focado da área da Aduana, com Comércio Internacional e posteriormente com Legislação Aduaneira, e finalizamos com Legislação Tributária (que possibilitará um bom fechamento, retomando temas de Direito Tributário).

Ao longo desse percurso, em todos os momentos nos quais o candidato se sinta cansado daquele tema, alternamos para matérias que têm uma base diferente daquela que está sendo estudada. Assim, o candidato estudaria as disciplinas que envolvem Linguagem, Raciocínio Lógico e Administração. Posteriormente, ao concluir essas matérias, em um momento em que já deveria estar com uma boa base de Direito e estudando matérias como Contabilidade e Economia, passaria a usar as matérias do grupo de Direito Civil, Penal e Empresarial para intercalação nos momentos de fadiga.

Por essa razão, o ideal é que as matérias sequenciais também sejam estudadas na ordem que apresentamos, mas isso não é algo essencial caso o candidato pretenda mudar. A ideia aqui é mantermos o grupo de Direito, Contabilidade e Legislações de forma sequencial e, para não perder o dinamismo, intercalarmos com outros temas nos momentos de esgotamento – porém oriundos de matérias totalmente desvinculadas dessa estrutura.

A meu ver, essa intercalação não deve ser frequente, sob pena de estarmos elaborando um ciclo de duas matérias e não um estudo intensivo. Poderia ser algo feito, no máximo, de forma diária por duas horas. Mas idealmente o candidato estudaria de forma intensiva por alguns dias a matéria sequencial que está prevista antes de decidir trocar de matéria, e ao trocar passaria algumas horas debruçado em uma matéria de intercalação antes de voltar aos estudos da rotina sequencial. O ideal é também que você troque apenas quando sentir uma necessidade de sair da rotina, pois já está perdendo rendimento com o estudo apenas daquela matéria.

Um candidato que tem uma base boa em Língua Portuguesa, Língua Estrangeira e Raciocínio Lógico avançará muito bem com essas matérias de intercalação, a ponto de provavelmente terminar essas matérias antes das últimas matérias sequenciais. Nesse ponto não há problema: as legislações seriam as últimas matérias de qualquer jeito.

Caso o candidato avance de forma mais rápida nas matérias sequencias, travando em matérias como Português e Raciocínio Lógico, seria algo bastante importante focar um pouco mais nessas matérias, elevando um pouco a carga horária das intercalações.

Perceba que aqui não separamos as matérias em função da importância, mas sim do fato de estarem dentro de uma lógica de aprendizado sequencial ou não. Certamente seu estudo em Português, por exemplo, será intenso. A questão é que ele não precisa se dar todo de uma vez, e pode servir assim para quebrar a rotina do estudo em Direito e Contabilidade.

Cap. 4 · ESTRATÉGIAS DE ESTUDO | 133

Constrói-se, ao final, uma preparação que não abre mão da lógica de se estudar uma matéria de cada vez e de forma intensa, mas que também permite intercalações para quebrar a rotina.

E eu utilizarei todo o meu tempo com esse estudo sequencial?

Você ocupará uma boa parte do seu tempo com esse método, que não envolve nenhum ciclo ou estratégia além daquela que descrevemos: ir preenchendo seu tempo com o estudo sequencial das matérias do primeiro grupo e intercalando quando você julgar que quer um descanso daquele tema. Mas há um outro ponto importante da sua rotina: as revisões.

Revisões no estudo de uma matéria por vez:

Como já conversamos na etapa introdutória deste capítulo, eu me comprometo a não recomendar um volume de revisões que saia do controle e se mostre muito burocrático. Mas, sem dúvida, as revisões são ferramentas importantes – em especial neste método, que deixará as primeiras matérias estudadas sem serem vistas por um bom tempo.

Nessa lógica de estudo faremos três tipos de revisões: as revisões do dia anterior, as revisões de fim de matéria e as revisões dinâmicas. As duas primeiras já estarão previstas em seu cronograma, dentro de uma lógica que visa a estimular sua memória e aumentar a retenção daquilo que foi estudado. A revisão dinâmica aparece quando você percebe um ponto falho em seu aprendizado, e deverá agir para anulá-lo.

1 – Revisão do dia anterior:

A revisão do que foi visto no dia anterior é importante para que você retome os conteúdos estudados. Esta revisão estimula a sua memória, recuperando temas que foram vistos há pouco tempo e aumentando a chance de que eles sejam armazenados na memória por um prazo maior.

Ao fazermos esta revisão, também reforçamos o aprendizado, na medida em que, ao olharmos o conteúdo outra vez, e mais descansados, podemos compreender algum conceito que anteriormente nos parecia difícil. Há detalhes que podem ter escapado ao candidato, em especial aqueles que não se encaixam dentro de uma linha de raciocínio clara, e que agora aparecerão mais claramente em nosso estudo.

Recomendamos que a revisão seja a primeira coisa que você faça na sua rotina de estudos. Dessa forma, ela terá uma terceira vantagem: a de aumentar o seu rendimento. Isso ocorrerá por dois motivos principais:

- ao iniciar seus estudos com essa revisão, você estará enfrentando aquela inércia inicial que todos temos ao começar a nossa rotina. Revisar uma matéria que já nos é familiar é um ótimo meio de engrenar nos estudos do dia de forma mais rápida;
- como estamos estudando uma mesma matéria de forma intensa, os conteúdos do dia anterior muitas vezes serão um pré-requisito para que você aprenda melhor os conteúdos do dia. Assim, revisá-los é uma boa forma de melhorar o seu desempenho nos estudos que serão desenvolvidos após a revisão, ao longo do dia.

O tempo necessário para esta revisão não tende a ser grande, já que ela não será um novo estudo, e sim uma repassada pelos conteúdos – da mesma forma que já discutimos no item que tratou das revisões em geral. Você utilizará seus resumos, anotações ou materiais sublinhados para se lembrar daquilo que foi dado.

Em uma revisão do dia anterior é menos provável que você não se lembre de um conceito durante a leitura do material de revisão, mas, se isso ocorrer, não deixe de recorrer ao material original. Isso não é de forma alguma uma perda de tempo, mas, sim, algo essencial para que você construa uma base sólida em sua preparação. Caso isso ocorra de forma frequente, pense em melhorar a qualidade dos seus resumos, ou mesmo a forma como você os estrutura (escrita corrida, mapas mentais etc.).

De forma geral, porém, uma revisão que corra de forma natural e não exija essa volta aos materiais originais não deveria levar um tempo superior a 1/8 do seu tempo disponível. Assim, um candidato que estuda quatro horas por dia teria uma revisão de meia hora, e um candidato em dedicação exclusiva que estude oito horas por dia passaria uma hora revisando. Por ser uma revisão do conteúdo aprendido no dia anterior, e dada a nossa preocupação de não tornar as revisões uma etapa massacrante do estudo, nem comprometer seu avanço na matéria, acredito que esta proporção seja adequada aos propósitos.

Cap. 4 · ESTRATÉGIAS DE ESTUDO | 135

2 – Revisão de fim de matéria:

Outra etapa importante são as revisões ao final do estudo da matéria. Isso dará um bom fechamento a cada matéria estudada. Elas deverão ser feitas com base nos mesmos materiais que as revisões do dia anterior, mas de uma forma diferente. Aqui a ideia é ter uma revisão aprofundada, que recupere todo o conteúdo visto e amarre alguns temas que, na época do estudo, poderiam parecer espalhados ou descoordenados.

Esta revisão levará alguns dias, e a partir daí você seguirá para a matéria subsequente. Lembre-se: não é um reestudo detalhado, é uma revisão das anotações ou resumos, a fim de refrescar sua memória e aproximar temporalmente o estudo de conceitos de uma mesma matéria que foram estudados com dias ou semanas de diferença.

A revisão do dia anterior, que auxilia a memória de curto prazo, e a revisão final de cada matéria, que abrange temas vistos há um período maior de tempo, complementam-se de uma forma bastante interessante. As duas já estão previstas em seu cronograma, uma feita todo dia e a outra sempre que você fechar o edital relativo a uma matéria. Elas ainda terão o auxílio da revisão dinâmica, que explicaremos a seguir.

3 – Revisão dinâmica:

Apesar do nome pouco usual, não se assuste: esse foi um termo que utilizamos para identificar a característica principal desta revisão, que atua em paralelo às revisões que descrevemos acima, atacando situações diferentes. Ela não tem um momento definido, mas surgirá quando você detectar que tem a necessidade de relembrar algum ponto do seu estudo.

Uma das grandes vantagens de estudar matéria por matéria, de forma sequencial, e utilizar a lógica que propusemos, partindo das matérias mais gerais até as mais específicas, é que em dado momento do seu conteúdo você irá repassar por alguns pontos já dados em outra disciplina (isso acontece muito com matérias como Direito Tributário e Legislação Tributária, por exemplo). Isso pode fazer com que você detecte que não lembra bem de alguns conceitos. Até mesmo considerando apenas os temas dentro de uma mesma matéria, pode ser que em um dado momento você perceba que não se recorda bem de algo que já foi dado.

Essas situações podem aparecer do nada, mas é bem mais provável que surjam na medida em que esse conteúdo tenha relação com o que você está estudando no momento. Sempre que isso ocorrer, volte no seu material de revisão e reveja os pontos daquele tema. Se isto não for suficiente, ou se sua dúvida tiver aparecido justamente durante uma revisão, volte aos materiais originais e estude este conteúdo até reaprender bem o conceito.

O seu estudo será longo, e a pior coisa é deixar que os conteúdos mal compreendidos se acumulem. A ideia aqui é de melhoria contínua, o que exige, portanto, que você, ao detectar um ponto que não lhe é mais familiar, volte rapidamente e faça esta revisão que chamamos de dinâmica, relembrando os conceitos necessários.

Os principais momentos em que você perceberá que precisa rever um item específico ocorrem durante os próprios estudos e revisões programadas, como comentamos. Há, porém, outra boa forma de perceber seus pontos frágeis: a resolução de questões. Assim, é recomendável que o candidato sempre resolva as questões presentes nos finais do capítulo (praticamente todos os tipos de materiais trazem tais questões).

Mais do que isso, pode ser muito produtivo, para quem gosta de resolver questões e dispõe de um tempo maior de estudo, utilizar um tempo de aproximadamente uma hora por dia para resolver questões aleatórias que envolvam o conteúdo que já foi coberto relativo à matéria que se está estudando.

Por exemplo, se você estiver estudando Direito Constitucional, pegue questões de provas (um material de resolução de questões, em formato de livro ou em uma plataforma digital, pode ser bastante útil) relativas aos conteúdos já estudados até o momento e tente resolver. É provável que surjam pontos de dúvida relativos a esses conteúdos, que serão alvo de revisões dinâmicas a fim de consertar tais pontos fracos.

Dessa forma, estabelecemos três revisões:

- Revisão do dia anterior, durando aproximadamente 1/8 do seu tempo disponível para estudo, feita logo no início da sua rotina e abrangendo o conteúdo visto no dia anterior,
- Revisão dinâmica, que aparecerá a qualquer momento em que se detecte um ponto de fragilidade no entendimento da matéria, durante o tempo necessário para sanar a dúvida e visando a fortalecer cada vez mais sua base teórica,
- Revisão de final de matéria, feita de forma intensa com todo o conteúdo de uma matéria antes de seguir para a próxima, durando alguns dias e visando a rever e também a "amarrar" os conteúdos estudados.

Cronograma:

A fim de ilustrar como a rotina diária se daria, elaboramos o seguinte cronograma:

Dia 1	Dia 2	Dia N	Dia N+1	Dia N+2
Estudo de Direito Constitucional	Revisão (1/8 do seu tempo total)	Revisão (1/8 do seu tempo total)	Revisão (1/8 do seu tempo total)	Revisão (1/8 do seu tempo total)
	Estudo de Direito Constitucional	Estudo de Direito Constitucional (cansou-se de Direito Constitucional) Língua Portuguesa (ou outra matéria de intercalação)	Língua Portuguesa (ou outra matéria de intercalação)	(sente-se apto a voltar à sequência) Estudo de Direito Constitucional
Exercícios (1/8 do seu tempo)*	Exercícios (1/8 do seu tempo)*	Exercícios (1/8 do seu tempo)	Exercícios (1/8 do seu tempo)	Exercícios (1/8 do seu tempo)

Dia X	Dia X+1
Revisão (1/8 do seu tempo total)	Revisão de fim de matéria (recapitulando de forma rápida todos os temas vistos)
Estudo de Direito Constitucional	
Conclusão da matéria	
Exercícios (1/8 do seu tempo)	

Dia Y	Dia Y+1
Revisão de fim de matéria (recapitulando de forma rápida todos os temas vistos)	Início da nova matéria sequencial
	Estudo de Direito Administrativo
	Exercícios (1/8 do seu tempo)

* Exercícios aleatórios do conteúdo já estudado.

Cap. 4 · ESTRATÉGIAS DE ESTUDO | **139**

O candidato iniciou seus estudos no dia 1, com a matéria que recomendamos que venha em primeiro lugar: Direito Constitucional. A rotina seguirá com esta matéria em foco, sendo que, no início do dia recomendamos uma revisão do que foi visto no dia anterior e, ao final do dia um momento de resolução de exercícios. No início, tais exercícios serão pouco abrangentes, mas, à medida que o tempo passa, o candidato pode até mesmo passar a incluir exercícios de temas que não vê há mais tempo – fazendo assim não somente uma revisão do dia, mas um balanço geral da sua situação nas matérias anteriores.

A parte descrita como "estudo", que envolve grande parte das horas diárias, é de construção de uma base teórica, seguindo um bom material escrito e eventualmente lançando mão de videoaulas, caso necessário. Também se incluem nisso os exercícios presentes no final dos capítulos do livro, PDF ou apostila.

Caso você, ao estudar um tema, perceba que não se lembra de temas já estudados anteriormente, pare e volte ao conteúdo mal compreendido para uma revisão. Compreenda bem o tema e, então, volte ao tema em que estava quando a dúvida surgiu. É exatamente isso que chamamos de revisão dinâmica no item anterior. Essa revisão não está em seu cronograma. Quando aparecer a dúvida, essa revisão entrará em cena ocupando alguns minutos do período descrito como "Estudo", até que essa dúvida seja sanada e seu estudo continue. Num estudo mais avançado, esta dúvida pode até ser de outra matéria – não importa. Não deixe de revisar temas mal compreendidos sempre que necessário. **O segredo de um estudo estruturado é não deixar para trás pontos de fraqueza!**

Voltando à discussão do cronograma que apresentamos: o estudo da matéria prevista seguirá nesse ritmo até que o candidato comece a perceber que não está tendo um bom rendimento, pois está se cansando do tema. Nesse ponto ele trocará para uma matéria de intercalação (recomendamos que a primeira seja Língua Portuguesa). Ele estudará esta matéria por um tempo (no nosso exemplo colocamos um dia e meio, mas é algo variável), passando a fazer as revisões e os exercícios também desta matéria, até que se sinta novamente motivado a voltar à sequência original.

Em dado momento o candidato concluirá Direito Constitucional. Nesse ponto, dará início à revisão de fim de matéria, que visa a fazer uma grande (e rápida) recapitulação de tudo que foi visto, a fim de estimular o cérebro e evitar a perda natural de conteúdo que ocorre com o tempo. É um ótimo momento para reforçar o aprendizado, pois agora, com todo o conteúdo da matéria visto, não apenas somos capazes de entender o que já foi estudado em um tempo muito menor, como também conseguimos fazer correlações entre os diferentes temas estudados naquela matéria – o que reforça a compreensão e a base teórica que estamos construindo.

Feita esta grande revisão, o candidato passará à próxima matéria sequencial: Direito Administrativo. Seguirá a mesma lógica, fazendo revisões diárias, exercícios ao final da jornada e interrupções para estudar as matérias de intercalação sempre que se sentir esgotado.

Ao longo desse estudo, respeite o que conversamos na seção relativa à preparação dos estudos: faça intervalos regulares, algo em torno de dez ou quinze minutos a cada duas horas de estudo. Dessa forma você conservará melhor sua saúde e se manterá mais descansado e apto à jornada de estudos!

Perceba que no estudo de uma matéria por vez, tanto faz se está em paralelo com o trabalho ou não... O que mudará entre um caso e outro é a disponibilidade de tempo, mas o estudo será o mesmo. Uma revisão do dia anterior no início, um período de aquisição de novos conteúdos e uma etapa de exercícios ao final da jornada.

A descrição das etapas pode parecer complexa, mas uma vez compreendida a lógica do estudo que propusemos, o objetivo é justamente o contrário: um método que se adapte facilmente à sua rotina, sem uma necessidade de elaboração de ciclos ou de controle intenso do que será estudado.

São três etapas da sua jornada (revisão, estudo e exercícios), com pouca alteração de disciplinas, sem uma burocracia excessiva.

Após a cobertura do edital, os momentos para revisões deixam de ocorrer, pois na verdade sua rotina passará a ser uma grande revisão, com alguns pontos de aprofundamento nos assuntos mais complexos. É um bom momento para adicionar alguns materiais mais complexos à sua preparação, tais como livros de Direito e de Contabilidade – além do aprofundamento nas Legislações e na leitura da letra da lei.

Nas revisões nesse período que segue após você ter fechado todo o edital, a ideia de estudar uma matéria por vez pode se manter válida. Mas, caso você prefira, pode ser um bom momento para inserir um ciclo de estudos na sua preparação. Você já terá uma boa base teórica, pois cobriu todo o edital, e poderá assim revisar os temas de forma mais aleatória, simulando ainda melhor a realidade de uma prova. Caso esta seja sua decisão, ou ainda caso você não tenha visto a preparação com uma só matéria como a melhor opção, não deixe de acompanhar nossa conversa no próximo item – que trata justamente do conhecido estudo por ciclos.

4.8.3. O estudo por ciclos

O método de estudo por ciclos ganhou muito destaque nos últimos anos, a partir do relato de muitos candidatos e autores de sucesso na área de concursos. Ele consiste em intercalar o estudo das matérias durante a sua preparação, lançando mão de diagramas (chamados "ciclos") a fim de estruturar a sua rotina.

A vantagem de se intercalar matérias é o fato de o concurseiro não se cansar de um tema, o que poderia diminuir o seu rendimento. Ao seguir o ciclo, ele estaria constantemente mudando sua atenção entre diferentes matérias. Ao encontrar dificuldade em uma matéria e, na sequência, trocar por uma matéria na qual eventualmente ele tenha mais facilidade, isso pode aumentar sua autoestima e não permitir que, ao final do dia, o candidato tenha uma sensação de estagnação.

A segunda vantagem é que essa constante mudança de matérias reproduz mais fielmente a realidade da prova, na qual você deverá ter a capacidade de resolver questões de diferentes matérias em um curto intervalo – o que exige a habilidade de estar "conectado" a todas elas.

Tal método pode ainda contribuir para a sua memória, na medida em que traz à tona uma determinada matéria algumas vezes por semana. Você nunca estará em uma situação de não ter visto determinada disciplina por várias semanas – algo que ocorre no estudo com uma matéria de cada vez.

O estudo com ciclos evolui de forma mais equilibrada que o estudo com uma só matéria, sendo que em um dado momento da sua preparação você não saberá tudo de uma matéria e nada das outras, mas sim um percentual parecido de várias matérias. Essa ideia não é 100% acurada, pois mesmo nesse método há matérias iniciais e outras que são deixadas para o fim, mas ainda assim é inegável que o estudo se desenvolve com maior equilíbrio.

Como desvantagem, podemos listar a maior dificuldade de se construir um conhecimento embasado, com pedra sobre pedra, já que o estudo em intervalos mais curtos pode reduzir a capacidade de concentração para algumas pessoas, ou ainda não permitir que o estudo de uma aula se conecte tão bem com o estudo da aula anterior, que foi feita alguns dias antes. Aliado a isso, temos uma eventual perda de tempo associada à inércia natural que você terá para pegar o ritmo em cada matéria.

Uma segunda desvantagem corresponde à maior burocracia associada a esse estudo. Montar um ciclo, como veremos, não deveria ser tão difícil. Muitos candidatos, porém, não lidam bem com esta montagem e acabam perdendo um tempo precioso tentando adequar sua grade de horários – tempo que deveria ser usado para estudar, e não para organizar o estudo. E, se o estudo não for bem pensado, o candidato pode acabar colocando o estudo de conceitos básicos após o de conceitos específicos – o que é ruim para a compreensão dos temas.

Outra desvantagem é o fato de que, para montar esta grade, muitas vezes pressupomos que o candidato conheça bem o concurso – o que não é a realidade da maioria deles, que estão justamente entrando nesse mundo de concursos. É difícil definir a quantidade de tempo necessária para cada matéria, o que pode causar certa confusão na montagem do ciclo e no avanço dos estudos.

Eu acredito que o método de ciclos de estudo é muito válido – apenas discordo de autores e *coachs* que afirmam que ele é o único capaz de dar resultados, já que eu mesmo preferi não o utilizar. O método dos ciclos é efetivamente muito bom para candidatos que se cansam facilmente do estudo de uma mesma matéria, ou apresentam uma dificuldade em guardar o conteúdo por um período mais longo. É bom também para candidatos que não tenham tanta dificuldade em retomar assuntos das aulas anteriores e se manterem em uma linha de aprendizado contínua mesmo com as intercalações.

Nosso foco neste livro é que você, tendo escolhido a preparação com materiais escritos, analise a sua realidade e escolha entre o estudo com uma só matéria ou o estudo em ciclos – eventualmente começando por um deles e trocando caso este não dê resultado.

Perceba, antes de tudo, o significado dos ciclos: eles refletem a ideia de um cronograma com uma ordem determinada, mas sem horários definidos. Assim, você não definirá, por exemplo, que estudará Direito Constitucional das 8h00 às 9h50, Contabilidade das 10h00 às 11h50 e Raciocínio Lógico das 14h00 às 15h50. Isso não se mostra realizável no longo prazo, já que sempre acabam surgindo compromissos, em especial para quem tem atribuições familiares ou estuda em paralelo com o trabalho.

A ideia de um ciclo é avaliar quantas horas você tem por semana e determinar o seu potencial, ou seja, determinar que você estudará aquele volume de horas. Essas horas serão divididas entre determinadas matérias, em uma sequência predefinida. Um exemplo de ciclo inicial, assim, seria:

Dia		Matéria	Tempo (min)
1	seg	Revisão	60
		Direito Constitucional	110
		Contabilidade	110
		Língua Portuguesa	110
		Raciocínio Lógico	110

Nesse momento, o volume de horas, as matérias e a disposição delas são meramente exemplificativos. Perceba um dos principais detalhes da lógica de ciclos: não há horários, mas sim matérias e a duração do estudo de cada uma. Assim, se você teve um compromisso e, em vez de começar a matéria da tarde às 14h00, como pensava, começou às 15h00, não há problema: o fundamental é que você cumpra aquilo que previu para a o dia!

O tempo de 110 minutos, equivalente a 1h50, é ideal, pois representa um horário que não é tão pequeno, a ponto de o candidato apenas se aquecer e não aproveitar o período de maior rendimento, mas também não é extenso, a ponto de cansar um candidato que gosta de trocar de matérias.

Os primeiros minutos serão normalmente utilizados para se reacostumar com o tema, eventualmente até mesmo vendo a parte final da matéria estudada da última vez. Após isso você começará a matéria nova, mas normalmente levará mais um tempinho para aquecer de vez. Há uma inércia inicial, e desse modo você só estará rendendo plenamente após os primeiros trinta minutos, aproximadamente. A partir daí, em regime permanente, você será capaz de desenvolver um estudo intensivo por um período de quase uma hora e meia.

Os dez minutos que faltam para completar duas horas são justamente para o intervalo, pois ao final de um período de estudos como esse a tendência é que o cansaço tenha levado a uma perda da velocidade. É um momento no qual o candidato pode dar uma descansada, beber água e se alimentar de forma leve, mas sem ter contato com televisão ou qualquer outro elemento de distração. Ao final do intervalo, você voltará ao estudo da próxima matéria do ciclo.

A lógica desse método é aplicável tanto aos colegas que se preparam em dedicação exclusiva, quanto àqueles que se preparam em paralelo com o trabalho. O que mudará é o volume de horas e eventualmente a quantidade de disciplinas que serão trabalhadas, mas a ideia, o planejamento e os estudos se darão da mesma forma.

O período de cada estudo também é adaptável à rotina da pessoa. Alguém que disponha, digamos, de 4h (240 minutos) de estudo no dia, deverá optar por duas matérias diárias, e terá que reduzir um pouco esse período de 110 minutos por matéria para encaixar a revisão do dia anterior. Uma pessoa com uma disponibilidade de 8h (480 minutos) de estudo por dia fará um ciclo com quatro matérias diárias, tendo também que adaptar um pouco o tempo (para 90 minutos eventualmente) para acomodar a revisão. Se dispuser, digamos, de nove horas, poderá cumprir o ciclo com esses períodos que demos como exemplo acima.

Nós discutiremos na sequência desta conversa muitos outros pontos importantes na sua rotina de ciclos, e vamos ao final propor cronogramas a partir de tudo o que foi discutido. Nesse momento, portanto, apenas tenha em mente como se dá o funcionamento geral do método.

Vamos, assim, começar nossa discussão aprofundada sobre os ciclos, conversando inicialmente sobre a forma como estruturaremos as revisões e passando, então, à ordem ideal das matérias e aos exemplos de cronograma!

Revisões:

No estudo com uma matéria de cada vez, havíamos recomendado a revisão do dia anterior, a revisão de fim de matéria e a revisão dinâmica dos temas que percebemos ter esquecido em algum momento. No caso do estudo com ciclos, nossa estratégia será um pouco diferente, mas com muitos raciocínios em comum. Dividiremos em: Revisões do dia anterior e Revisões constantes.

1 – Revisão do dia anterior:

Como já conversamos, a revisão do dia anterior é importante para que você retome os conteúdos estudados, a fim de repassar pelos temas e manter aquele assunto vivo em sua mente, reduzindo os impactos da curva de esquecimento. Recomendamos que a revisão seja a primeira coisa que você faça na sua rotina de estudos. Dessa forma, ela terá outra vantagem: a de aumentar o seu rendimento. Isso ocorrerá porque, ao estudar um conteúdo com o qual você já está familiarizado, você engrenará nos estudos do dia de forma mais rápida, vencendo aquela inércia inicial que todos nós temos ao estudar.

Por ser uma repassada pelos conteúdos, o tempo a ser dispensado para esta revisão não tende a ser grande. Você utilizará seus resumos, anotações ou materiais sublinhados para se lembrar daquilo que foi dado. Tenha em mente que isso é uma revisão, e não um novo estudo. O tempo disponível será forçosamente menor, a fim de não o atrapalhar nos outros estudos do dia.

Em uma revisão do dia anterior é menos provável que você não se lembre de um conceito mesmo após a leitura do material de revisão, mas se isso ocorrer não deixe de recorrer ao material original. Isso não é de forma alguma uma perda de tempo, mas sim algo essencial para que você construa uma base sólida em sua preparação. Caso isso ocorra de forma frequente, pense em melhorar a qualidade dos seus resumos, ou mesmo a forma como você os estrutura (escrita corrida, mapas mentais etc.).

A ideia, a princípio, é a de que um candidato que estuda quatro horas por dia teria uma revisão de meia hora e um candidato em dedicação exclusiva que estude oito horas por dia passaria uma hora revisando. Por ser uma revisão do conteúdo aprendido no dia anterior, e tendo em vista a nossa preocupação de não tornar as revisões uma etapa massacrante do estudo nem colocar em risco o seu avanço em novos pontos da matéria, acredito que esta proporção seja adequada aos objetivos.

2 – Revisão constante:

A revisão constante é diferente das que vimos até agora. Ela será incluída na grade dos ciclos de estudo que montaremos, e visa a retomar o conteúdo já estudado. No lugar da revisão de fim de matéria que propúnhamos no estudo de uma matéria de cada vez, esta revisão constante visa a integrar as revisões do conteúdo passado, mas não de uma vez. Seguirá no estilo que marca a ideia dos ciclos: a alternância de conteúdos e a quebra da monotonia.

Dessa forma, alguns dos espaços presentes nos ciclos serão, no momento em que os estudos ganhem complexidade e as matérias sejam finalizadas, preenchidos por momentos de revisão. Nessas revisões, da mesma forma que em um estudo normal da disciplina, você retomará os pontos já estudados de uma mesma matéria.

Em nossas propostas de ciclos você perceberá que apenas listamos esses períodos de revisão, sem entrar no mérito do que será desenvolvido. Vamos, assim, explicar aqui o que é esperado desses momentos.

Uma matéria entra na revisão constante na medida em que é concluída e deixa de aparecer nos ciclos. Quando uma matéria entra na revisão, você começa a revisá-la a partir do início, avançando como se fosse um estudo normal – mas que se dará de forma mais rápida, já que você já teve contato uma vez com aquela matéria e também já possui resumos ou outros materiais que possibilitem um estudo mais rápido. É bastante salutar inserir exercícios nesta revisão, alternando--os com a releitura do material.

Quando a matéria foi completamente revisada, você deve aproveitar esses momentos de revisão – que continuarão em seu ciclo – para se aprofundar mais no tema, em especial com a leitura da lei seca nas matérias jurídicas e com a resolução de exercícios – de preferência os mais complexos, retirados de concursos anteriores ou de livros específicos.

3 – Outras revisões possíveis:

Há outras revisões, algumas já muito conhecidas pelos concurseiros, que não estamos listando explicitamente aqui. Eu particularmente tenho o receio de que um número grande de revisões afogue o candidato em sua própria programação e comprometa aquilo que realmente é essencial: o aprendizado. Porém não posso negar que algumas fórmulas podem ser capazes de ajudar muitos candidatos que encontram dificuldades em fixar os conteúdos.

Um exemplo é a revisão de 30 dias (alguns autores também trabalham com uma revisão de 7 dias), ou seja, da mesma forma em que fazemos com a revisão do dia anterior, essa revisão ocorre diariamente e tem o objetivo de revisar o conteúdo visto há 30 dias. Ela ocuparia um período igual ao da revisão do dia anterior. Em teoria esse tempo poderia até ser menor, já que você está vendo uma matéria que já foi vista e depois revista na revisão dia anterior, há 29 dias. Porém, como esse período de um mês gera uma perda de assimilação, vamos sugerir para essa revisão um período igual ao que colocamos para a revisão do dia anterior.

Perceba que eu estou falando de estudar uma vez após 30 dias, e não de forma recorrente (após 30 dias, 60, 90, 120...). Isso, a meu ver, levaria a um crescimento descontrolado das revisões que só atrapalharia o planejamento do candidato. É algo que deixaria você ainda mais preparado, sem dúvidas, mas a que custo? Avançar muito mais lentamente em inúmeros pontos ainda não estudados?

Caso você opte por fazer esta revisão, a organização dos materiais deverá ser feita por meio de fichas ou resumos numerados, que o permitam localizar qual foi a matéria vista há 30 dias. No caso de você ser um candidato que prefere sublinhar, aponte no livro os intervalos correspondentes a cada dia e também mantenha um controle (em uma ficha de papel ou em Excel) com as disciplinas, os materiais e as respectivas páginas vistas em cada dia. Isso possibilitará uma perda de tempo reduzida nesse momento de revisão diária com foco em uma matéria vista há mais tempo.

Se você estiver em um ritmo bom e percebendo que absorve bem os conteúdos, não vejo o porquê de fazer uma revisão de 7 ou 30 dias. Mas, se começar a sentir dificuldades, inclua uma delas (de preferência a de 30 dias) no início de sua jornada, logo após a revisão do dia anterior e antes de começar o estudo das matérias do ciclo.

Resta uma observação: Se em um dado momento do seu estudo você depara com um conteúdo que depende de outro já estudado, mas percebe que não se lembra bem desse conteúdo, você deverá agir para anular esta pequena falha em seu estudo (seguindo a mesma ideia do que discutimos quando falávamos do estudo com uma matéria de cada vez, quando abordamos a revisão dinâmica).

Se isso ocorrer em um período destinado ao estudo de determinada matéria, vá naquele momento ao material relativo àquele tema e reveja o conteúdo. Se isso ocorrer em uma revisão do dia anterior ou durante o estudo de outra matéria, das duas uma: ou você também vai imediatamente ao conteúdo e revê aquele tema, ou, se julgar que isso levará muito tempo e complicará seu planejamento, anote o ponto em que percebeu a dificuldade e estude-o no próximo espaço destinado àquela matéria que contém o tema que foi esquecido!

A ordem de matérias:

A ordem das matérias a serem incluídas no ciclo é algo importante em sua preparação. Uma boa escolha será capaz de deixar as matérias mais básicas no início, facilitando a compreensão das disciplinas subsequentes e formando uma base de conhecimento sólida. O fato de começar por matérias básicas, como já conversamos, o deixará mais apto a prestar outros concursos, cujo edital elas provavelmente integrarão.

Cap. 4 · ESTRATÉGIAS DE ESTUDO | **149**

A montagem do ciclo é um dos maiores desafios para um concurseiro, e um dos principais motivos pelos quais eles acabam buscando ajuda ou até mesmo um programa de coaching. Mas não há segredo: você verá que apresentaremos uma sugestão geral que é muito útil, e que poderá ser livremente adaptada por você a fim de que ela fique o mais personalizada possível – e leve, assim, a um rendimento potencializado.

Nesse ponto, tal qual como ocorreu quando discutimos o estudo com uma matéria de cada vez, nos basearemos no edital de Auditor--Fiscal da Receita Federal do Brasil. Nada impede, porém, que você aplique a lógica para outro concurso fiscal levando em conta as particularidades deste, ou ainda que entenda a lógica por trás das nossas escolhas a fim de aplicar este método a qualquer concurso que seja do seu interesse!

Daremos dois exemplos principais, um voltado às pessoas que dispõem de uma carga horária menor por dia, o que constitui a realidade de quem trabalha e estuda, e outro para quem possui uma carga horária maior por dia (a realidade de quem está apenas estudando – e que na verdade poderia fazer até mesmo mais que isso...). Qualquer situação intermediária será uma simples aproximação a um dos casos, com eventuais alterações no número de matérias ou na duração do estudo diário. Nos dois casos, não perdemos de vista a importância da ordem de matérias indo das mais básicas para as mais específicas.

Ciclo para uma carga horária menor:

Neste caso, estamos nos baseando em uma disponibilidade de quatro ou cinco horas por dia – e o ideal seria termos, nesse período, duas matérias (dois "espaços" de aproximadamente duas horas em sua grade).

A ideia é fazer um ciclo com quatro matérias. Menos matérias nos deixariam em uma situação próxima à do estudo com uma única matéria, e mais disciplinas deixariam o ciclo muito alongado, tendo em vista a pouca disponibilidade de tempo que está sendo tratada neste caso.

Dessa forma, com um ciclo de quatro matérias e uma capacidade diária de dois espaços, em um dia você verá duas matérias, no seguinte, verá outras duas, e no outro dia retomará o começo do ciclo. Quando, após um período de estudos, uma das matérias tiver seu conteúdo esgotado, você a substituirá por outra da sequência.

Para ilustrar a ordem que sugerimos, montamos o diagrama abaixo:

	Matéria 1	Matéria 2	Matéria 3	Matéria 4
Início	Direito Constitucional	Contabilidade	Raciocínio Lógico	Língua Portuguesa
	Seguinte: próxima matéria não estudada do grupo 1	Seguinte: próxima matéria não estudada do grupo 2	Seguinte: próxima matéria não estudada do grupo 1	Seguinte: Inglês/Espanhol
				Seguinte: próxima matéria não estudada do grupo 2

(Coluna à esquerda: **Sequência** — com seta apontando para baixo)

Grupo 1	Grupo 2
1) Direito Administrativo	1) Economia e Fin. Públicas
2) Direito Tributário	2) Adm. Geral e Pública
3) Direito Previdenciário	3) Auditoria
4) Direito Civil	4) Comércio Internacional
5) Direito Empresarial	5) Legislação Aduaneira
6) Direito Penal	
7) Legislação Tributária	

Perceba a ideia dessa estrutura: você começará com as quatro matérias da primeira linha, estudando duas em um dia e duas no outro dia. A escolha de qual matéria será estudada com qual outra em um mesmo dia é opcional, mas recomendamos que no início a distribuição seja na ordem das colunas proposta: a matéria 1 e a 2 em um dia, e a matéria 3 e a 4 no outro. Assim, você estará todo dia intercalando

Cap. 4 · ESTRATÉGIAS DE ESTUDO | 151

uma disciplina mais ligada ao âmbito das exatas com outra mais ligada às humanidades. Direito Constitucional com Contabilidade, Língua Portuguesa com Raciocínio Lógico.

Qual matéria virá antes e qual virá depois no mesmo dia é algo que depende da sua preferência. Muitas pessoas preferem começar com a matéria de exatas, outras preferem começar com aquela matéria com a qual têm mais afinidade, enfim, desde que você não altere a ideia de estudar as quatro matérias de forma alternada, a posição delas dentro de uma rodagem do ciclo é uma escolha sua.

Quando uma matéria terminar, você passará à matéria da linha de baixo, na mesma coluna. Vamos dar alguns exemplos para ficar mais claro:

Vamos supor que a primeira matéria que você conclua seja Direito Constitucional. Nesse caso, você verá no diagrama a indicação da matéria seguinte e passará, assim, à próxima matéria do grupo 1, que é Direito Administrativo, e seu ciclo passará a ser composto de Direito Administrativo, Contabilidade, Raciocínio Lógico e Língua Portuguesa.

Seguindo seus estudos a partir daí, se a próxima matéria concluída for Língua Portuguesa, você passará a estudar Inglês ou Espanhol (uma delas, a qual você vai optar por fazer), e seu ciclo será composto de Direito Administrativo, Contabilidade, Raciocínio Lógico e Inglês/Espanhol.

Avançando mais ainda em sua preparação, chegará um momento em que você concluirá sua terceira matéria – suponhamos que ela seja Raciocínio Lógico. Você seguirá o diagrama e descobrirá que deverá iniciar o estudo de Direito Tributário. Seu ciclo será a partir daí composto de Direito Administrativo, Contabilidade, Direito Tributário e Inglês/Espanhol.

Suponhamos que depois de um tempo você conclua sua quarta matéria, e que ela seja Contabilidade. O diagrama o dirá para estudar a próxima matéria não estudada do grupo 2, que é Economia e Finanças Públicas. Sua grade, assim, será composta de Direito Administrativo, Economia e Finanças Públicas, Direito Tributário e Inglês/Espanhol.

A divisão das matérias que não integram o ciclo inicial em dois grupos é feita com vistas ao melhor funcionamento do método. Ela garante que avancemos de uma forma estruturada, não deixando que estudemos matérias avançadas antes das básicas (por exemplo, estudar Legislação Tributária antes de Direito Tributário) e ainda equilibrando o estudo de matérias jurídicas e não jurídicas, a fim de trazer maior diversidade e proporcionar menor cansaço ao candidato.

Perceba que o grupo 1 não vem antes do 2 – eles andam em paralelo. No desenvolvimento dos seus estudos, após as matérias iniciais, dentre os quatro espaços para matéria presentes em sua grade teremos dois espaços com matérias do grupo 1, em sua maioria composto por disciplinas jurídicas, e dois espaços com matérias do grupo 2 – essencialmente composto de matérias não jurídicas. As legislações foram deixadas para o fim, uma em cada grupo.

Se todas as matérias de um grupo se esgotarem, logicamente o candidato passará a completar seu ciclo somente com as matérias do outro grupo, mantendo a lógica de ter quatro disciplinas compondo o ciclo.

Mas nossa montagem do ciclo ainda não está completa, pois faltam as revisões. As revisões do dia anterior estão no início da sua jornada, fora do ciclo, e serão apresentadas no cronograma. Mas as revisões constantes, essas sim, precisam ser inseridas no ciclo. São revisões voltadas a todo o conteúdo já estudado, repassando pelos seus cadernos, resumos ou mesmo pelo material original já anotado ou sublinhado.

Essas revisões entrarão no ciclo da seguinte forma: toda vez que uma matéria for concluída e ceder seu espaço à próxima, entrará em seu ciclo adicionalmente um espaço correspondente à revisão desta matéria que saiu. Esse espaço terá aproximadamente a metade da duração de um espaço normal (ou seja, se você está estudando em intervalos de 110 minutos, destine algo como 55 minutos a esta revisão), já que se trata de uma revisão e não de um estudo do tema pela primeira vez. Para não deixar seu ciclo incompleto, ocupe os outros 55 minutos com o estudo da matéria que esteja em seu ciclo e que apresente maiores dificuldades a você.

Cap. 4 · ESTRATÉGIAS DE ESTUDO | 153

Vamos dar um exemplo visual, a fim de deixar bem clara a estratégia. Você iniciou com o seguinte ciclo:

Matéria	Tempo (min)
Direito Constitucional	110
Contabilidade	110
Língua Portuguesa	110
Raciocínio Lógico	110

Com a disponibilidade de dois "espaços" de matérias por dia, você roda o seu ciclo de quatro matérias em dois dias.

Suponhamos que a primeira matéria concluída seja Direito Constitucional. Você passará ao seguinte ciclo:

Matéria	Tempo (min)
Direito Administrativo	110
Contabilidade	110
Língua Portuguesa	110
Raciocínio Lógico	110
Revisão – Direito Constitucional	55
Matéria de maior dificuldade entre as quatro sendo estudadas	55

Perceba que seu ciclo agora não tem mais 440 minutos (~8h, se contarmos os intervalos), mas sim 550 minutos (~10h). Dessa forma, com a disponibilidade de dois espaços de 110 minutos por dia, você rodará seu ciclo em 2,5 dias. Isso é absolutamente natural: comece a ocupar os espaços da sua grade com a primeira matéria, e quando terminar a última matéria volte à primeira, rodando o ciclo.

Agora suponha que você concluiu a segunda matéria: Língua Portuguesa. Como já conversamos nas páginas anteriores, os diagramas apresentados nos mostram que a próxima matéria será Inglês ou Espanhol. Você incluirá Inglês ou Espanhol em seu ciclo, e também trocará o tempo de 55 minutos destinado à matéria de maior dificuldade (que só servia para equilibrar seu ciclo) pela revisão de Língua Portuguesa:

Matéria	Tempo (min)
Direito Administrativo	110
Contabilidade	110
Inglês ou Espanhol	110
Raciocínio Lógico	110
Revisão – Direito Constitucional	55
Revisão – Língua Portuguesa	55

Seu ciclo continua levando 2,5 dias para ser rodado.

Quando você concluir a próxima matéria, colocará uma nova matéria em seu lugar (no espaço de 110 minutos que já existia), incluirá uma nova revisão (sem excluir nenhuma revisão que já está no ciclo) e, se necessário, um período de 55 minutos de estudo da matéria com maior dificuldade, para evitar ciclos com números ímpares de espaços de 55 minutos. Seu ciclo, assim, vai sendo renovado com relação às matérias e também crescendo devido às novas linhas de revisão – passando a ser rodado a cada três, quatro, cinco dias...

Quando o estudo for evoluindo, as matérias forem sendo terminadas e o ciclo contar com diversas revisões ao lado dos quatro espaços de estudo, tente organizá-lo de uma forma que equilibre estudos e revisões, a fim de não concentrar todas as revisões em espaços seguidos e todos os estudos em outros espaços seguidos. Considerando que a opção pelos ciclos de estudo foi justamente baseada no equilíbrio, essa parece ser a saída mais interessante para essa montagem do ciclo.

Cap. 4 · ESTRATÉGIAS DE ESTUDO | 155

Nestas revisões, quando a matéria foi completamente revisada, você deve aproveitar esses espaços – que continuarão em seu ciclo – para se aprofundar mais no tema, em especial com a leitura da lei seca nas matérias jurídicas e com a resolução de exercícios – de preferência os mais complexos, retirados de concursos anteriores ou de materiais específicos de questões.

Essa estruturação pode logicamente ser alterada, e caso você perceba que uma ordem diferente pode otimizar seus estudos, sinta--se à vontade para fazer a mudança – é você quem controla seus estudos e sabe o que é melhor para o seu caso específico. Em um dia em que você disponha de mais tempo, por exemplo, crie mais espaços para matérias e intensifique seus estudos, rodando o ciclo mais rapidamente. Em um dia com pouca disponibilidade, estude o quanto der, eventualmente aproveitando para uma revisão de pontos importantes – mas não caia no erro de deixar muito pouco tempo para o estudo, pois ter ao menos essas quatro horas é de suma importância para a sua evolução.

Nesses exemplos, utilizamos as matérias do concurso da Receita Federal, já que ele serve muito bem como pano de fundo para uma discussão sobre outros concursos fiscais. Caso o candidato tenha o foco em outro concurso, pode desde o começo trabalhar com as matérias desse outro edital.

Caso o candidato tenha iniciado com a preparação para a Receita Federal e no meio do caminho perceba que esse concurso pode demorar um pouco, mas que outro edital interessante está prestes a ser lançado, ele pode adaptar seu ciclo para esse novo desafio. Como partimos das matérias mais básicas para as mais específicas, a tendência é que essa adaptação seja feita de forma fácil e que o candidato aproveite bastante do que já estudou – passando a inserir em sua grade as legislações específicas que venham a cair neste outro concurso.

Enfim, siga suas ideias sempre que você tiver convicção de que pode aprimorar esta grade. Mas, na ausência de uma ideia melhor, ou ainda como forma de iniciar seus estudos enquanto você ainda não tem a experiência para montar sua programação, acredito que esse diagrama apresenta uma boa forma de estruturar e equilibrar seu ciclo de estudos!

Ciclo para uma carga horária maior:

Tudo o que foi disposto no item anterior vale para este item também. A diferença é que agora estamos lidando com o caso de um candidato que tem uma maior disponibilidade de tempo – e assim poderá ter mais intervalos de estudo ao longo do seu dia e matérias em seu ciclo.

Dispondo de um período de oito horas por dia, ou até mesmo superior a isso, o candidato terá idealmente quatro períodos de estudo por dia (quatro "espaços" compondo o seu ciclo). Não devemos nesse caso dobrar o número de matérias, pois uma quantidade muito grande pode baixar sua absorção de cada uma, bem como pode nos levar a uma situação indesejada na qual matérias que dependam do conhecimento prévio de outras estejam sendo estudadas de forma precipitada. Minha sugestão é que o ciclo comporte quatro matérias em seu início, e seis matérias a partir de então.

No início, até que você adquira ritmo de estudo, eu recomendo um início semelhante ao que descrevemos para o caso das pessoas que têm menos tempo: faça um ciclo com quatro matérias: Direito Constitucional, Contabilidade, Raciocínio Lógico e Língua Portuguesa. Este ciclo básico o dará ritmo e o introduzirá em temas muito importantes para o concurso. O conhecimento do Direito Constitucional terá um papel especial nesse caso, pois, ao abordar a parte relacionada à estrutura do ordenamento brasileiro, à definição do que é uma lei e ao entendimento dos princípios, esta matéria proporcionará uma base muito importante para que você acompanhe melhor todas as outras matérias jurídicas.

É por isso que, ao menos no início, recomendamos um ciclo com essas quatro matérias. Após um período de ganho de ritmo e de apreensão desses conteúdos básicos de Direito Constitucional, você poderá aumentar seu ciclo e atuar com seis matérias, algo que seguirá até a conclusão de todo o edital. Não é um período exato, mas podemos estimar algo como um mês entre o início dos estudos e esta passagem para seis matérias.

Dessa forma, temos:

	Matéria 1	Matéria 2	Matéria 3	Matéria 4
Início	Direito Constitucional	Contabilidade	Raciocínio Lógico	Língua Portuguesa

Após o ganho de ritmo e uma compreensão inicial do Direito Constitucional (aproximadamente um mês):

Matéria 1	Matéria 2	Matéria 3	Matéria 4	Matéria 5	Matéria 6
Direito Constitucional	Contabilidade	Direito Administrativo	Raciocínio Lógico	Direito Tributário	Língua Portuguesa
Seguinte: próxima matéria não estudada do grupo 1	Seguinte: próxima matéria não estudada do grupo 2	Seguinte: próxima matéria não estudada do grupo 1	Seguinte: próxima matéria não estudada do grupo 2	Direito Previdenciário	Seguinte: Inglês/ Espanhol
				Seguinte: próxima matéria não estudada do grupo 1	Seguinte: próxima matéria não estudada do grupo 2

Sequência (seta vertical para baixo)

Grupo 1	Grupo 2
1) Direito Civil	1) Economia e Fin. Públicas
2) Direito Empresarial	2) Adm. Geral e Pública
3) Direito Penal	3) Auditoria
4) Legislação Tributária	4) Comércio Internacional
	5) Legislação Aduaneira

A mesma conversa que já tivemos no item anterior vale aqui: você desenvolverá o estudo intercalado das seis matérias, e quando uma determinada matéria for concluída você seguirá o diagrama para determinar a próxima matéria. No caso de o candidato concluir Língua Portuguesa, por exemplo, a próxima matéria seria Inglês ou Espanhol. Ao concluir Inglês ou Espanhol, iniciará nesse espaço a próxima matéria não estudada do grupo 2, e assim por diante. Cada espaço é ocupado seguindo a regra disposta no diagrama superior e a ordem de matérias disposta no diagrama inferior.

Lembre-se que assim como fizemos na discussão para uma carga menor, aqui também é necessário incluir as revisões sempre que uma matéria é concluída.

Seu ciclo começou com quatro matérias, 110 minutos para cada, e após ganhar ritmo nos estudos se abriu para conter seis espaços de 110 minutos, da seguinte forma:

Matéria	Tempo (min)
Direito Constitucional	110
Contabilidade	110
Direito Administrativo	110
Raciocínio Lógico	110
Direito Tributário	110
Língua Portuguesa	110

Como idealmente você possui quatro espaços por dia (mesmo que tenha que adaptar um pouco os horários), seu ciclo rodará em um dia e meio. É um tempo rápido.

Suponhamos que você conclua a primeira matéria, e ela seja Raciocínio Lógico (caso de um candidato bom em exatas, por exemplo). Seu ciclo passará a ser:

Matéria	Tempo (min)
Direito Constitucional	110
Contabilidade	110
Direito Administrativo	110
Economia e Finanças Públicas	110
Direito Tributário	110
Língua Portuguesa	110
Revisão – Raciocínio Lógico	55
Matéria de maior dificuldade entre as quatro sendo estudadas	55

Ele passará a ser rodado em 1,75 dia.

Agora, para ilustrar de vez o método, vamos dar um exemplo da sua grade lá na frente, após ter concluído seis matérias: Raciocínio Lógico, Língua Portuguesa, Contabilidade, Direito Constitucional e Direito Administrativo e Inglês (ou Espanhol):

Matéria	Tempo (min)
Direito Civil	110
Adm. Geral e Pública	110
Revisão – Direito Constitucional	55
Revisão – Contabilidade	55
Direito Empresarial	110
Economia e Finanças Públicas	110
Revisão – Direito Administrativo	55
Revisão – Raciocínio Lógico	55
Direito Tributário	110
Auditoria	110
Revisão – Língua Portuguesa	55
Revisão – Inglês (ou Espanhol)	55

Seu ciclo contém revisões das seis matérias já estudadas e contém também quatro matérias sendo estudadas no momento. Intercalamos as revisões com as matérias a fim de equilibrar o estudo diário e tornar a preparação menos cansativa. Seu ciclo roda agora em 2,25 dias.

Perceba que este ciclo é bastante interessante à medida que se inicia de forma mais lenta, depois avança para um ciclo de seis espaços e que as matérias vão ganhando corpo, vão se reciclando e aumentando de tamanho com revisões (que, quando concluídas, dão lugar a verdadeiros aprofundamentos da matéria).

Da mesma forma que já citamos em tantos outros momentos do livro, fica a nossa observação: sinta-se à vontade para adaptar o ciclo para um formato que se adeque melhor à sua realidade. Pessoas com bom conhecimento em Raciocínio Lógico, Português e Inglês, por exemplo, avançarão bem nessas matérias e podem se ver em uma situação na qual estão avançando o grupo 2 de forma muito mais rápida que o 1. Nesse caso, puxe uma matéria do grupo 1 no lugar de uma do 2 (uma única vez), a fim de equilibrar o avanço das coisas.

É uma verdadeira pilotagem, com vistas a um avanço dos estudos o mais equilibrado e rápido possível. Apenas tente não perder de vista os pontos principais, em especial o respeito aos horários planejados, aos momentos de revisão e à lógica da ordem de matérias. A ideia central de propormos esta metodologia é que você seja capaz de montar o seu ciclo sozinho, segui-lo e eventualmente alterá-lo quando tiver a maturidade para tal.

Cronograma:

Tendo em vista o que já discorremos com relação à ordem de matérias, aos ciclos propostos e às revisões, podemos pensar em um cronograma diário que o candidato possa seguir para estruturar sua preparação. Esse cronograma contará com:

- a revisão do dia anterior, no início da jornada de estudos,
- o ciclo de estudo, estruturado da forma que discutimos no item anterior.

Já discutimos toda a estruturação das matérias, o que falta agora é adaptar esse estudo ao seu volume de horas. O fundamental aqui é definir quantos períodos de estudo (quantos "espaços") você terá em sua rotina, e qual duração eles terão. Em todos os nossos exemplos, até aqui trabalhamos com 110 minutos, mas pode ser que a disponibilidade de tempo do candidato faça com que esse período tenha que ser diferente.

Nesse âmbito há uma escolha bem pessoal, e dessa forma o que propomos aqui é unicamente para balizar sua montagem do ciclo. Com a evolução dos estudos, na medida em que você passe a conhecer melhor a forma de estudo e suas próprias dificuldades, você será capaz de perceber uma distribuição de tempo que se adapte melhor às suas necessidades.

Como a ideia é trabalhar com revisões do dia anterior logo ao início da jornada, que deveriam levar algo como 40 minutos, e com espaços contendo algo como 110 minutos, damos a seguir algumas sugestões de acordo com a disponibilidade de tempo do candidato. Começamos com uma disponibilidade de três horas, pois com menos que isso o estudo de uma única matéria no dia poderia ser mais eficiente.

Tempo disponível no dia	Equivalente em minutos	Cronograma ideal		
		Revisão	Espaços de estudo	Intervalos
3h	180 min	30 min	2 de 65 min	2 de 10 min
4h	240 min	40 min	2 de 90 min	2 de 10 min
5h	300 min	40 min	2 de 120 min	2 de 10 min
6h	360 min	60 min	3 de 90 min	3 de 10 min
7h	420 min	60 min	3 de 110 min	3 de 10 min
8h	480 min	60 min	4 de 95 min	4 de 10 min
9h	540 min	60 min	4 de 110 min	4 de 10 min
10h	600 min	75 min	5 de 90 min	5 de 15 min
11h	660 min	85 min	5 de 100 min	5 de 15 min
12h	720 min	105 min	6 de 105 min	6 de 15 min

Qualquer disponibilidade de tempo intermediária a essas que mencionamos (por exemplo, 5h20) é facilmente intercalada ao se adicionar um pouco mais de tempo aos espaços de estudo ou à revisão. Perceba que para volumes de tempo maiores adicionamos mais tempo à revisão do dia anterior, pois há muito mais conteúdo a ser revisto, e também adicionamos mais tempo aos intervalos, a fim de que o candidato possa ter um descanso um pouco mais condizente com seu tempo de estudo.

Esse cronograma proposto corresponde a um estudo em ritmo já desenvolvido. É provável que o candidato que disponha de um grande volume de tempo não consiga, em suas primeiras semanas, cumprir o que foi proposto para uma carga horária alta. Não se preocupe, isso é natural! O importante é que você não perca de vista que, algumas semanas depois de ter começado a estudar, tendo vencido essa inércia, você deve ser capaz de cumprir por inteiro a sua rotina – já que ela foi montada de forma adequada ao volume de horas que você tem disponível.

Caso sua disponibilidade de horários para estudo seja variável ao longo da semana, não há problema. Encaixe o raciocínio da tabela que apresentamos acima a cada um dos seus dias e desenvolva seus estudos. Nos dias com carga horária maior você rodará seu ciclo mais rapidamente, e nos dias com menor carga horária você estudará menos, mas sem deixar que a cadência de estudo se perca por completo.

Tendo definido seu cronograma diário (tempo para revisão, para estudo e para intervalos), só falta integrar aquilo que conversamos na seção anterior a esta sua grade, vendo qual matéria estudará em cada um desses espaços.

Por exemplo: suponha que você tem uma disponibilidade de 9 horas por dia (está estudando em período integral, mas tem alguns compromissos na semana ou ainda não desenvolveu o estudo em seu pleno potencial). Após consultar a tabela que apontamos acima, você viu a linha relativa à disponibilidade de nove horas e definiu seu cronograma diário – que é como "a moldura do quadro":

Dia		Matéria	Tempo (min)
		Revisão do dia anterior	60
		Espaço 1	110
n	xxx	Espaço 2	110
		Espaço 3	110
		Espaço 4	110

Agora, observando o que conversamos na seção relativa à ordem de matérias, você pode desenvolver o ciclo que propusemos para uma alta carga horária encaixando as matérias nessa moldura, em ordem. Assim, você teria:

Início*:

Dia		Matéria	Tempo (min)
1	seg	Revisão do dia anterior	60
		Direito Constitucional	110
		Contabilidade	110
		Direito Administrativo	110
		Raciocínio Lógico	110

Dia		Matéria	Tempo (min)
2	ter	Revisão do dia anterior	60
		Direito Tributário	110
		Língua Portuguesa	110
		Direito Constitucional	110
		Contabilidade	110

Dia		Matéria	Tempo (min)
3	qua	Revisão do dia anterior	60
		Direito Administrativo	110
		Raciocínio Lógico	110
		Direito Tributário	110
		Língua Portuguesa	110

Dia		Matéria	Tempo (min)
4	qui	Revisão do dia anterior	60
		Direito Constitucional	110
		Contabilidade	110
		Direito Administrativo	110
		Raciocínio Lógico	110

Dia	Matéria	Tempo (min)
5 sex	Revisão do dia anterior	60
	Direito Tributário	110
	Língua Portuguesa	110
	Direito Constitucional	110
	Contabilidade	110

Dia	Matéria	Tempo (min)
n seg	Revisão do dia anterior	60
	Direito Civil	110
	Contabilidade	110
	Revisão de D. Constit.	55
	Revisão de R. Lógico	55
	Direito Empresarial	110

Após a conclusão de algumas matérias (exemplo)

Dia	Matéria	Tempo (min)
n+1 ter	Revisão do dia anterior	60
	Economia e Finanças Públicas	110
	Direito Tributário	110
	Revisão de Dir. Administrativo	55
	Revisão de Língua Portuguesa	55
	Inglês (ou Espanhol)	110

Cap. 4 · ESTRATÉGIAS DE ESTUDO | **165**

Dia	Matéria	Tempo (min)
n+3 qui	Revisão do dia anterior	60
	Economia e Finanças Públicas	110
	Direito Tributário	110
	Revisão de Dir. Administrativo	55
	Revisão de Língua Portuguesa	55
	Inglês (ou Espanhol)	110

Dia	Matéria	Tempo (min)
n+2 qua	Revisão do dia anterior	60
	Direito Civil	110
	Contabilidade	110
	Revisão de D. Constit.	55
	Revisão de R. Lógico	55
	Direito Empresarial	110

Dia	Matéria	Tempo (min)
n+4 sex	Revisão do dia anterior	60
	Direito Civil	110
	Contabilidade	110
	Revisão de D. Constit.	55
	Revisão de R. Lógico	55
	Direito Empresarial	110

* Colocamos o início já com seis matérias, para facilitar o exemplo – mas você pode começar com quatro nos primeiros dias, como propusemos inicialmente.

Após a cobertura do conteúdo do edital, os momentos para revisões do dia anterior deixam de ocorrer, pois na verdade sua rotina passará a ser uma grande revisão, com alguns pontos de aprofundamento nos assuntos mais complexos. Os estudos iniciais de cada matéria também acabam, restando uma grande revisão de todas as matérias – que pode se dar de forma conjunta, em um grande ciclo, ou ainda priorizando algumas matérias por vez. É um bom momento para adicionar alguns materiais mais complexos à sua preparação, como alguns livros de assuntos como Direito, Contabilidade e Legislações.

Pronto! Seu ciclo está montado! Agora é uma questão de estudar com bastante afinco a fim de se preparar para o concurso.

Agora que a base do seu estudo está feita, de alguma das formas que discutimos (seja com cursos preparatórios ou com a preparação de forma autônoma, e nesse caso lançando mão de ciclos de estudo ou estudando uma matéria por vez), vamos na sequência do capítulo debater alguns pontos auxiliares que podem dinamizar seu estudo!

4.9. RESUMOS E ANOTAÇÕES

Um bom resumo, ou ainda um método estruturado de anotações, pode ser a chave do sucesso em suas revisões, ou até mesmo contribuir para que o estudo em si se dê de forma otimizada, com uma melhor assimilação dos temas. Dessa forma, vale a pena conversarmos um pouco mais sobre isso.

Ao longo dos seus estudos, na primeira vez que você passa por uma matéria – ou até mesmo nas outras vezes, caso perceba que algo foi deixado de lado –, vale muito a pena que você tenha um sistema para tratar aquele conteúdo. Pode ser algo sofisticado, como um resumo, ou mesmo algo mais simples e rápido, como uma anotação no material ou um sublinhamento.

O principal motivo é que isso o ajudará bastante nas revisões. Lembre-se de que, qualquer que seja o método com o qual você esteja estudando, as revisões são bastante importantes – e ocorrerão mesmo para o candidato que decida fazê-las com pouca frequência. Acredite: com um conteúdo tão vasto, você precisará recorrer ao seu material inúmeras vezes para rever um conteúdo específico do qual se esqueceu – isso sem contar todas as revisões estruturadas sobre as quais já conversamos.

Quando isso acontecer, você ganhará bastante tempo se tiver feito um material de anotações organizado – e ganhará mais tempo ainda se ele for de fácil compreensão.

Caso você esteja se preparando com cursos preparatórios ou videoaulas, acredito que fazer anotações da aula seja essencial, pois você não tem outro modo de rever aquele conteúdo (mesmo que haja formas de assistir novamente a aula, o tempo que isso tomaria torna tal ideia inviável). Caso haja um material para acompanhamento da aula que seja bastante completo, você pode deixar de fazer resumos à parte e acompanhar a aula ao lado deste material, sublinhando sempre que necessário e também anotando nas áreas em branco da página todos os pontos que não estejam no material.

Caso você esteja estudando com materiais escritos, há duas situações mais claras: há candidatos que não gostam de fazer resumos, pois consideram que eles tomam muito tempo e diminuem o ritmo de estudos. Nesse caso, não deixe de ao menos anotar e sublinhar os pontos importantes no material, seja ele em papel ou na tela do computador (usando leitores de PDF que facilitem as anotações).

Há, por outro lado, candidatos que gostam de fazer resumos e anotações mais completas, pois assim assimilam melhor o conteúdo e revisam mais facilmente. Se esse for o seu caso, mantenha essa prática, pois ela é muito salutar. Tenha apenas atenção para que ela não comece a lhe tomar um tempo tão grande que atrase seus estudos.

Há, por fim, candidatos que preferem outras técnicas de "armazenamento da informação", tais como a gravação das aulas para escutar posteriormente ou a confecção de textos extensos de resumo (e não apenas de pontos chave). Vou ser sincero: a meu ver estes métodos não trazem benefícios, na medida em que demandam um tempo muito grande para serem confeccionados (no segundo caso) ou para serem revisados (nos dois casos). O ideal é que você foque em um resumo ou em anotações que sejam práticas e eficientes, visando ao processo de estudo e de revisão como um todo.

4.9.1. Resumos

Os resumos são um meio muito eficiente para organizar a matéria, facilitando as revisões e permitindo que você exercite mais de um sentido em seu estudo. Além de ler (ou escutar) determinado tema, você estará exercitando seu cérebro ao escrever aquele conteúdo, tanto em termos da capacidade visual quanto da concentração necessária para tal. O tempo perdido com a confecção pode ser recuperado em suas revisões, e o acervo de conteúdo lapidado que você terá é muito valioso.

Se você optar por resumos, o ideal é que eles sejam organizados. Seu resumo será por matéria e por dia – ou seja, um dia com quatro matérias renderá, ao seu final, quatro resumos.

Use folhas padronizadas, de preferência de papel A4 ou Carta sem linhas (a fim de que você possa ter mais liberdade nas anotações) – embora isso seja, logicamente, opcional. Na parte superior da folha, indique a matéria, o tema estudado e o dia. Isso facilitará a sua organização e possibilitará que você use métodos de revisão mais avançados, caso tenha optado por eles – tais como a revisão de 30 dias, na qual é necessário que você tenha essa informação de qual conteúdo estudou em cada dia.

Em suas anotações, priorize as palavras e conceitos chave. Não é uma dissertação, mas uma anotação na qual você possa, de forma clara, rever aquele conteúdo. Anote as páginas do material original, para que seja mais fácil de voltar ao livro ou PDF caso necessário. A fim de padronizar esta parte, você pode sempre anotar as páginas relativas àquele conteúdo na parte esquerda da folha, bem no canto.

No decorrer de suas anotações, não deixe de fazer as observações que julgue pertinentes, ou ainda realçar a diferença com relação a outro conceito diferente daquele anotado – e que acha que possa o confundir ao rever aquele material. Dê enfoque às palavras mais importantes, tais como substantivos e verbos, e também os conectivos (e/ou/ou, ou/etc.), que podem fazer toda a diferença.

Se você tiver ainda mais disciplina, use um código de cores para facilitar o entendimento na revisão. Estruturas negativas podem ter um realce em vermelho, por exemplo. Algo muito útil, em especial quando se anotam videoaulas (mas também pode ocorrer com materiais escritos), é reproduzir as palavras do professor em caneta, e suas próprias anotações (aquilo que você entendeu) em lápis. Assim você terá uma distinção entre elas, e poderá corrigir eventuais erros que você tenha feito em suas interpretações ao reler aquele material.

Organize seus resumos por matéria, em ordem cronológica (que seguirá também aquela ordem dada no material, já que não recomendamos, salvo em casos específicos, alterar a ordem de temas de uma mesma matéria). Caso eles sejam feitos no computador, coloque cada disciplina em uma pasta e faça um resumo para cada uma delas e cada dia, colocando um nome de fácil compreensão no arquivo e precedido da data em ordem inversa (por exemplo: "2017-03-21 – Atos administrativos" para o tema estudado em 21 de março de 2017). Dessa forma, seus conteúdos ficarão em ordem cronológica na pasta.

Não deixe de fazer do seu jeito caso você tenha ideias que deixem seu estudo personalizado e otimizado. Mas tenha sempre em mente as dicas que trouxemos, a fim de aumentar seu rendimento e assegurar uma boa organização do seu material.

4.9.2. Anotações no material

Há pessoas que não lidam tão bem com resumos, pois julgam que o tempo despendido para fazê-los freia o avanço na matéria. Isso é compreensível (eu mesmo tinha um hábito parecido em algumas situações), e o candidato que tem essa linha de raciocínio deve montar seu sistema de anotações com essa preferência em mente.

Apesar de poder abrir mão de escrever resumos, esse candidato não pode deixar de forma alguma de ter algum tipo de material "tratado" a partir do texto original, pois se assim o fizer não terá como fazer as revisões de forma rápida no futuro. Também não pode abrir mão de organizar suas anotações da melhor forma, visando a uma recuperação rápida do conteúdo sempre que necessário.

O ideal, neste caso, é que o candidato faça anotações sobre o próprio material de estudo, tais como indicações, sublinhamentos ou mesmo algo escrito. Nesse caso, eu costumava usar o seguinte sistema:

- Sublinhamento – a forma mais comum de destacar algo com relação ao texto. Faça nos pontos que você julga relevantes para a revisão. Qualquer passagem relevante ou nova merece um sublinhamento. Não devem ser sublinhados pontos da matéria que você já conheça de cor e salteado, pontos que não sejam relevantes ou ainda passagens que sejam mera descrição de algo já sublinhado. No início você será conservador e pode ter a tendência de sublinhar muita coisa, mas, com a sequência do estudo, saberá melhor o que privilegiar – até porque, logicamente, sublinhar uma quantidade muito grande do material trará mais problemas que soluções.

- Circundação – circular é a forma que você terá de realçar aquilo que é vital para aquele tema, o ponto mais importante para o qual você quer chamar a atenção na sua revisão.

- Flechas – se há uma passagem em uma linha que serve como causa de uma outra passagem do texto, uma flecha saindo da causa e ligando-a à consequência é um meio rápido de demonstrar aquela ligação no texto.

- Destaque dos conectivos – quando há conectivos (e, ou, etc.) ligando diferentes palavras (por exemplo, três coisas que possam levar ao mesmo resultado, quatro atos que são fatos geradores de um imposto, enfim), uma boa forma de representar esta ideia é, além de sublinhar os itens, circular o conectivo para realçá-lo.

Há inúmeras ideias que seguem a linha dessas anteriores e que você poderá desenvolver em suas anotações a fim de deixá-las mais claras e sistemáticas. Você poderá também lançar mão de um sistema de cores diferentes para diferentes ideias (frases negativas, por exemplo), ou ainda de acordo com a importância da passagem. O fundamental é que você não perca de vista a necessidade de anotar e grifar o texto ao mesmo tempo que estuda.

A fim de organizar seu material sublinhado, é importante que a cada dia, ao começar a estudar aquela matéria, você indique claramente (de preferência na margem esquerda) o dia de estudo, a fim de que você possa manter um rastreamento dos dias. Isso será fundamental caso você deseje fazer revisões como a dos 30 dias – que inicialmente não apontamos como obrigatórias em nossas discussões, mas que podem trazer bons resultados também.

4.10. ESTRATÉGIAS ADICIONAIS

Além de tudo o que já conversamos, há estratégias de estudo que ainda podemos debater para deixar nossa discussão mais completa. Vamos, então, a elas!

4.10.1. Videoaulas como complemento aos materiais escritos

Já falamos das videoaulas como base de seu estudo, quando discutimos os diferentes tipos de material. Aqui nosso foco é diferente: supondo que você esteja estudando com um material escrito como material principal, mas esteja enfrentando dificuldades em avançar, as videoaulas podem ser uma excelente ferramenta para dar um pouco de dinamismo ao seu estudo.

Ao utilizar uma videoaula em paralelo ao seu estudo com materiais escritos (ou, claro, ao frequentar um curso preparatório, porém, isso seria uma decisão de longo prazo), você complementa seu estudo e auxilia sua memória, já que usa melhor o sentido da visão e acrescenta o da audição. Tais elementos podem facilitar a memorização do tema, e principalmente a lembrança dos conceitos no momento da prova.

Não deixe de considerar tal ferramentas caso você esteja estudando com livros ou PDFs e esteja tendo dificuldade em guardar alguns conteúdos, pois uma mudança no método pode ser uma boa saída na busca por um melhor desempenho. Nas matérias de maior complexidade, as aulas ainda representam uma importante forma de assimilar os conteúdos, pois, apesar de passarem o conteúdo de forma mais lenta, a explicação de um bom professor pode simplificar em muito a compreensão.

As videoaulas ainda podem ser muito produtivas em um outro sentido. Não é raro encontrar candidatos que se cansam após algum tempo de leitura. Aliás, arrisco dizer que praticamente todos já se sentiram assim em alguns momentos, até mesmo os candidatos capazes de suportar as maiores jornadas de estudo. Um dos elementos que nos cansam é a monotonia de estar estudando da mesma forma o dia inteiro. Assim, para aqueles que fizeram o investimento simultaneamente em um material escrito e também em um em vídeo, uma estratégia interessante seria alternar o estudo entre as duas formas – estudando com os materiais escritos e, em momentos determinados, intercalando com uma videoaula.

Se estiver estudando através da leitura de um material e se sentir esgotado, tente assistir a uma aula para quebrar o ritmo. Isso dará um novo gás a você, pois permitirá que você descanse sua vista e escute o professor.

Candidatos mais experientes e que atingiram um bom nível de estudo serão capazes até mesmo de fazer, em alguns momentos do estudo, algo que parece estranho à primeira vista, mas que apresenta um rendimento muito alto: estudar com vídeo e material escrito em paralelo.

Quando eu escrevi em meu depoimento logo após ser aprovado que eu fazia isso, muitas pessoas se espantaram – e, efetivamente, não é algo natural. Mas procure entender o que vou explicar, e talvez você também venha a tentar fazer isso em alguns momentos do seu estudo.

Suponha que você esteja fazendo cursinho e em uma dada aula esteja sendo passado um conteúdo que você já conhece bem – porque já estudou aquilo antes em seus estudos em casa, por exemplo. Ou, ainda, suponha que você está vendo uma videoaula em casa sobre um assunto que também já sabe, mas em que há um ponto ou outro que você precisa melhorar. O rendimento dessas aulas será muito baixo, pois você está vendo um tema que já conhece bem.

Uma das melhores formas de fazer esse tempo render é, ao mesmo tempo em que aquela aula está acontecendo, começar a estudar um material escrito. Não estou falando em estudar duas coisas ao mesmo tempo, longe disso. Ninguém conseguiria manter a atenção em duas coisas independentes dessa forma. A ideia aqui é outra. Em uma aula da qual você já conhece razoavelmente o conteúdo, comece a estudar um material em paralelo e, a cada três ou cinco minutos, volte a prestar atenção na aula apenas para ver se o professor está falando de algo que você não conhece. Se ele estiver falando de algo estranho a você, pare a leitura e dê todo o foco na aula. Se, por outro lado, ele estiver abordando um tema que já lhe é familiar, volte a estudar mais um pouco o material escrito.

Isso tem duas finalidades principais: a primeira é adiantar seu estudo. Para quem faz cursinho e trabalha, por exemplo, adiantar as páginas de leitura pode significar mais tempo de descanso ou um avanço mais rápido – o que não pode ser nem um pouco negligenciado.

A segunda finalidade tem a ver com algo que discutiremos em breve: as minimetas. O fato de prestar atenção a uma aula e também estudar um material escrito nos intervalos de conteúdo faz com que você passe a ter pequenas metas: vou chegar à página "tal" antes de voltar a ouvir o professor, vou fazer um exercício nesse tempo, vou ler tantas páginas ao longo da aula etc. Administrar essas metas pequenas é mais fácil e recompensador do que administrar uma meta grande, tal como o estudo de todo um capítulo do livro. Além disso, essa multiplicidade de tarefas dará uma sensação de produtividade enorme!

Se a ideia pareceu estranha, não faça isso. É uma estratégia que pode otimizar momentos específicos do seu estudo, mas não faria sentido algum forçar um método que pode prejudicar sua compreensão. Mas se você for uma pessoa que gosta de aulas, percebeu a vantagem dessa ideia e está se sentindo cansado de apenas ler, ou ainda está achando que a aula rende pouco, não deixe de tentar estudar dessa forma. Pode ser um diferencial para um estudo mais rápido!

Outra ideia interessante para quem utiliza videoaulas é acelerar o vídeo. Na grande maioria dos casos você pode multiplicar a velocidade de um vídeo por 1,5, e ele permanecerá com o conteúdo perfeitamente compreensível. É uma forma de transformar uma videoaula de 90 minutos em 60 minutos, sem perda do conteúdo nem prejuízo aos estudos!

Há diversas formas de se fazer isso, a depender do formato que você está usando. O Google Chrome tem uma extensão chamada *Video Speed Controller* que realiza esta função. Com vídeos do Youtube é muito simples, basta ir em "Detalhes", depois em "Velocidade", e alterar esse parâmetro. Com vídeos no formato de arquivos no computador você pode fazer o mesmo procedimento, usando as configurações de um bom leitor de vídeos.

No início, é claro, você estará menos acostumado e consequentemente pode não lidar tão bem com essa técnica. Uma saída seria colocar em uma velocidade intermediária, tal como 1,3x. Mas acredite: rapidamente você se acostumará, e, ao final, o método terá trazido um ganho enorme de tempo!

4.10.2. Minimetas

Outra noção importante que você deve ter, caso comece a perder o foco nos estudos, é a ideia de minimetas. Como o estudo é longo e complexo, é fácil que você se sinta desmotivado por não perceber avanços significativos. Em primeiro lugar, conforme já conversamos, isso será natural no início dos estudos. Com o passar do tempo, porém, seus avanços serão mais significaticos e você terá mais confiança no processo.

Mas se ainda assim a motivação escapar, tenha em mente a ideia das minimetas: pequenos objetivos traçados ao longo do caminho e que devem ser cumpridos. Quando conseguimos cumpri-los, é normal sentirmos uma motivação a mais – que pode ser crucial em nossa sequência de estudos.

Assim, tenha metas para a semana. Caso você esteja estudando com ciclos, eles mesmos são uma boa meta: cumprir o ciclo programado já é um feito! Tenha metas de médio prazo, como acertar um determinado número de questões sobre a matéria, e até mesmo metas com relação a outros concursos: "estou estudando para a Receita, mas vou prestar a prova de Técnico do INSS e quero ter x% de acertos"!

Em um universo como o dos estudos fiscais, com metas de longo prazo, ter estímulos em sua rotina é fundamental para que você mantenha sua motivação. E em dado momento, quando você menos perceber, não será sua minimeta, mas sua "macrometa" que será atingida: a tão sonhada aprovação!

4.10.3. O estudo da lei seca e da jurisprudência

Na medida em que seus estudos avançam, estes dois aspectos serão muito importantes nas disciplinas jurídicas. Em um dado momento, por mais completos que os materiais sejam, você terá que ter contato com essas fontes primárias, a fim de melhorar e diversificar seu estudo.

O estudo da lei seca é muito importante para reafirmar aquilo que foi visto nos materiais, ter uma afinidade maior com a linguagem utilizada nos diplomas legais e também para aprofundar o seu conhecimento. As leis e decretos federais são facilmente encontrados na internet, assim como a maioria dos diplomas importantes no âmbito estadual e municipal.

Em nível federal, o site do Planalto será a principal plataforma para esse estudo, por meio do link: <http://www.planalto.gov.br/ccivil_03/>. A busca por uma lei específica será mais simples ainda por intermédio do Google, e certamente um dos primeiros resultados levará a uma página específica deste site – que apresenta tanto a versão da lei com seu histórico de alterações, quanto a versão compilada (ou seja, sem as partes que já foram revogadas em algum momento).

Evite imprimir a lei e guardá-la para um estudo posterior, já que ela pode ser alterada e, nesse caso, você ficaria com uma versão defasada. É claro que, se você prefere estudar com uma versão impressa, irá imprimir a lei – mas imprima logo antes de estudá-la, a fim de estar com a versão mais atualizada.

Outra saída, para candidatos que gostem de um livro mais estruturado, com índice remissivo e contando com centenas de leis, é a compra de um *Vade Mecum*. Eles são mais utilizados na seara dos concursos jurídicos, mas podem muito bem auxiliar o estudo de um candidato de outras áreas.

Cuidado com o estudo da lei seca em um momento muito inicial do seu estudo. A má compreensão das palavras, muitas vezes utilizadas em um sentido técnico, ou ainda a falta de uma interpretação que leve em conta a lei em todo o seu contexto, podem o levar a conclusões precipitadas ou erradas – e é por isso que de forma alguma a leitura da lei substitui o estudo com um material completo.

Após essa base dada pelo material, você terá uma capacidade muito maior de ler os diplomas legais interpretando-os corretamente. Aí sim: use e abuse das leis e dos decretos como um excelente meio de ficar preparado para os conceitos e a linguagem que você encontrará na prova!

A jurisprudência, por sua vez, tem ganhado uma enorme importância em algumas matérias da prova de Auditor-Fiscal da Receita Federal do Brasil e de outros concursos fiscais. Os candidatos que vêm da área jurídica já sabem, mas muitos outros não: a jurisprudência (ou seja, o conjunto das decisões e interpretações das leis feitas pelos tribunais, adaptando as normas às situações de fato) é muito importante dentro do Direito.

Decisões dos tribunais, em especial do STF, podem muitas vezes alterar o sentido de uma lei a fim de adequá-la aos princípios constitucionais – e é fundamental que você esteja a par dessas decisões. A falta de conhecimento de uma decisão pode fazer com que você leia e interprete em sentido literal um texto de lei que já teve seu sentido moldado pela jurisprudência, o que pode levá-lo a errar uma questão relacionada a esse tema. A questão poderia ainda cobrar uma decisão dos tribunais superiores de forma expressa, o que exigiria um conhecimento ainda maior da jurisprudência.

Os concursos fiscais não cobram a discussão sobre o que levou a esses entendimentos dos tribunais. Não são discutidas linhas ou posicionamentos jurídicos. Não há espaço para isso na prova objetiva, e é algo que também está bem longe do que é avaliado na prova discursiva.

O resultado do julgamento, porém, é muito importante. Você deve saber quais são as decisões jurisprudenciais mais importantes sobre aquela matéria, bem como o que elas dispõem. Pegue as provas mais recentes de Direito Administrativo ou Tributário e você perceberá isso de forma marcante.

A forma mais prática de se estudar jurisprudência é com um bom material – ele certamente trará os principais pontos. Há também no mercado cursos e livros focados especificamente neste tema (que, na linha do que conversamos, devem ser utilizados apenas quando o candidato já tenha uma boa base da teoria naquela matéria). Há, por fim, a lista de súmulas nos sites do STJ e do STF, que podem o ajudar a fazer uma grande revisão desse tema.

Existe ainda um documento, que pode ser baixado no site do STF, intitulado "A Constituição e o Supremo". Ele é enorme, e certamente foge ao escopo de um estudo para concurso em muitas de suas partes, mas para um candidato que já cobriu o edital e se encontra em fase de aprofundamento dos temas, pode ser uma boa leitura. No caso dos concursos fiscais, destaca-se a parte relativa ao Direito Tributário. Nesse caso, restrinja sua leitura ao conteúdo relativo aos arts. 145 a 162 do documento (que é baseado na Constituição Federal).

4.10.4. *Coaching*

Muitas pessoas me perguntam a respeito de *coaching*, ou seja, da contratação de um serviço de acompanhamento feito por uma pessoa que já conhece bastante do tema, normalmente alguém que já foi aprovado ou um professor de cursos preparatórios. Eu acho uma área de atuação bastante interessante, pessoalmente já cogitei iniciar um (e espero que um dia consiga), pois é algo que permite uma interação grande com os alunos e o fornecimento de um auxílio de forma próxima e intensa.

Cap. 4 · ESTRATÉGIAS DE ESTUDO | 177

É algo totalmente necessário? Não. Eu e muitos outros candidatos fomos aprovados sem lançar mão de um programa de *coaching*.

Tenho dúvidas pontuais, vale a pena contratar um *coach*? A meu ver, não. Há muitas formas de se inteirar sobre o assunto, seja em fóruns, seja contatando pessoas já aprovadas que se disponham a ajudar, ou mesmo por livros como esse.

Tenho poucos recursos, devo focar em um material top de linha ou em um *coach*? Você deve focar em um material forte. O *coach* é um instrumento a mais em seu estudo, um instrumento de otimização do estudo, mas não pode tomar o lugar que deve ser ocupado por um bom curso, livro ou PDF.

Mas o programa de *coaching* pode ajudar? Sim, com certeza. Feitas as ressalvas acima, temos que afirmar que ele pode ajudar a estruturar seus estudos caso esteja tendo dificuldade, pode auxiliá-lo a manter o ritmo em momentos de desânimo, pode auxiliar com a retirada de dúvidas que muitas vezes são tão específicas que apenas uma pessoa que conhece muito bem a área dos concursos pode responder. Da resposta a uma dúvida simples até a estruturação de toda a sua grade, da troca de ideias a respeito do concurso até as informações a respeito dos editais abertos e de como definir uma nova grade de estudos em função disso – todos esses pontos podem ser mais facilmente sanados por uma ajuda qualificada, poupando certo tempo do candidato.

No fundo, fica aberta a discussão, já que é algo que depende da necessidade e da disponibilidade de cada um. Tenha em mente duas coisas: um programa de *coaching* não é algo completamente necessário, especialmente para um candidato que aprenda rápido e esteja acostumado a estudar com autonomia, mas também não é um mero detalhe – já que pode otimizar bastante o seu método de estudos e aumentar a sua disciplina e a sua motivação!

4.11. O ESTUDO PARA A PROVA DISCURSIVA

Até aqui não diferenciamos muito a preparação da prova objetiva da preparação para a prova discursiva, e isso se deve a algo bastante simples: em termos de conteúdo, elas não se diferem. O próprio edital do concurso de Auditor-Fiscal, ao descrever o conteúdo que será cobrado na prova discursiva, faz uma simples referência ao conteúdo cobrado para aquelas disciplinas na prova objetiva.

O conteúdo da discursiva de Auditor-Fiscal tem mudado concurso após concurso, é verdade. No último tivemos Direito Tributário em uma questão e Comércio Internacional e Legislação Aduaneira em outra. Em outros anos já foram cobradas matérias como Direito Administrativo, Administração e Auditoria, além de um número superior de questões. Mas a ideia central não foi alterada: as disciplinas que constaram na prova discursiva também constavam na prova objetiva, e tinham o mesmo conteúdo nas duas.

Assim, ao estudar para a prova objetiva, você estará estudando para a prova discursiva, tanto ao considerarmos o estudo das matérias em si, quanto considerando o estudo de Língua Portuguesa – que trabalha temas importantes para a confecção de uma boa redação, tais como coesão, regência e pontuação.

Caso seu concurso seja outro, vale a pena conferir o edital. Se as matérias forem diferentes, você deve incluí-las na sua programação. Mas é bem provável que, assim como o concurso de Auditor-Fiscal, esse outro concurso traga na sua prova discursiva temas que também serão abordados na prova objetiva – o que faz com que eles já estejam previstos na sua rotina. A novidade nesse caso está em treinar para ter uma boa capacidade de escrita.

A prova discursiva tem uma característica: ela cobra os temas de forma menos aprofundada. Não poderia ser diferente, já que exigir um aprofundamento muito grande em questões dissertativas (que têm uma pontuação alta e cuja correção é mais subjetiva) poderia tornar o concurso um tanto desequilibrado. Dessa forma, posso afirmar tranquilamente que, para os concursos da Receita Federal, a sua preparação para a prova objetiva é suficiente para cobrir tudo o que é desejado na prova discursiva, em termos de conteúdo. Não é necessária nenhuma preparação a mais no que tange ao conhecimento teórico cobrado.

Resta, então, o principal aspecto que diferencia a prova discursiva, e que será vital para o seu bom desempenho nessa prova: a capacidade de escrever uma boa redação. Essa habilidade é difícil de se obter, e exige muito preparo.

Se você já é uma pessoa com uma boa base educacional e que teve um bom desempenho nas redações dos vestibulares, por exemplo, acredito que não tem por que se apavorar: com uma boa base teórica advinda do estudo regular e com a capacidade de escrever um bom

Cap. 4 · ESTRATÉGIAS DE ESTUDO | 179

texto, você está bastante preparado. As notas das redações, aliás, costumam ser altas.

Se você não tem uma boa base nesta área de redação, tem dificuldade em expor os temas ou mesmo problemas com o português, deve trabalhar estes pontos de fraqueza antes mesmo de sair treinando com temas das últimas provas. Aproveite as aulas de Língua Portuguesa da sua preparação regular para aprender bem temas como pontuação, concordância e até mesmo a grafia correta das palavras.

A leitura dos materiais de boa qualidade que você usará no estudo de todas as matérias – materiais esses que costumam ser escritos de forma clara, coesa e sem erros de português – já trará um conhecimento a mais de Língua Portuguesa. A leitura por prazer, fora do horário de estudos, também pode trazer muitos benefícios neste âmbito. No fundo, aquela velha frase tem toda razão: escreve bem quem lê bastante.

O início de sua preparação para a prova discursiva passa, assim, imperativamente por uma preparação que você já teria para a prova discursiva: o conteúdo estudado em Língua Portuguesa, o conteúdo estudado das matérias que serão cobradas, e o grande volume de leitura que você naturalmente terá. Em um dado momento, porém, você deverá se preparar de forma mais específica.

Acredito que o início da preparação para a prova discursiva deve se dar não no início dos seus estudos, mas sim quando mais da metade do conteúdo total previsto no edital tiver sido concluída – podendo estar próxima do final para um candidato que já tenha uma boa capacidade de escrever uma redação. Você poderá incluí-la nos seus ciclos, caso esteja estudando dessa forma, ou simplesmente reservar um horário do dia para essa preparação.

Há bons materiais no mercado que trazem muitos temas anteriores de redações (muito embora no caso da Receita Federal os exemplos sejam mais escassos, já que as provas discursivas começaram apenas no concurso de 2009). Eles poderão ser muito úteis em sua preparação, trazendo de forma aprofundada regras para se fazer um bom texto.

Há ainda bons cursos de redação no mercado, que não apenas trazem aulas, como também costumam explicar de forma detalhada a metodologia de correção que a banca examinadora usa. Você também pode, de forma menos aprofundada, consultar isso no edital do concurso – mas, sem dúvida, esses cursos têm muito a contribuir.

Ter a ideia de como pensa a pessoa que vai corrigir sua prova pode fazer com que você evite erros bobos que poderia, de outra forma, cometer. Esses cursos ainda costumam oferecer, em pacotes separados, um número determinado de correções às redações produzidas pelos alunos.

Uma das grandes dificuldades de estudar para as discursivas é justamente essa: ao contrário de questões objetivas, para as quais há um gabarito ou até mesmo uma resolução completa da questão disponível em bons materiais, para a prova discursiva você não consegue ter facilmente um *feedback* sobre aquilo que fez – e, principalmente, um *feedback* qualificado. Devido a isso, esses cursos e programas focados na prova discursiva podem ser muito úteis para um candidato.

Uma outra ideia é pedir para um professor de português corrigir suas redações. Mesmo que ele não entenda de Direito Tributário, ele será capaz de verificar a qualidade do seu texto, os erros de gramática e as falhas de estrutura. O conteúdo também é muito importante, mas é mais fácil de ser corrigido: por meio dos materiais, você poderá verificar o que é correto. A grande dificuldade é que alguém dê um *feedback* para a sua redação – e isso o professor fará. As provas da Receita Federal são, inclusive, corrigidas por um professor de português (a ESAF nem teria como encontrar centenas de especialistas em Direito Tributário para corrigir esse volume imenso de provas).

Tente cobrir os temas trabalhados nos últimos concursos. Você encontrará as provas facilmente nas páginas dos concursos, no site da ESAF – ou mesmo digitando "AFRFB 2014 ESAF" no Google, por exemplo. Depois disso, caso não haja bons temas propostos pelo seu material, tente você mesmo encontrar um tema e se desafiar a escrever sobre ele. E, para uma preparação forte, faça muitas redações!

Seguir aquela estratégia de prestar vários concursos relativos à sua área, que já discutimos no capítulo apropriado, também pode ajudar bastante nessa preparação para a prova discursiva – mesmo que as provas lidem com assuntos diferentes. Cada vez mais concursos têm cobrado esse tipo de prova, e será uma grande oportunidade para que você faça uma prova em um ambiente de concurso, tenha sua prova corrigida por um examinador e, ao final, uma avaliação do seu texto. Nem mesmo um curso o daria uma experiência tão real.

Cap. 4 · ESTRATÉGIAS DE ESTUDO | 181

A discussão sobre a prova discursiva terá lugar também em um item do próximo capítulo, mas abordando um ponto diferente: a realização da prova.

Aqui fechamos um capítulo que, sem dúvidas, é um dos mais importantes do livro. Tenha em mente que é uma preparação de longo prazo, que deve ser feita de forma estruturada e com bastante tempo de antecedência ao edital. Seu estudo deve ser organizado, e você não deve se assustar no início com o volume de conteúdo ou mesmo com a complexidade de algumas disciplinas. Com o passar do tempo, você acumulará conhecimento e ganhará ritmo, e então seus estudos se desenvolverão de uma forma mais rápida e equilibrada.

Seguindo nessa preparação com dedicação e disciplina, quando você menos imaginar já será um candidato competitivo, pronto para disputar as vagas!

Capítulo 5

A PROVA

Passando a etapa dos estudos, chegará um momento igualmente crucial para a sua aprovação: a hora da prova!

Muitas vezes, quando imaginamos o que faz com que um candidato seja aprovado em um concurso público ou em qualquer outro exame desse tipo, logo pensamos em uma boa preparação – bons materiais, disponibilidade de tempo adequada, certo investimento financeiro. Mas poucas vezes nos atentamos a esse fator de extrema importância. Em uma prova, sua capacidade de colocar as respostas no papel da forma correta pode ser tão decisiva quanto o seu conhecimento na matéria.

É claro que sem uma boa base de conteúdo não há para onde o candidato correr. É por isso que tratamos tão detalhadamente da fase de preparação. Mas agora, com esse conhecimento em mãos, é hora de você conseguir passar tudo o que sabe para o gabarito, somando pontos e ficando, a cada resposta correta, mais próximo do resultado que tanto almejou.

Fazer prova é algo que exige bom controle do tempo, boa capacidade de concentração e tranquilidade emocional. Vamos, assim, passar a uma análise detalhada daquilo que você encontrará no seu dia de prova, e também discutir algumas dicas que podem ser de grande valia para o seu desempenho!

5.1. AMBIENTE

O primeiro aspecto que você deve conhecer é o ambiente que encontrará no dia da sua prova. As provas normalmente são realizadas em escolas ou universidades. Não sei dizer o porquê, mas na minha experiência como concurseiro as provas sempre foram ou em escolas públicas, ou em faculdades privadas.

Nas faculdades privadas as carteiras costumam ser aquelas de metal almofadado e com um braço trazendo o local para se escrever – que, via de regra, é um pouco apertado. A vantagem é que tais locais costumam ter uma boa estrutura de acesso e de banheiros. Podem ser mais apertados para a acessibilidade já dentro do prédio, porém.

Nas escolas públicas, por sua vez, o estilo das carteiras é mais variado, podendo ser muito bom para quem está fazendo a prova (pois pode haver carteiras com bastante espaço, por vezes até mesmo compostas de mesa e cadeira), ou em outras situações ser ruim (caso as cadeiras estejam em mau estado de conservação, por exemplo – muito embora eu nunca tenha encontrado algum problema mais grave com isso). A estrutura do prédio pode ser um pouco menos confortável, em especial os banheiros.

Raramente há uma sala com ar condicionado, e em detemrinadas situações pode haver barulho vindo de fora. Eu prestei uma prova para Engenheiro do Ministério da Fazenda próximo ao Campo de Marte, em São Paulo, em um dia que estava havendo um show com aviões – e posso assegurar que o barulho vindo de fora foi consideravelmente grande! O segredo é que você não deixe nada disso o desestabilizar.

As condições estão ali para todos, e certamente há meios de se adaptar a isso. Sua própria rotina de estudos será um momento para exercitar sua concentração, e caso você preste concursos ao longo de sua preparação certamente estará mais adaptado ao ambiente e à dinâmica de uma sala de provas!

No dia da prova, se o local determinado contiver bastante salas, é provável que as ruas estejam com movimento grande. Em um concurso de grande dimensão, o número de inscritos é bastante alto, o que faz com que a movimentação no entorno do local seja elevada. É importante que você tenha isso em mente para o que discutiremos na sequência do capítulo, em especial com relação à sua logística.

Serão centenas de concurseiros buscando sua aprovação, o que fará com que você também tenha que lidar muito bem com seu aspecto emocional. Saber a hora de relaxar, saber a hora de conversar para se distrair ou de evitar uma conversa que esteja o incomodando, saber que não é necessário temer aqueles candidatos que sempre saem da primeira prova espalhando seu (suposto) bom desempenho...

Na sala, o clima costuma ser de bastante organização. É necessário que você se identifique, assine a lista e, muitas vezes, passe por um processo de coleta das digitais a fim de se evitar fraudes. Há muitos objetos que são proibidos, e por isso vale a pena ler muito bem o edital. Normalmente, somente são permitidas canetas transparentes e de tinta azul ou preta (ou apenas uma das cores, fique esperto!). Não são permitidos aparelhos celulares ou mesmo relógios de pulso. Os fiscais de prova costumam fornecer um saco plástico com lacre para que você guarde seus pertences abaixo da carteira.

Como não são permitidos relógios, em muitas provas o fiscal informa o tempo periodicamente, seja falando em voz alta ou destacando papéis inicialmente colados na lousa, cada um com o tempo restante de prova. Isso é algo a que você terá de se acostumar, já que certamente leva a uma menor possibilidade de controle do tempo do que se você estivesse com um relógio no pulso (que o mostraria uma precisão na ordem de grandeza dos segundos, e não das horas). Mas não se preocupe: nós discutiremos formas de controlar o tempo ao longo do capítulo.

Não são fornecidos alimentos ou água, que devem ser providenciados previamente pelo candidato, nem tampouco é permitida a consulta a qualquer tipo de pessoa ou material. O que existe, e está detalhadamente definido no edital, são condições específicas de auxílio a pessoas com necessidades especiais – tais como provas ampliadas para pessoas com dificuldade de visão, condições especiais de carteira para pessoas com dificuldade de locomoção etc. Caso esta seja uma preocupação sua, vale a pena ver as diferentes formas de acessibilidade à prova que o edital oferece!

Concursos como os fiscais costumam ter um nível de seriedade enorme no quesito "prevenção à cola". Além destes vários detalhes na sala de provas, há regras até mesmo relativas ao uso do banheiro – um fiscal o acompanha até a porta, por vezes dotada de detectores de metal. Isso passa credibilidade ao certame, fazendo com que você, que se preparou, tenha uma confiança grande de que efetivamente uma pessoa não cometerá uma fraude e roubará a vaga de alguém que se dedicou aos estudos. Lembra-se de quando afirmamos que os concursos eram sérios? Esse é mais um ponto que reafirma nossa tese!

Esse será o seu cenário: uma escola ou faculdade, lotada de candidatos com as mais variadas expressões e com fiscais bastante atentos às regras. Agora, falando mais precisamente da prova, o que você vai encontrar?

5.2. ESTILOS DE PROVA

As provas fiscais são normalmente compostas por mais de uma prova objetiva e, em alguns casos – como o da Receita Federal –, por uma prova discursiva também. Não tenho conhecimento de provas fiscais que exijam exames orais – eles normalmente se restrigem a cargos de alto nível do Judiciário e dos Tribunais de Contas. Até 2009, o concurso da Receita Federal não cobrava provas discursivas, porém elas têm se tornado uma regra para esse certame. Alguns concursos de ótimo nível ainda não cobram esse tipo de prova – caso, por exemplo, do concurso de Agente Fiscal de Rendas do Estado de São Paulo.

Já abordamos de forma detalhada os pontos relativos às matérias cobradas e à distribuição das questões em nossa Análise do Edital, mas vamos aqui pontuar de forma breve os principais aspectos.

As provas objetivas de bancas como a ESAF (organizadora do concurso da RFB), FCC, Vunesp, entre outras (que já organizaram diferentes concursos, fiscais ou não) costumam conter cinco alternativas (ou quatro, em alguns tipos de prova), das quais uma é correta. Ao acertar, o candidato ganha os pontos da questão, e ao errar ou não responder não ganha nem perde pontos.

A CESPE, por sua vez, tem trazido com muita frequência provas objetivas compostas de assertivas que podem ser verdadeiras ou falsas. Se o candidato acertar a questão (ou seja, se disser que a assertiva é verdadeira e ela efetivamente for, ou se disser que é falsa e ela o for), ganha os pontos da questão. Se não responder, nada acontece. Mas se responder de forma incorreta (dizer que a assertiva é verdadeira quando na verdade ela é falsa, ou vice-versa), perde uma quantidade de pontos. Essa prova exige muita tática, que discutiremos ainda neste capítulo.

A CESPE nunca aplicou uma prova da Receita Federal, pois esta sempre lançou mão dos serviços da ESAF, que é um órgão integrante da estrutura do Ministério da Fazenda. A CESPE, porém, tem sido a banca examinadora de bastantes concursos no País, e foi a última realizadora dos concursos de Auditor-Fiscal do Trabalho e de Analista do Banco Central, por exemplo.

A ESAF é uma banca que tem preferência por determinados itens do edital e não costuma, dessa forma, cobrar o edital todo. A mesma coisa faz a CESPE em muitas de suas provas. Isso não é afirmar que você deve estudar apenas estes itens, pois os temas escolhidos muitas vezes são imprevisíveis (e isso poderia até mesmo o prejudicar, caso a estratégia da banca mudasse), mas efetivamente ver provas anteriores pode o ajudar a ter uma melhor compreensão de como as questões costumam ser formuladas. Já a FCC é uma banca que costuma distribuir as questões cobrindo o máximo do edital.

Enquanto bancas como a FCC e Vunesp costumam cobrar mais a literalidade das leis e apresentar questões menos complexas, a CESPE costuma trazer temas com interdisciplinaridade e de resolução mais "chata". A mesma coisa faz a ESAF, que junto à CESPE, é bastante "temida" por concurseiros. Suas questões trazem muita análise, e em alguns momentos podem tratar de temas polêmicos (um dos melhores exemplos são alguns conceitos da contabilidade).

Isso não necessariamente representa uma vantagem ou não de determinada banca. Provas mais simples costumam ter notas de corte mais altas, o que aumenta a exigência de acertos para um candidato. Provas mais complicadas, por outro lado, podem atrapalhar o alcance dos pontos mínimos por questão, caso eles existam. O ideal é que você tenha conhecimento das características básicas das bancas que existem, em especial da que normalmente realiza o concurso almejado, e esteja preparado.

Esse foco em conhecer a banca não deve balizar todo o seu estudo, pois você deverá ganhar conteúdo em todas as disciplinas e temas cobrados. Apostar no conhecimento da banca e na seleção dos temas a serem estudados não apenas é algo muito raso, como também apresenta riscos enormes à sua aprovação caso a banca mude seu comportamento. Esse conhecimento da banca e de suas particularidades poderá, porém, ser um "algo mais" em sua trajetória, que impeça que você seja surpreendido por um estilo de prova incomum ou ainda que deixe você habituado a algumas questões que aparecem com maior frequência.

O número de questões é variável, mas normalmente em concursos mais complexos uma prova objetiva conta com algo entre 60 e 80 questões a serem resolvidas em um período de quatro ou cinco horas. Nas provas da CESPE, formadas por assertivas verdadeiras ou falsas, esse número costuma ser de 120 questões em uma prova.

As provas discursivas, por sua vez, costumam trazer temas, que são redações mais longas sobre determinado assunto (algo como de quarenta a sessenta linhas), ou questões específicas sobre determinados pontos das matérias, que são normalmente respondidas em um espaço de vinte a quarenta linhas. As provas discursivas não costumam se aprofundar muito na matéria, pois se o fizessem trariam uma aleatoriedade muito grande ao concurso, mas ainda assim é necessário um bom conhecimento do conteúdo cobrado. A atenção ao bom uso da língua portuguesa também é muito importante – mas discutiremos isso mais para frente.

Com esse "quadro" desenhado, que descreveu o ambiente e o que você pode esperar das provas, vamos passar a uma abordagem mais detalhada e que traga, em especial, estratégias que possam fazer com que você se prepare para as dificuldades, enfrente-as da melhor forma e, assim, faça uma boa prova!

5.3. DICAS PARA O PERÍODO ANTERIOR À PROVA

Não é apenas no momento da prova que estão os fatores que definirão seu desempenho. A preparação para que você chegue nesse dia em condições de dar o seu melhor é essencial. Além dos seus estudos, que foram uma grande preparação de longo prazo, há uma preparação de curto prazo que deve ser feita, e que envolve fatores como a sua disposição corporal, seu estudo e até mesmo a logística que o permitirá chegar ao local de prova. Vamos discutir cada um deles...

5.3.1. Alimentação

É indispensável que nos dias anteriores à prova você se alimente bem – afinal, seria um infortúnio muito grande se você, no momento da prova, estivesse com algum tipo de mal-estar ao qual você deu causa diretamente. Não descuide de uma alimentação leve e equilibrada, que não o leve a sentir sono, tampouco se alimente com produtos estranhos à sua rotina – que podem desregular seu organismo. Deixe os excessos para uma festa da aprovação, que tal?

Da mesma forma, não ingira bebidas alcoólicas, que podem tirar a concentração do seu estudo em um momento tão importante ou ainda causar uma ressaca no momento em que ela é menos desejada. Fazer a prova com um corpo predisposto a atacar de frente todas as dificuldades que vierem é um dos pontos-chave nessa sua estratégia de sucesso!

Na véspera da prova, e em um eventual almoço entre as provas, dê ainda mais atenção a estas dicas. Uma comida pesada pode levar a uma sensação de sono que reduziria em muito o seu rendimento.

Aqui temos aquela velha discussão, que foi bastante presente quando conversamos sobre esses assuntos no capítulo referente à preparação dos estudos: se você me pedir para apostar minhas fichas em um entre dois candidatos, sendo que o primeiro estudou muito pouco e se alimentou bem antes da prova e o segundo estudou muito bem todos os pontos e comeu uma feijoada antes do exame, vou apostar no segundo. Sem dúvida. Talvez não apostasse em nenhum, mas entre os dois ficaria com quem estudou. Mas como não há motivo algum para você comer a tal feijoada nesse dia, fica aqui nossa ressalva: preste atenção a qualquer aspecto que possa reduzir sua capacidade de fazer uma boa prova!

Na alimentação durante a prova, prefira alimentos leves e, sobretudo, práticos. Barras de cereal são boas opções, por exemplo. Chocolates também são muito comuns, pois, apesar de serem muito calóricos, trazem uma sensação de prazer que pode ajudar a relaxar em uma pausa. Evite alimentos em grande quantidade, alimentos que não são práticos para o momento ou ainda alimentos que possam ser de consumo demorado (tal como um pacote de salgadinhos), o que poderia levar a uma pausa maior que a ideal e a uma consequente perda de controle do tempo.

Não deixe de ter uma garrafa de água ou isotônico para o momento da prova. Ao longo dela você não terá acesso a comidas ou bebidas se não as levar para a sala consigo, e mesmo que tivesse a opção de ir a um bebedouro, a perda de tempo que isso causaria (quando comparamos à opção de ter uma garrafa de água em mãos) não faria sentido.

Uma alimentação bem pensada evitará que você sinta cansaço, ou ainda que sinta fome ou sede. Qualquer um desses fatores tiraria sua capacidade de concentração do nível máximo, o que seria um grande prejuízo.

5.3.2. Descanso

O descanso é outro aspecto essencial nesse seu planejamento pré-prova. Vá para a prova relaxado e descansado, e evite ao máximo sair de sua rotina nos dias anteriores ao concurso de alguma forma que possa causar cansaço. Tente ainda, nesses dias, ter um sono regrado. Não vá a baladas nem a nenhum evento do tipo que normalmente causam grande cansaço no dia seguinte. Durma bem e aproveite até mesmo para esfriar a cabeça após a longa jornada de estudos e revisões que você deve ter enfrentado nos últimos meses.

Sei que pode ser difícil falar em uma sequência de dias tranquilos na véspera da prova para aquelas pessoas que trabalham ou têm de cuidar dos filhos e da casa, mas você saberá a data do concurso com alguma antecedência (do edital até a prova costuma haver dois ou três meses) e poderá, na medida do possível, se programar para esse momento. Tirar alguns dias de férias pode ser uma opção, ou mesmo combinar com os familiares para garantir que você terá algum suporte e poderá desenvolver essas táticas pré-prova de forma eficaz.

Vamos fazer aqui um adendo: além do corpo descansado, seu foco deve estar o máximo possível no concurso. Assim, evite planejar viagens a lazer ou grandes eventos nas semanas anteriores, que podem o tirar desse momento de total atenção e concentração voltadas ao concurso. Logicamente há eventos que não conseguimos controlar, e também não precisamos ser radicais com nenhum ponto discutido aqui no livro, mas efetivamente estar focado nesse objetivo vai o ajudar a ter um desempenho muito melhor!

Se a prova for depois do almoço e você for uma pessoa que tem um rendimento baixo nos dias em que dorme até tarde, não tem por que fazer isso nesse dia. Aproveite para acordar mais cedo e leve uma rotina tranquila até o horário do exame. O contrário também é verdade: se a prova é de tarde e você se cansa fácil nesse período se acordar muito cedo, dê uma descansada a mais nesse dia na medida do possível.

Nos concursos fiscais e em outros concursos complexos a tendência é que haja mais de uma prova no mesmo fim de semana (muitas vezes no mesmo dia, de manhã e de tarde). Aproveite cada momento para descansar e manter o foco em seu objetivo. No horário de almoço entre as duas provas do mesmo dia, após se alimentar de forma leve aproveite para encontrar um espeço sossegado e relaxe por alguns minutos.

Nos locais de prova é muito difícil ter um espaço para dormir, e eu particularmente não recomendo fazer isso, já que poderia trazer uma perda de concentração. Mas passe alguns minutos de forma tranquila e sossegada, a fim de relaxar e reduzir seu eventual nível de nervosismo ou de preocupação.

5.3.3. Estudo na véspera

Esse ponto é também muito importante e se relaciona com a questão do descanso. Muitas pessoas pensam erroneamente que a véspera da prova é o momento de estudar intensamente, mas na verdade o ideal é justamente o oposto disso.

Não estamos falando aqui de uma prova da faculdade, na qual o conteúdo cobrado é relativamente pequeno, e você, tendo várias provas em sequência, muitas vezes é obrigado a estudar em cima da hora ou até mesmo "virar a noite" estudando. Eu já fiz isso, você já deve ter feito isso, e se estiver acostumado pode até ter tido bons resultados. Mas no caso de um concurso, perceba que a lógica é muito, mas muito diferente!

O conteúdo é extenso, e você o terá aprendido ao longo de sua preparação. As chances de um estudo na véspera da prova efetivamente indicar várias respostas que você não conhecia são muito baixas, e, se esse estudo for feito de um modo muito cansativo, ele pode prejudicar sua capacidade de concentração e seu desempenho como um todo.

Há diferentes opções para esse estudo anterior à prova: você pode estudar até alguns dias antes e relaxar na véspera e no dia da prova, pode estudar até a véspera e não pegar em nenhum caderno no dia da prova, ou até mesmo levar alguma coisa no dia da prova para ver. Isso é um tanto pessoal. O que não deve ser feito, em nenhuma hipótese, é estudar insanamente a ponto de comprometer seu sono, seu descanso ou sua capacidade de concentração naquele que será o dia mais importante dessa sua trajetória de concurseiro.

Eu particularmente não recomendo que você se abstenha totalmente dos estudos nos dias anteriores, pois isso pode gerar uma perda de ritmo, mesmo que sejam poucos dias antes da prova. Assim, acho que mesmo na véspera você deve pegar algo para estudar. Mas esse ponto exige cuidado, já que um "susto" nesse momento crucial da sua trajetória pode fazer com que você vá para a prova com medo, o que é a última coisa que queremos. Assim, a meu ver, os últimos dias antes da prova devem ser ocupados com revisões de materiais teóricos já resumidos ou esquematizados, intercaladas com o estudo de questões resolvidas se você preferir – mas não com questões de extrema complexidade.

Fazendo dessa forma, sua memória de curto prazo estará assimilando alguns conceitos que podem ser úteis para você na hora da prova, e o fato de serem materiais já esquematizados durante a sua preparação (resumidos, por exemplo) não deixará o estudo tão pesado. As questões resolvidas também o ajudarão a assimilar temas (até mesmo os cobrados em provas anteriores) e o deixarão mais adaptado à realidade do dia de prova.

O volume de horas desse estudo pode ser menor do que o normal, em especial para quem estava se dedicando de forma integral aos estudos. Não vale a pena fazer dez ou doze horas nessa altura do campeonato: deixe seu estudo em algo próximo de seis horas, a fim de guardar suas energias para o grande dia. Uma pessoa que concilie trabalho e estudo pode fazer esse estudo de forma bem leve, pois não pode descuidar do descanso nesse momento também.

Lembre-se: não é hora de buscar temas e materiais muito complexos ou de ver questões desafiadoras. Nesse momento, cercado pela expectativa – e até mesmo pela pressão – dos dias anteriores à prova, seu rendimento tende a não ser dos melhores, e, se você começar a pegar temas muito complexos, perceber que não domina todos os pontos (ninguém domina todos os pontos do edital) e colocar em sua cabeça que a prova será muito difícil, aí é que suas chances começam a diminuir de vez.

Seu momento de assimilar os temas é durante o estudo regular. O momento de desvendar temas complexos é na fase permanente de seu estudo, após ter coberto todos os itens do edital anterior e antes da publicação do edital da sua prova. Após esta publicação, como já conversamos, é hora de entender bem os temas que foram adicionados ao edital e fazer uma boa revisão. E, na véspera da prova, é hora de revisar pontos teóricos já "digeridos" anteriormente. Usar esse último momento antes da prova para estudar temas difíceis é estimular um estado de tensão desnecessário!

No dia da minha prova, devo ser sincero: como eu me sentia um pouco abaixo do nível em legislação tributária, eu levei um material dessa matéria e estudei um pouco no intervalo. Mas isso foi porque minha preparação no geral foi rápida, e eu não havia feito tantos ciclos de revisão – então achei melhor aproveitar até mesmo aquele momento. É uma questão de opção. Mas, se você preferir não levar materiais no dia da prova, acho também válido. É o dia para se dedicar 100% à resolução das questões propostas pelo examinador, com toda sua energia e foco!

5.3.4. Organização

Você se lembra que neste livro nós já conversamos sobre a importância desse dia, sobre o quão cheio o local de provas vai estar, sobre o fato de que os concursos são prestados em apenas algumas cidades e sobre a necessidade de você estar descansado e focado? Para assegurar que todos esses desafios sejam vencidos, você precisa se atentar para a sua organização.

Não há nada mais chato do que uma pessoa que se preparou e não obteve sequer a chance de prestar a prova, pois perdeu a data da inscrição, chegou atrasado ao local de provas ou cometeu qualquer outro erro de programação. No final do ano, as televisões já se especializaram em fazer reportagens com os alunos que perdem hora em exames vestibulares e no ENEM. Particularmente nem gosto de assistir, pois acho isso mais triste do que interessante, mas é um fato: esses casos existem aos montes, e você deve se antecipar até mesmo aos imprevistos para ter a oportunidade de fazer uma boa prova!

Para tornar essa discussão mais completa, vamos expandir a nossa análise um pouco e ressaltar os principais pontos aos quais você deve se atentar:

Fique atento à abertura do edital:

O primeiro momento ao qual você deve ter atenção, em se tratando do concurso ao qual quer prestar, é saber que o edital abriu. Para isso, como já conversamos, você deve estar atento a sites e portais que tratem de concursos a fim de se manter sempre bem informado. Mesmo estando com foco total nos estudos, não deixe de ter dez ou quinze minutos ao fim de sua rotina para consultar as principais novidades do mundo dos concursos. Você descobrirá oportunidades que até então desconhecia, tanto em termos de material, quanto de outros editais interessantes, e também estará sempre informado sobre o andamento do seu concurso.

Se antigamente era difícil saber da abertura de novos concursos e exigia-se que o candidato estivesse sempre atento aos jornais e anúncios, hoje em dia isso tem se tornado muito mais simples. Ainda não há um portal único e público que disponha sobre todos os concursos e as respectivas aberturas de editais, mas há muitos sites interessantes na internet. Os fóruns que reúnem milhares de concurseiros e têm tópicos exclusivos para cada área são outra fonte enorme de conhecimento e informação.

Mantendo-se informado, é certo que assim que o edital abrir você tomará conhecimento disso. Nesse momento, leia atentamente todo o documento e, além dos itens relativos ao conteúdo que será cobrado, não deixe de anotar também os pontos importantes sobre o funcionamento do concurso. Há cotas? Há gratuidade na inscrição para pessoas de baixa renda? Há requisitos adicionais que você deve cumprir até a data de inscrição? Esteja informado sobre tudo o que ocorrerá nessa prova tão importante para você.

Fique atento às condições da inscrição:

Tendo lido o edital, uma das partes que interessará bastante nesse momento serão os procedimentos de inscrição – que nos grandes concursos são feitos pela internet, com a geração de um boleto para pagamento. Atente-se para não perder esse prazo de jeito nenhum, de preferência fazendo os procedimentos o quanto antes!

Tome cuidado especialmente com a parte do pagamento. Nunca vi problemas de pessoas que concluíram o procedimento, pagaram e não tiveram a confirmação – mas sempre confirme alguns dias depois, pois há um prazo para recursos caso sua inscrição esteja certa, mas não tenha sido efetivada por algum erro. O foco de problemas costuma ser quando o candidato agenda o pagamento, mas por algum erro bancário ou insuficiência de saldo ele não é realizado. Nesse caso não há muito para onde correr...

Dessa forma, preste muita atenção a esta etapa. Preencha todos os campos corretamente, gere o boleto, assegure que ele seja pago no prazo e, alguns dias depois, confira se está tudo certo com a sua inscrição. Pode parecer que estamos falando de detalhes, mas na verdade é algo muito sério. Só é aprovado quem faz a prova, e só faz a prova quem se inscreveu corretamente!

Nesse momento você deverá fazer escolhas importantes, entre as quais: o cargo para o qual vai concorrer, o local de atuação (para os concursos que já o deixam escolher neste momento) e a cidade de realização da prova.

Vamos começar pela última, pois é a mais simples: a cidade em que você realizará a prova. Podemos estar falando de um concurso nacional, como o da Receita Federal, que é realizado nas capitais de todos os estados e em Brasília. As provas não são aplicadas em nenhuma cidade do interior. Há ainda concursos nacionais que aplicam provas em um rol de cidades bem mais amplo – como o do INSS, por exemplo, que aplica provas nas capitais e em várias cidades importantes do interior.

Podemos estar falando de um concurso estadual, no qual as provas serão aplicadas em uma ou mais cidades daquele estado, ou mesmo de um concurso municipal, em que as provas serão realizadas somente naquele município – e que você também trabalhará lá se aprovado, o que exige a ponderação sobre se é isso que você deseja. Normalmente, no caso dos bons concursos, há sempre muitos candidatos dispostos a prestar a prova longe e a se mudar depois, se aprovados.

Caso a cidade em que você vai prestar a prova esteja desvinculada da cidade em que você atuará depois, veja a lista de cidades oferecidas e escolha aquela em que a logística se tornará mais prática para você. Simples assim. Se, porém, a cidade em que você fará a prova tiver que ser aquela para a qual você está tentando ser aprovado, a coisa muda de figura. Vamos, assim, abordar o segundo item da nossa lista: a escolha do local de atuação.

Nos concursos municipais o cenário está bem claro: você trabalhará naquele município, havendo eventualmente alguns polos diferentes dentro do seu território – o que é normalmente definido após a realização das provas.

Concursos estaduais e federais, por sua vez, podem ser de dois tipos: aqueles que apresentam a você a escolha das localidades já no edital, para que você opte por qual local quer concorrer, e aqueles que não o apresentam a escolha logo de início.

Discutiremos o segundo caso com bastantes detalhes no próximo capítulo, quando abordarmos a questão da escolha de vagas no concurso da Receita Federal. Basicamente, você prestará a prova sem ter escolhido onde vai trabalhar, e, se aprovado, poderá escolher entre as vagas que serão oferecidas posteriormente, em função da sua classificação. Outros concursos também são assim, como o de Agente Fiscal de Rendas de São Paulo (este em caráter estadual) e os concursos da Polícia Federal e do Ministério Público Federal. Isso tem a desvantagem de deixar o candidato com uma incerteza quando ao seu local de trabalho, porém tem a vantagem de gerar uma seleção sem distorções – já que todos competem contra todos e os mais bem colocados serão aprovados.

No caso dos concursos que já permitem essa escolha no momento da inscrição, você tem a vantagem de saber para onde vai, mas ao final da seleção quase sempre se tem um cenário em que uma cidade foi muito concorrida e outra cidade não foi – havendo candidatos que seriam aprovados se tivessem escolhido outro local de atuação, por exemplo. Enfim, há vantagens e desvantagens em cada caso.

Nesse tipo de concurso em que você escolhe a cidade antes e compete somente com os candidatos que escolheram aquela cidade, não vale muito a pena ficar optando pela cidade somente em função da concorrência que é esperada. Cidades que apresentam mais vagas costumam atrair mais candidatos, e podem ser tanto aquelas que terão notas de corte mais baixas, por haver mais vagas, quanto o contrário – por ter mais gente concorrendo.

Se você já tem uma cidade em mente e não gostaria de trocá-la, preste para essa cidade que você deseja e pronto. Se você tem disponibilidade de mudança, analise os locais de acordo com a função que você desempenhará quando aprovado, caso ela seja diferente entre as cidades. Mas mesmo que você tenha mobilidade em caráter nacional e esteja apenas buscando a aprovação mais rápida, não é possível afirmar qual local será menos concorrido. Nesse caso poderia ser bom evitar locais com muito poucas vagas, pois a chance de um candidato forte aparecer e levar aquela vaga é relevante. Mas, se houver várias cidades apresentando um número de vagas bom, a meu ver, vale a pena escolher a cidade na qual você preferirá atuar mesmo, sem muitas teorias a respeito da concorrência que pode se formar em cada polo.

Por último, em alguns casos será necessário escolher o cargo para o qual você quer concorrer. São casos nos quais o mesmo órgão tenha mais de um cargo em sua estrutura, cobre conteúdos que tenham certa base comum e faça as provas no mesmo dia e horário. A Receita Federal já fez isso em 2012, colocando os concursos de Auditor-Fiscal e de Analista-Tributário no mesmo horário, fazendo com que os candidatos tivessem de escolher. Já houve casos em que ambos os certames ocorreram em datas diferentes, possibilitando que o candidato prestasse os dois. No INSS, já aconteceu a mesma coisa com os cargos de Técnico e de Analista do Seguro Social.

Caso isso aconteça, você deverá optar pelo que vale mais para: a busca por um cargo com mais prerrogativas e maior remuneração, enfrentando uma prova mais complexa, ou a vantagem de enfrentar um concurso menos complexo, no qual suas chances de virar servidor são em teoria maiores – porém com remuneração e prerrogativas menores.

Essa escolha é bastante difícil. Embora os cargos sejam bem distintos e as provas também sejam bastante diferentes em termos de complexidade, é inegável que há candidatos que ponderam entre prestar uma ou outra, em função da avaliação que fazem do seu nível de preparo, da concorrência, da sua necessidade no momento...

Você pode apostar que o concurso menos complexo representará uma oportunidade mais interessante, mas as outras pessoas podem pensar da mesma forma e tornarem aquele concurso mais competitivo. Ou, ainda, você poderia ir muito bem na prova de Analista, por exemplo, e ficar pensando depois disso se não teria tido condições de ter sido aprovado como Auditor-Fiscal se tivesse optado por prestar para esse cargo. Ou poderia ir mal na prova de Auditor-Fiscal e ponderar se não seria melhor ter tido chances na prova menos complexa... É bem complicada a decisão.

Se você estiver se preparando para o cargo menos complexo, caso seja obrigado a escolher entre um deles não restam dúvidas: preste para ele. Se você estiver estudando para o cargo mais complexo e não tiver coberto uma boa parte do edital, ou ainda não tiver tido um desempenho bom em simulados, pode ser uma boa ideia prestar para o cargo cuja prova apresenta menor complexidade. Mas, se você está estudando para o cargo mais complexo e está tendo um bom desempenho, escolha prestar para esse cargo que você deseja. Pode envolver algum risco, mas me parece a decisão mais acertada a se fazer.

Caso essa escolha não tenha de ser feita, pois os concursos são em momentos diferentes por exemplo, não tenha dúvidas e preste para os dois cargos. Isso vai proporcionar uma oportunidade a mais de participar de um concurso, desenvolvendo sua capacidade de raciocínio, de controle emocional, de fazer provas e, logicamente, o deixar com duas chances de ser aprovado para um cargo público!

Feitas essas escolhas, não deixe de seguir os prazos e fazer todos os procedimentos de pagamento de forma segura, como já discutimos. O período de inscrições costuma ficar aberto por algumas semanas, e, assim que o boleto é gerado, o prazo para pagamento também aparece nele. Faça as coisas com antecedência para evitar qualquer imprevisto!

Algumas semanas antes da prova muitas bancas examinadoras costumam enviar uma confirmação ao candidato, ou ainda disponibilizá-la na área privativa que é gerada para o candidato na página do concurso. É lá que você verificará seu local de provas. A cidade de realização você já vai ter escolhido na inscrição, porém agora saberá exatamente o endereço da escola, faculdade ou outra instituição na qual será realizada a prova, bem como o número da sala.

Pense na sua logística:

Logo após sua inscrição, você já saberá a cidade e o dia no qual fará as provas. É o momento de já se organizar para chegar a essa cidade, caso não seja aquela em que você reside. Não perca tempo para decidir a forma de transporte e o lugar em que você ficará! Caso sua viagem não seja de carro, veja os preços das passagens e se organize o quanto antes. Caso você não vá ficar na casa de parentes ou amigos, pesquise os hotéis, pousadas ou albergues disponíveis e reserve também com a maior antecedência possível.

Neste prazo de dois meses de antecedência você dificilmente encontrará promoções, na verdade o mais provável é que os preços subam com o tempo, e alguns lugares em cidades menos estruturadas podem até ir se esgotando com a demanda causada pelo concurso. Se você estiver prestando vários concursos, é o tipo de economia que pode fazer toda a diferença para o seu equilíbrio financeiro durante a preparação!

Quando você obtiver a confirmação e o endereço do local de prova, o que provavelmente ocorrerá algumas semanas ou dias antes da prova, não deixe de ver onde ele se localiza e estudar os melhores meios de chegar a ele. O acesso de carro, em especial, pode exigir mais atenção com relação ao tempo – pois, em locais de provas com muitos candidatos, estacionar ou mesmo acessar o local pode levar um tempo maior. Preveja bastante tempo de antecedência, a ponto de englobar todos os eventuais riscos que podem acontecer, desde um pequeno engarrafamento até algo maior, como um pneu furado.

Não dê bobeira nessa hora! Chegar cedo e da forma mais tranquila possível, tanto em termos da viagem (se necessária) quanto do deslocamento dentro da cidade até a prova, será algo extremamente vantajoso – não apenas para garantir que você não atrase, mas para evitar desconfortos que podem fazer subir seu nível de estresse e de ansiedade!

Veja os materiais e documentos necessários:

Agora que você já se inscreveu e planejou toda a sua logística até a prova, não se esqueça de pensar em tudo que será necessário levar no dia. O edital disporá sobre aquilo que é essencial na hora da prova, o que normalmente incluirá um documento de identidade com foto (e recomenda-se que ela seja recente) e o comprovante de inscrição – é bom levá-lo mesmo se não houver necessidade, para poder comprovar sua inscrição caso tenha havido algum erro por parte da banca.

É bom ler com atenção todos os itens do edital para evitar surpresas. Normalmente a preocupação se resume a levar o documento e o comprovante, mas o candidato deve estar atento a tudo. O vestibular da FUVEST, por exemplo, determina que o candidato leve uma foto 3x4 no primeiro dia da segunda fase. Perceba, é uma informação que você jamais descobriria se não estivesse bem informado. Alguns concursos jurídicos permitem a consulta a determinados materiais na segunda fase – imagine sua desvantagem se você não tivesse essa informação...

Além dos documentos exigidos, atente-se aos materiais necessários. A caneta normalmente deve ser preta e transparente – leve mais de uma para o caso de ela falhar. Provas específicas que envolvam cálculo ou desenho podem pressupor o uso de outros materiais. Alguns concursos proíbem até mesmo o uso de lápis e borracha, mas caso não seja proibido vale sempre a pena levar estes itens, pois eles podem facilitar a resolução de questões no rascunho – em especial as de exatas.

Lembre-se, por fim, de levar o necessário para a sua alimentação e hidratação durante a prova.

5.4. DICAS PARA A REALIZAÇÃO DA PROVA

Como já conversamos, saber fazer uma prova é muito importante. É quase uma arte. É muitas vezes o que afasta bons candidatos da aprovação, por não saberem colocar no papel todo aquele conhecimento que adquiriram. Assim, tendo feita toda a preparação que discutimos até aqui com relação ao descanso, à logística e os demais aspectos abordados, resta agora saber como abordar uma prova tão longa e complexa como as dos concursos fiscais! E nossa análise pode certamente ser estendida para muitos outros tipos de concursos ou exames vestibulares...

As estratégias são bastante distintas no caso de uma prova objetiva ou discursiva, e é por isso que trabalharemos cada caso isoladamente.

5.4.1. Prova objetiva

Provas objetivas estarão presentes em praticamente todo concurso que você decidir prestar, já que são de fácil correção e não dão espaço para subjetividades. Na estratégia de resolução desse tipo de prova, alguns aspectos são importantes: o modo de abordar as questões, a ordem de questões a ser seguida, o controle do tempo. Vamos a eles!

5.4.1.1. O controle do tempo

Um dos principais pontos a serem trabalhados é a administração do tempo. Na última prova de Auditor-Fiscal da Receita Federal do Brasil, por exemplo, cada prova objetiva foi composta de 70 questões de múltipla escolha. Uma das provas podia ser resolvida em no máximo quatro horas, e a outra em quatro horas e meia.

O fator tempo foi muito importante – eu mesmo concluí a prova faltando menos de meia hora para o seu término. Note, porém, que nas discussões que os aprovados mantiveram nos grupos após a aprovação, e até mesmo em uma enquete feita posteriormente, foi quase unânime a resposta de que não faltou tempo para a prova. Ou seja: apesar de o tempo ser apertado, quase nenhum candidato aprovado teve que chutar questões por não ter tido tempo de lê-las e analisá-las.

Dessa forma, é essencial que você também tenha essa capacidade de terminar sua prova tendo lido todas as questões. Responder ou não é outra coisa, já que evidentemente haverá questões que você não saberá, mas você não pode se perder no tempo a ponto de não avaliar toda a prova. Isso é uma falha que, caso ocorra com você, deve ser corrigida.

A melhor forma de evitar que isso aconteça é ter um bom ritmo de prova, aliado a um controle do tempo. Esse controle não é tão fácil, pois na maioria dos concursos não é permitido o uso de relógios e o fiscal costuma indicar o tempo a cada meia-hora ou a cada uma hora. Mas, a partir dessa informação, é possível estabelecer certo controle da situação.

A primeira coisa para se ter em mente é que você deve dividir o seu tempo em três:

- uma etapa inicial, na qual você vai passar por toda a prova com certa rapidez, lendo e analisando brevemente todas as questões, e respondendo às questões que souber (um candidato já em um estágio competitivo responderia algo como 75% da prova nesta primeira etapa);
- uma etapa intermediária, na qual você vai repassar pela prova resolvendo com mais calma as questões que tiverem sido deixadas de lado na etapa anterior, por serem mais complexas ou deixarem alguma dúvida maior;
- uma etapa final, na qual você passará as respostas para o gabarito, já decidindo qual resposta vai dar para aquelas questões que você realmente não soube resolver.

Para a última etapa é interessante você reservar trinta minutos. Para a etapa intermediária, algo como uma hora seria muito bom. E o restante será destinado para a etapa inicial.

Vamos dar um exemplo inspirado em uma das últimas provas de Auditor-Fiscal da Receita Federal do Brasil: tínhamos um exame com 70 questões e uma duração de 4h30. Dessa forma, sua estratégia de resolução seria destinar trinta minutos à etapa final, uma hora para a etapa intermediária e o restante, que nesse caso seriam três horas, para a etapa inicial.

Como são setenta questões e três horas, você teria algo como 2,5 minutos (dois minutos e trinta segundos) para cada questão na etapa inicial. A título de exemplo, uma prova mais longa, com setenta questões e 5h de duração, poderia o dar uma média de três minutos por questão na primeira etapa.

Para seguir esse método, é importante, assim, que você:

- pegue o tempo total da prova,
- subtraia desse tempo 30 minutos para a etapa final, que servirá para a passagem das respostas para o gabarito oficial e para a última análise de algumas questões,

- subtraia do tempo restante 1 hora para a etapa intermediária, que servirá para a revisão das questões mais difíceis,
- pegue o tempo restante e destine para a etapa inicial, que servirá para a análise rápida de todas as questões,
- divida esse tempo da etapa inicial pelo número de questões da prova, a fim de saber sua média de tempo por questão.

Naturalmente vão surgir muitas dúvidas nesse momento. Vou simular algumas perguntas para explicar alguns pontos que poderiam gerar dificuldades:

"Eu vou ter o controle exato desse tempo?" Não. Como relógios normalmente são proibidos e o fiscal dá uma indicação do tempo a cada meia-hora ou uma hora, você terá de verificar por quantas questões já passou quando ele disser o tempo, e perceber se sua média está de acordo com o previsto. Se, por exemplo, você está na etapa inicial e já analisou 26 questões (idealmente respondendo a umas 20) quando o fiscal anunciar que já se passou uma hora de prova, você está com um ótimo desempenho – pois, com uma hora de prova e 2,5 minutos por questão, sua meta seria de 60/2,5 = 24 questões. Você está cumprindo uma meta que já é ousada, e pode seguir tranquilo. Seu controle, assim, é feito com base nos intervalos que o fiscal informa e na média de tempo por questão que você planejou.

"Esse tempo é constante para cada questão?" Não. Questões de língua portuguesa, língua estrangeira, raciocínio lógico e contabilidade costumam levar mais tempo – pois as disciplinas de linguagem podem exigir a leitura de textos antes da resolução, e as questões ligadas às exatas exigem uma resolução que é naturalmente mais demorada, pois não passa por uma análise de cada alternativa, mas sim pela construção de uma resposta por meio dos seus cálculos.

"Essa estrutura deve ser seguida de forma rígida?" Não necessariamente. É a forma que eu uso e gosto muito, mas pode acontecer de uma prova ser mais ou menos complexa, ou ainda ter mais ou menos questões, o que leva a pequenas mudanças na abordagem. O objetivo, de toda forma, é que você não se perca!

Perceba: quando falamos em 2,5 minutos para cada questão na etapa inicial da resolução, é pouco tempo para algumas questões, mas pode ser bastante para outras (aquelas que têm pouco texto e cuja resposta você já saiba logo de cara). Mais do que isso, por ser uma meta bastante audaciosa, isso o mantém sempre atento – e melhor, longe do risco de perder o controle do tempo.

"E se o fiscal anuncia que já se passou uma hora (o que idealmente representaria 24 questões já feitas no nosso exemplo), mas eu estou na questão de número 20?" Nesse caso, você deve ter a capacidade de avaliar aquilo que está fazendo. Se essas questões forem questões longas, de língua portuguesa ou raciocínio lógico, por exemplo, você ainda pode estar dentro da média. Apenas tome o cuidado de controlar bem o tempo, pois quando você entrar em questões mais rápidas, em matérias como auditoria ou administração, seu ritmo obrigatoriamente tem de subir.

"E se eu estou na etapa inicial, na questão de número 30, mas soube responder a apenas 14 questões?" Isso é um problema mais grave, que indica que a prova até este momento está mais difícil do que você poderia enfrentar. Como o ideal é que um candidato responda com certa segurança a algo como 75% das questões já na primeira etapa, esse número está bem abaixo disso.

Pode ser compreensível, caso sejam matérias em que você costuma ter um desempenho inferior, mas de toda forma isso exige maior atenção. Essas 16 questões cuja resposta você não sabe terão de ser analisadas na etapa intermediária, quando o tempo é menor (pois é um momento de revisão das questões que você já analisou, mas não soube responder) e o ideal é que restassem apenas 25% das questões (com 14 questões de 30 você está com uma média parcial inferior a 50%!).

Se a resolução continuar dessa forma, não vai haver tempo suficiente para entregar uma prova bem-feita. Para esse nosso método funcionar, você não deve nem atrasar a velocidade de análise das questões, nem manter uma média baixa de questões respondidas em comparação com aquelas analisadas...

Ao concluir a primeira etapa em um bom nível, você terá respondido a algo como 52 questões (das 70 existentes). Na segunda etapa, você dedicará uma hora às questões não respondidas, a fim de fazer um "pente fino" e buscar pontos ali também. Pode ser o caso de questões na qual você ficou em dúvida por achar que mais de uma alternativa estava correta, questões nas quais você não detectou nenhuma alternativa correta em um primeiro momento, questões que você não faz ideia de como resolver e vai ter que tentar encontrar a resposta com base em alguma contradição. Enfim, você vai garimpar nessas questões mais difíceis alguns pontos a mais para aumentar o seu desempenho.

Na terceira etapa, você vai começar a passar as respostas para o gabarito oficial, com muita atenção e sem fazer tal tarefa de forma apressada, sob o risco de cometer algum erro que o faça perder os pontos. Rasuras não são aceitas, então confira direitinho o número da questão e a alternativa marcada no caderno de questões antes de passar a resposta definitiva ao gabarito. Atente-se ainda, nas instruções, para a forma como a banca solicita que você marque o campo da resposta. Normalmente você deve cobrir todo o espaço daquela alternativa (daquela "letra") com tinta, e não apenas fazer um "X".

Durante a terceira etapa, suponhamos que ainda faltem cinco questões com as quais você realmente não saiba o que fazer – elas não foram respondidas na primeira nem na segunda etapa, mas você ainda acha que dá para analisar mais um pouco. Quando você passar as respostas para o gabarito, deixe essas em branco. Continue passando todas as outras respostas para o gabarito. Quando você terminar, terá um gabarito já praticamente todo preenchido, e terá alguns minutos para essas questões. Tente resolvê-las até o último minuto, e quando o fiscal anunciar que falta apenas um minuto, passe essas cinco respostas faltantes para o gabarito, chutando-as se for o caso.

Pronto! Você respondeu à prova utilizando todo o tempo de que dispunha de forma organizada!

5.4.1.2. Perdi o controle do tempo. E agora?

Entender o método acima não é tão complexo, o problema é colocá-lo em prática. É necessária muita experiência e muita velocidade de prova, que muitos candidatos com uma boa bagagem acadêmica já possuem e outros, que ainda precisam desenvolver essa habilidade, podem adquiri-la fazendo provas, simulados e outros concursos.

É necessário também conhecimento sobre os temas cobrados, pois o método exige velocidade e um bom nível de acertos já na primeira análise das questões. Isso é desenvolvido durante os seus estudos, tanto na questão do ganho de conhecimento teórico quanto no aprimoramento da velocidade de leitura e da resistência ao cansaço.

Cap. 5 · A PROVA | 205

Candidatos competitivos dificilmente escolhem questões, e evitam ao máximo deixar uma questão sem ser ao menos lida e analisada.

Mas, para deixar a análise mais completa, vamos supor que esse controle do tempo não tenha dado certo. Isso é algo que pode acontecer até com os melhores concurseiros, caso tenham sido surpreendidos por uma prova muito difícil ou estejam em um mal dia. Nesse caso, o que fazer? A médio prazo você pode pensar em reforçar os estudos e a prática de prova, mas e ali, naquele exato momento, o que você pode fazer?

Suponhamos que você está resolvendo a primeira etapa e o fiscal comunicou o tempo já decorrido. Seu número de questões analisadas e respondidas está com um descompasso muito grande em relação à sua meta, e não há nenhuma explicação que seja coerente (por exemplo, se você estivesse respondendo as questões de disciplinas mais demoradas primeiro). Se for até a primeira hora de prova, dá para você colocar na cabeça que deve ser mais rápido e mudar este cenário, mantendo o mesmo método. Mas, num momento mais avançado da prova, manter essa estratégia é muito arriscado, pois pode levar a uma prova incompleta. É hora de agir.

Num cenário complicado como este, em um concurso no qual há mínimos por matéria (como o da Receita Federal, que exige 40% em cada disciplina) você deve começar a pensar em não ser eliminado por esta regra. Assim, faça as questões de cada disciplina até atingir um número de 50% respondidas com certa segurança – isso corresponde ao mínimo de 40% acrescido de uma pequena margem. Cumprido esse número, passe para a próxima disciplina, a fim de chegar a um cenário no qual você terá respondido a no mínimo 50% de cada disciplina.

Quando você terminar de passar por todas as disciplinas, caso sobre tempo, volte àquelas disciplinas nas quais você julga que está no limite e tente fazer mais algumas questões. Feito isso, comece a fazer as questões das disciplinas que você conhece melhor, a fim de aumentar sua pontuação total no concurso – já que esta deve ser superior a 60% no total.

Caso não se trate de um concurso em que haja mínimos por disciplina, o seu objetivo será fazer o máximo de pontos, independentemente das matérias. Assim, em uma situação de dificuldade com o tempo, vá para as questões que você conhece melhor e tente arrancar o máximo de pontos dali, passando às outras disciplinas à medida que você for concluindo as matérias que lhe são mais familiares.

Como eu disse, o ideal é que você seja capaz de concluir a prova toda. É para isso que você deve treinar, e é isso que os candidatos mais bem preparados fazem. Mas, num momento de pane na hora da prova, as estratégias que conversamos acima são muito boas para ter um "plano B", uma estratégia de contingência dos riscos que permita que você corrija seu estilo de prova em face das dificuldades eventualmente enfrentadas.

5.4.1.3. A ordem das matérias

Essa é uma discussão que, em conjunto com o item anterior, auxilia bastante no entendimento de como você deve enfrentar a sua prova. Você não necessariamente precisa estabelecer uma ordem de questões predeterminada – na verdade o ideal é que você esteja com os assuntos tão na ponta da língua que consiga desenvolver a sua prova do começo ao fim, sem maiores preocupações com a estratégia. Mas é inegável que há casos nos quais a escolha da ordem de matérias a serem atacadas pode facilitar o controle e aumentar a confiança do candidato.

Há duas formas de escolher as matérias que eu acho adequadas: começar com as matérias com as quais você tem mais afinidade, ou começar com as matérias cujas questões são de leitura e resolução mais rápidas.

No primeiro caso, ao começar com as matérias que você prefere, você conseguirá, em teoria, ter um bom desempenho inicial em sua prova, o que lhe dará mais confiança e facilitará o controle do tempo. Isso gera resultados mais fortes caso estejamos falando de um candidato que está em níveis diferentes em cada matéria.

Para um candidato que esteja com um conhecimento equilibrado em todas as áreas, acredito que uma boa forma é começar atacando as questões de resolução mais rápida – na prova de Auditor-Fiscal, seriam aquelas de Administração, Auditoria e Direito. Não estamos aqui dizendo que são as mais fáceis, mas sim que são as matérias que normalmente não envolvem a leitura de longos textos ou a necessidade de fazer cálculos. Nessa estratégia, matérias como Contabilidade e Raciocínio Lógico seriam deixadas para o final.

Caso sua escolha seja por este segundo método, não se perca no tempo! Perceba que, ao iniciar com questões que são feitas mais rapidamente, você deve avançar mais rápido que aquela média de 2,5 minutos por questão que havíamos determinado para a prova. E por quê? Simples: porque as questões que ainda virão exigirão mais tempo, e se você não criar essa vantagem de tempo durante as questões mais rápidas, poderá se ver em dificuldades com o relógio ao final do exame.

Como já conversamos no item anterior, se no meio da prova você detectar dificuldades com o controle do tempo, deve mudar a ordem das matérias da forma que expusemos (em provas que exigem um mínimo por matéria, você deve passar por todas as disciplinas de forma mais rápida, e, em provas que não exigem mínimo, você deve estabelecer uma ordem de disciplinas que vá da que você conhece melhor para a que você conhece menos).

O que expusemos de forma rápida aqui são, na verdade, sugestões. Diferentemente do método de resolução em três etapas que estamos debatendo, o qual eu recomendo fortemente para a resolução de uma prova, para a ordem de questões, não vejo uma regra exata. Sinta-se livre para estabelecer a ordem que você prefere, tendo em mente que o bom senso conta bastante, e o seu desempenho deve estar sempre em primeiro lugar!

5.4.1.4. Abordando as questões

A discussão que tivemos nos itens anteriores corresponde a uma análise macro da sua prova. Refletem como um candidato deve olhar para a prova inteira e controlar o seu tempo. A partir de agora vamos discutir uma análise micro, ou seja, como eu olho para uma questão e a resolvo. Mas é preciso ter em mente que as duas partes se comunicam, pois não é possível pensarmos em um método de abordar as questões sem relacioná-lo com a estratégia de resolução de provas que passamos, com uma etapa inicial, uma intermediária e uma final.

Ao se deparar com a questão, você vai lê-la uma primeira vez com bastante atenção e vai ler também as alternativas. Se você já souber a resposta (caso seja uma questão de bate-pronto, que não envolva cálculos nem nada), marque um "X" sobre a letra que corresponde à alternativa correta e siga em frente. Você fará essa marcação no seu caderno de prova, e não no gabarito. No gabarito você só vai mexer na etapa final! Mesmo que você saiba a questão, não faz sentido passar a resposta para o gabarito agora, sendo que sempre há um risco de estarmos errados – e podemos vir a perceber isso durante a prova.

Caso você não saiba a resposta, leia novamente a questão, atentando-se aos pontos que parecem ser chave para a resolução. Pense um pouco sobre aquela questão – ou, se se tratar de uma questão que envolva números e você acredita que sabe como fazê-la, comece a fazer os cálculos. A análise de uma questão de humanas não deve superar os 2,5 minutos que conversamos, e os cálculos podem passar um pouco esta marca, considerando que outras questões serão feitas de forma mais rápida e equilibrarão a média de tempo.

Ao final deste tempo, se você tiver chegado à solução, responda à pergunta colocando um "X" sobre a letra correspondente no caderno de prova e siga para a próxima questão. Se você não souber a resposta correta, mas estiver entre duas alternativas, circule as letras correspondentes a essas alternativas e risque levemente as alternativas que você saiba que não são as corretas. Sublinhe os termos das alternativas que tenham feito com que você ache que elas estão corretas, e faça um traço sobre os termos das outras alternativas que o levaram a achar que elas estão incorretas. Circule também o número da questão.

Caso você não tenha nenhuma ideia de qual é a alternativa correta, coloque uma interrogativa ao lado do número da questão e siga em frente.

Ao fazer esse procedimento, você está colocando em prática a ideia de enfrentar a prova em três etapas, com a primeira sendo uma passagem rápida que não gasta mais do que dois ou três minutos por questão. Um candidato experiente mataria algo como 75% das questões nessa primeira passagem.

Ao circular duas alternativas que você acha que podem estar corretas, ao sublinhar termos do enunciado ou das alternativas ou ao fazer qualquer outra pequena anotação, você está facilitando sua vida para a segunda etapa, quando você passará novamente pelas questões que não foram respondidas nesta primeira etapa.

Ao final da primeira etapa, você estará com:

- questões respondidas, com um "X" na alternativa correta,
- questões cuja resolução está próxima, mas na qual está em dúvida entre duas alternativas ou não teve tempo de fazer todos

os cálculos – elas estarão com um círculo sobre o número da questão, e círculos nas alternativas que podem estar corretas, além de eventuais pequenas anotações e traços para lembrá-lo do que você pensou quando passou pela questão,

- questões que você realmente não sabe responder, indicadas por uma interrogação ao lado do número da questão.

Na segunda etapa, você repassará pela prova (idealmente na mesma ordem de questões que usou na primeira etapa) focando nas questões nas quais você ficou em dúvida (questões que foram circuladas e também, mais ao final, questões marcadas com a interrogação). Com um olhar mais atento, estando mais aquecido e também mais tranquilo por já estar com um bom número de questões respondidas, você poderá se debruçar de forma mais aguçada sobre cada uma dessas questões cuja resposta não saiu logo de cara.

O tempo para cada questão nessa etapa vai depender de quantas questões sobraram e de quanto tempo falta para a prova acabar. Havíamos conversado que, de preferência, deveríamos deixar ao menos uma hora para esta parte, mas logicamente se seu aproveitamento foi muito bom na primeira etapa, um tempo menor pode ser suficiente.

À medida que as questões forem sendo respondidas nessa segunda etapa, vá anotando com um "X" as letras escolhidas, tal qual foi feito na primeira etapa. Deixe as questões marcadas com uma interrogação para o fim, pois são aquelas nas quais será mais difícil de conseguir alguns pontos.

A terceira etapa começará trinta minutos antes da prova, rigorosamente. Quando der esse tempo, passe todas as questões que já foram respondidas (estão com um "X" em uma das alternativas) para a folha de respostas. Deixe apenas aquelas que ainda não foram respondidas. Idealmente, nessa altura você já tem uma boa quantidade das questões resolvidas e terá, assim, um gabarito praticamente todo preenchido, salvo em algumas questões que ainda aguardam resposta. A partir daí, nesses minutos que faltam até o término da prova você se debruçará sobre aquelas questões que ficaram, tentando a todo custo extrair um ou outro ponto.

Quando faltarem alguns minutos para a entrega, passe a resolução das questões que faltavam para o gabarito, chutando as que não puderam ser resolvidas.

Perceba que com essa abordagem você foi capaz de:

- tratar das questões de forma rápida no começo, a fim de facilitar o seu controle do tempo, respondendo a uma parte e deixando outra parte preparada para um segundo momento,
- ter tempo para reanalisar as questões que foram deixadas na primeira etapa, em um momento da prova em que você estará mais tranquilo por já ter passado pela prova toda,
- ter um tempo final para passar as questões já respondidas para o gabarito com calma e com a possibilidade de corrigir qualquer escolha feita durante a prova,
- usar o tempo de prova até o último minuto com a análise das questões que ainda não foram respondidas, a fim de garantir o aproveitamento máximo do tempo, chutando ao final aquelas que realmente não puderam ser resolvidas.

5.4.1.5. Respondendo às questões

Fazer prova é uma arte. Mais do que ter uma estratégia para enfrentar as questões de forma organizada, é preciso conseguir extrair o máximo de pontos possível de uma prova, até mesmo daquelas questões cuja resposta não sabemos. No fundo, a capacidade de colocar no papel aquilo que você sabe, e até mesmo aquilo que você não sabe, é um fator decisivo para definir quais candidatos serão os aprovados.

O principal fator para se conseguir um bom desempenho, é claro, é um estudo bastante forte. Mas há detalhes que, se bem executados no momento da prova, podem ajudar bastante um candidato!

Um primeiro ponto corresponde à atenção na hora da prova: você não deve, de forma alguma, errar questões que você sabe. Se isso ocorrer em simulados ou em outros concursos, não considere algo normal. Questões que você sabe resolver devem ser acertadas, e mais do que isso: em um período de tempo curto, que o possibilite uma vantagem para o restante da prova.

Para conseguir colocar isso em prática, é essencial uma leitura cuidadosa de cada questão. Tome cuidado com pegadinhas, tais como vírgulas ou partículas que podem mudar o sentido de uma frase. Preste, ainda, muita atenção ao que a questão está perguntando. Há questões que cobram a alternativa correta, e há outras que cobram a alternativa incorreta. Em uma questão de um conteúdo que você domine totalmente essa observação pode ser um detalhe bobo, já que você poderia detectar um erro desses ao verificar as alternativas não assinaladas. Mas, em uma questão mais difícil, ou ainda no calor de uma prova, um detalhe como esses pode facilmente induzir o candidato ao erro.

Tome muito cuidado para não errar cálculos. Mesmo que você tenha resolvido uma questão de raciocínio lógico e tenha colocado um "X" na alternativa correta, se você estiver com tempo, ao final da prova dê uma pequena revisada nas contas antes de passar a questão para o gabarito.

Sempre analise todas as alternativas de uma questão, mesmo que a primeira das alternativas seja a correta. Isso o proporcionará uma certeza maior da sua resposta, bem como chamará a sua atenção para algum erro que você tenha cometido na interpretação da pergunta, caso apareçam mais questões que pareçam corretas.

Utilize todo o tempo de prova, nem que seja para uma revisão, a não ser que realmente não haja mais nada a ser feito. Uma resposta incorreta que você perceba nessa revisão e altere em tempo pode o dar um ponto a mais, o que representa uma diferença enorme caso você esteja entre os candidatos que estão próximos à nota de corte. No concurso de Auditor-Fiscal, por exemplo, não é raro ter mais de dez candidatos empatados com uma mesma nota, ou separados por algo tão pequeno quanto 0,25 pontos (a prova discursiva pode gerar esse tipo de nota "quebrada"). Um ponto pode fazer toda a diferença.

Além de garantir que as questões que você sabe resolver lhe renderão todos os pontos possíveis, é fundamental garimpar pontos naquelas questões cuja resposta você não sabe. E isso pode se dar de diferentes jeitos. Não são métodos 100% seguros, mas são métodos que aumentam suas chances de acertar uma questão ao reduzir as alternativas possíveis.

Pode ser que duas alternativas digam a mesma coisa, e como não pode haver duas alternativas corretas, então ambas estarão erradas. Pode ser que uma questão apresente uma contradição entre duas alternativas – e que, dentro da lógica da questão, se uma estiver errada a outra necessariamente estará correta. Nesse caso, você acabou de reduzir seu universo de escolha a duas alternativas, aumentando suas chances de chute de 1/5 para 1/2.

Tome cuidado com alternativas contendo expressões como "sempre", "nunca", "todos". Mesmo que você não saiba bem toda a teoria que aquela questão exija, basta você encontrar na sua memória um exemplo que quebre a regra para ter a certeza de que a alternativa está incorreta.

Nas questões com texto, preste atenção a alternativas que generalizem muito um conceito, ou que tragam impressões que soem preconceituosas. Elas muito provavelmente estarão erradas.

Nas questões que envolvam números, caso você esteja no final da prova e realmente sem tempo para concluir seu cálculo, veja entre as alternativas se já há casos que não correspondam àquilo que você está calculando. Pode ser uma análise de sinais (você está calculando algo que certamente é negativo e a alternativa traz uma resposta positiva, por exemplo), uma análise de ordem de grandeza (seus cálculos apontam para algo entre 5 e 10, e a alternativa traz o número 1000). Essas alternativas podem ser descartadas antes mesmo do final dos cálculos. Assim, com base em seu raciocínio, você poderá encontrar as respostas mesmo quando você não tenha tempo para fazer todas as contas. Se você tiver tempo, porém, é claro que é melhor chegar ao resultado final e ter a certeza do que está fazendo.

Quanto aos chutes, eu não sou muito fã das teorias que falam que é melhor chutar de tal ou tal forma, levando em conta as questões que você já respondeu e qual letra aparece menos no seu gabarito, por exemplo. Isso costuma ser até mesmo arriscado, pois se você já cometeu muitos erros na sua prova, estaria propagando o erro.

Em uma prova que não penalize o chute, tal como costumam ser as provas da ESAF, FCC e Vunesp, com quatro ou cinco alternativas por questão, você com certeza deve chutar aquelas que você não sabe. Mas o melhor é não fazer isso com base na alternativa que apareceu menos no gabarito, e sim encontrar, em cada questão, detalhes que o façam acreditar que a alternativa correta provavelmente é uma e não outra. O descarte de duas alternativas, por exemplo, pode fazer com que suas chances aumentem de 1/5 para 1/3 no chute, o que é algo considerável.

Em uma prova no estilo de verdadeiro ou falso, que corresponde ao estilo tradicionalmente usado pelo CESPE (que não faz as provas de Auditor-Fiscal da Receita Federal do Brasil, mas organiza muitas provas importantes no país), e em que há a penalização do erro, a abordagem muda consideravelmente. Vamos, assim, conversar um pouco sobre isso, a fim de fortalecer sua estratégia de prova sempre que você enfrentar essa situação!

Nesse tipo de provas (que eu, particularmente, não gostava de fazer, mas que têm se tornado comuns), se você sabe a resposta não há dúvidas: você deve marcar. Marque a letra "C" se a afirmativa estiver correta, ou a letra "E" se ela estiver errada – podendo aproveitar as dicas que demos acima, com relação a afirmativas que contenham palavras muito restritivas, afirmativas contraditórias etc.

Até aí tudo bem, pois ter que marcar o que você sabe é algo bastante evidente. Mas agora vem outro detalhe: se você não tem certeza, mas está pendendo para uma resposta, você também deve marcar! Nesses momentos em que não estamos 100% certos, sempre ponderamos entre marcar ou deixar em branco, já que temos medo da penalização, porém marcar, nesse cenário, é algo bastante lógico.

Em um cenário no qual você não tem ideia se a afirmativa é correta ou falsa, suas chances de sucesso no chute são, em teoria, de 50%. No entanto, se você não tem certeza, mas ainda assim tem a impressão de que já sabe a resposta, com base no que estudou ou nas questões que já viu, está deslocando esse equilíbrio a seu favor. Agora você não tem mais 50% de chances de acertar, mas, digamos, 70% de chances.

Pensar em termos de risco é algo difícil para nós, pois muitas vezes nosso cérebro não foi condicionado para isso. Há um livro chamado *O Andar do Bêbado*, de Leonard Mlodinow, que discute esse tema e é muito interessante, abordando temas como risco e meritocracia, por exemplo. Vale muito a pena a sua leitura.

Pois bem, em uma questão, essa ideia de 70% de chances de acerto pode não aparecer de maneira clara, pois o medo dos 30% de risco de errar é grande, mas se pensarmos em um número grande de questões a coisa faz muito sentido.

Se em 40 das 120 questões, você não tiver a plena certeza do que está marcando, mas tiver uma inclinação para a alternativa "C" ou para "E", e simplesmente não responder nada, ficará com zero. Não atrapalhará sua nota construída a partir das questões que soube responder com segurança, mas também não pontuará mais do que isso. Mas, se partirmos da premissa de que nas questões em que você está com certa inclinação para uma resposta subiu as chances de sucesso de 50% para 70%, você tem uma expectativa de acertar 70% das 40 questões (ou seja, 28) e de errar 30% (ou seja, 12). Seu saldo final será de 28 - 12 = 16. Ou seja, valeu a pena!

Essa é uma análise estatística, o que significa que o resultado não será sempre este, mas que há uma esperança de que ele esteja em torno disso – o que já é vantajoso para o candidato e tende a lhe trazer bons frutos em geral.

E nas alternativas em que eu realmente não faço ideia se a afirmativa está certa ou errada? Aí é preciso pensar bem.

Houve provas em que a penalização de erros não era um para um. O acerto valia +1, mas o erro não valia -1. Valia, por exemplo, -0,5. Nesse caso você deve chutar até mesmo as afirmativas que não sabe. Seguindo um raciocínio análogo ao que desenvolvemos acima, digamos que você vá chutar 30 questões, sem ideia alguma sobre elas. Você tende a acertar 15 e errar 15, mas isso renderá 15 pontos positivos e 7,5 pontos negativos – ou seja, seu saldo é favorável. Normalmente as provas do CESPE têm 60 afirmativas certas e 60 erradas, e assim você poderia ver qual das letras ("C" ou "E") saiu menos e chutar todas as que você não sabe nessa letra.

Se a prova trouxer uma penalização de um para um, ou seja, uma errada anula uma certa (o que é o mais normal de encontrarmos nas provas do CESPE), seu raciocínio muda um pouco e deve ser ainda mais estratégico. Nesse caso você tem duas alternativas: não responder, e ficar sem ganhar nem perder nessas questões, ou chutar todas na alternativa que tenha aparecido menos até então. Mas há um problema: sua margem de ganho é pequena, e isso só o beneficiará se você tiver tido um bom desempenho até este momento. Um mal desempenho pode fazer com que a alternativa que tenha saído menos não seja aquela, e dessa forma você pode errar mais que acertar nesses chutes – perdendo pontos ao invés de ganhar.

Nessas situações, eu recomendo ao candidato avaliar aquilo de que ele precisa. Se você está com um bom número de questões respondidas com segurança e acha que já está com uma pontuação que o coloca nas vagas, não arrisque. Simplesmente deixe em branco as questões que você não sabe nem tem alguma ideia sobre a possível resposta. Mas, se você acha que está abaixo da nota de corte, esse método de chute pode ser uma última tentativa de buscar os últimos pontos que o separam da aprovação!

Em complemento a tudo o que dissemos aqui, e independentemente do estilo ou da banca da sua prova (e das diferentes técnicas que isso implica), tenha algo em mente: Prova é garra. Não deixe nunca de buscar até o final os pontos que podem fazer com que você seja aprovado!

5.4.2. Prova discursiva

A prova discursiva tem algumas características bastante peculiares e diferentes das da prova objetiva, e dessa forma vale a pena abordarmos a sua resolução em item separado. Este tipo de prova tem sido constante nas provas de Auditor-Fiscal desde 2009, além de diversos outros concursos fiscais e jurídicos – sem falar em muitos dos grandes vestibulares e no ENEM.

A prova normalmente traz conteúdos mais amplos, que não exigem que você alcance os detalhes que normalmente são exigidos na prova objetiva, mas que consiga redigir uma resposta clara, coesa e correta sobre o que foi pedido.

5.4.2.1.Controle do tempo

Há provas discursivas em que o controle do tempo não costuma ser um grande problema – foi o caso do último concurso para Auditor-Fiscal, em 2014. Havia duas questões de vinte a quarenta linhas (duas redações, praticamente) a serem feitas em um período de três horas.

Há provas, porém, que trazem a prova discursiva com um número grande de questões, e que exigem um controle maior. Podemos citar como exemplo o próprio concurso de Auditor-Fiscal de 2012 – que pediu resolução de três questões e a elaboração de um tema em um período de cinco horas. Ou seja, mais que dobrou a dificuldade em relação ao de 2014 sem nem ao menos dobrar o tempo.

Diferentemente dos concursos para Auditor-Fiscal, que exigem mais de uma questão discursiva, alguns concursos exigem apenas uma redação na parte discursiva, e ela pode até mesmo vir junto com a prova objetiva dentro do mesmo período, normalmente grande (tal como cinco horas), deixando que você administre esse tempo. Esse é o caso que exige mais planejamento.

Caso você esteja enfrentando um concurso desse último tipo que citamos, que misture o tempo das provas objetivas e discursivas, recomendo ler o enunciado da redação antes de tudo, mas deixar a elaboração dela para o final. Ao ler o enunciado você perceberá se está a par do tema ou não, poderá fazer pequenas anotações para se lembrar do que pensou quando voltar à questão no final da prova, e assim estará mais apto a estimar o tempo que deixará para a resposta discursiva.

Tente concluir a objetiva o mais rápido possível para ter tempo de fazer uma boa prova discursiva, mas caso você esteja perdendo tempo, deixe algo como apenas uma hora para a redação. E, a depender do tempo restante, abra mão do rascunho – mas isso não é o ideal, é apenas em caso de necessidade.

Nas provas que trazem várias questões – e que normalmente preveem um período destinado apenas à prova discursiva –, a distribuição do tempo entre cada uma delas deve ser igual, a não ser que haja a previsão de que uma questão discursiva seja maior que a outra (tal como o tema que era pedido em concursos anteriores da Receita Federal, que podia chegar a 60 linhas). Nesse caso você deixaria algo como o dobro do tempo para ela, em relação a cada uma das outras.

Suponhamos, então, que estejamos lidando com a prova de Auditor-Fiscal de 2012: um tema e três questões em cinco horas. O natural será prever duas horas para o tema e uma hora para cada questão. Trabalhar com uma ideia de cinquenta minutos para as questões pode ser ainda melhor, a fim de deixar uma margem de segurança no seu controle.

A fim de não se perder no final da prova, nem ficar com a mão doendo de tanto escrever, o melhor é ir passando as questões a limpo dentro desse intervalo destinado a cada questão. Ou seja, nesse período você vai elaborar sua resposta, fazer um bom rascunho e também passar a limpo, já "matando" aquela questão e seguindo para a próxima.

Como no caso dos concursos fiscais são poucas questões, não temos muito o que falar sobre a escolha da ordem delas. O ideal é que você leia todos os enunciados antes de iniciar a prova e comece atacando aquelas questões que são mais fáceis para você – pois dessa forma estará reduzindo seu risco de se perder no tempo e garantindo os pontos que estão mais ao seu alcance.

Se a prova for cheia de questões discursivas de menor porte, tal como pode ocorrer em alguns concursos jurídicos ou em vestibulares, a escolha da ordem de questões se aproxima mais daquilo que discutimos para a prova objetiva: faça a prova sem escolher questões ou comece pelas matérias que são mais fáceis para você – já que ler todos os enunciados antes de começar certamente não será viável nesse caso específico.

5.4.2.2. Respondendo às questões

Ao se deparar com uma questão discursiva, primeiramente leia de forma atenta todo o enunciado – tanto a questão quanto os eventuais textos que ele trouxer. Com foco no que foi pedido no enunciado, sublinhe nos textos os pontos que serão úteis à sua resposta, ou ainda levante pontos que a seu ver devem estar presentes na sua resposta.

A prova discursiva da Receita Federal não costuma ser sobre temas abertos, mas sim trazer verdadeiras perguntas sobre cada matéria, bem enquadradas e que muitas vezes já dirigem o candidato para o modo de resposta que ela deseja. Veja este exemplo da prova de 2014:

Questão 1 – Discorra, em um mínimo de 20 (vinte) e em um máximo de 40 (quarenta) linhas, sobre o Simples Nacional, abordando os seguintes tópicos:

a) O que é, quem pode e quem não pode optar por este regime (quais os parâmetros legais); de que forma se dá essa opção; quem possui a competência para regulamentá-lo; o que se considera receita bruta para fins de aplicação do simples nacional.

b) Quais os tributos que têm seu recolhimento unificado abrangido pelo Simples Nacional; se o Simples Nacional é facultativo para Estados e Municípios.

c) Como deverá proceder o contribuinte optante pelo Simples Nacional que auferir receitas sujeitas a substituição tributária ou decorrentes de exportação; se há alguma distinção, no tocante às obrigações acessórias, entre optantes do Simples Nacional e os demais contribuintes.

Perceba que o examinador já deixou claro o que ele espera de você. É diferente de uma questão aberta, como as que normalmente estão presentes em vestibulares. É uma questão que deve ser respondida tal qual se segue uma receita de bolo, item por item. É claro que você pode não saber bem um item, e é claro também que a prova deve ter uma coesão (você não responderá a cada letra de forma separada, seu texto será único), mas a escolha dos pontos que você vai abordar já está dada.

Caso a questão fosse mais ampla, como dissemos, você levantaria em sua cabeça os pontos que julgasse importantes para colocar em sua resposta, buscando em textos de apoio (caso haja) ou a partir de um raciocínio feito na hora.

Com os pontos que você vai abordar já escolhidos, é hora de estruturar um texto que responda adequadamente às questões. Em provas de questões curtas, tal como ocorre em vestibulares, seu objetivo seria o de ser claro e conciso, apenas apresentando e motivando a resposta. Em uma prova que prevê questões que são praticamente redações, tal como as provas fiscais e jurídicas de alto nível, seu objetivo será o de apresentar um texto.

Um bom texto tem uma pequena introdução que aborde o problema, iniciando o leitor àquele tema. Nesse caso da questão 1 da prova de 2014, o primeiro parágrafo já poderia conter as informações mais básicas que foram pedidas, como o que é o simples, bem como um eventual comentário sobre seu objetivo de simplificação e suporte às microempresas e empresas de pequeno porte.

Nos parágrafos intermediários você desenvolverá a resposta, abordando os pontos que o examinador solicitou, colocando-os na medida do possível em uma ordem lógica. Nesse exemplo que apresentamos não havia maiores dificuldades, mas para uma questão mais aberta seria necessário traçar um caminho que levasse do parágrafo inicial ao final de forma sistemática.

O fechamento costuma trazer um dos pontos finais, ou ainda uma conclusão – algo que deixe claro que seu texto não está terminando de uma hora para a outra. Nesse caso poderia ser algo como "O

Simples, marcado pelas características apresentadas e por evoluções que permitem seu constante aprimoramento, pode representar uma importante ferramenta para a diminuição da burocracia e o aumento da justiça tributária no País". Perceba: saímos um pouco do padrão descritivo da resposta para concluir o texto, mas ganhamos em estilo sem comprometer o caráter técnico.

Tanto nessa conclusão quanto ao longo do texto, não extrapole no uso de palavras de "embelezamento". Essa redação que demos de exemplo no parágrafo acima foi uma sugestão para quebrar um texto muito descritivo e monótono, mas o coração do seu texto reside na resposta às questões. O examinador deve perceber que você tem a capacidade de escrever, mas não pode ter a impressão de que você está enrolando. São duas situações cuja diferença é bastante perceptível.

Ao longo do texto, principalmente caso o texto peça uma opinião sobre determinado assunto, não traga opiniões fortes e, acima de tudo, não seja preconceituoso. Estamos em um mundo marcado por discursos extremistas, propagados por redes sociais e pela televisão, mas que não encontram lugar em ambientes intelectuais – e tampouco em uma redação de alto nível. Seja ponderado e, nos casos em que seja necessária uma opinião, traga sempre que possível os diferentes pontos de vista sobre o tema.

Em sua resolução, explique de forma detalhada aqueles temas que foram pedidos no enunciado. Não trate o examinador como um sabe-tudo, trate-o como uma criança para a qual você deve explicar muito bem aquilo sobre o que está escrevendo (mas dentro do número de linhas e sem deixar outros pontos sem resposta, claro). O objetivo do examinador é avaliar se você sabe o conteúdo, portanto você deve mostrar isso para ele de forma indubitável.

Evite ainda dar nomes poéticos ou complexos a coisas ou institutos que têm um nome claro e distinto. Vou explicar com um exemplo: algo muito comum na linguagem fiscal é o lançamento tributário. Se você já estudou Direito Tributário certamente deparou com esse tema, e, se não estudou, certamente verá esse ponto em seus estudos.

Pois bem, suponha que ao se referir ao lançamento tributário, a fim de deixar seu texto mais rebuscado, você resolva chamá-lo de "ato administrativo que constitui o crédito tributário". Sem explicações nem nada, apenas essa expressão colocada logo de cara. Está correto, um termo efetivamente significa o mesmo que o outro. Então qual é o problema? Simples: a prova não será corrigida por um especialista no tema, mas, sim, por um professor de português, que tem em mãos um espelho com os pontos que devem estar presentes na prova. Se ele não decifrar o que você escreveu, pode considerar que você não abordou o tema e retirar pontos.

Assim, entenda essa lógica de como a prova será corrigida para não cometer erros de abordagem que podem custar pontos. Seja claro e exato ao explicar os conceitos exigidos no enunciado, e tenha uma escrita coesa e mais bonita nos momentos em que você está ligando um tema ao outro ou concluindo sua redação. Dessa forma, você não deixará de mostrar que sabe fazer um bom texto ao mesmo tempo que não está se arriscando com relação à parte técnica da correção!

Já dissemos que a prova será corrigida por professores de português, que têm uma atenção natural à qualidade do texto e ao bom uso da língua portuguesa. Mais do que isso, ao avaliar os critérios de correção, percebemos que uma parte importante dos pontos corresponde ao uso do idioma. No concurso de Auditor-Fiscal de 2014, dois terços dos pontos de cada questão discursiva eram concedidos em função do desenvolvimento do tema proposto, e um terço em função do uso do idioma. Confira abaixo:

10.7 – A avaliação da prova discursiva abrangerá:

a) quanto à capacidade de desenvolvimento do tema proposto: a compreensão, o conhecimento, o desenvolvimento e a adequação da argumentação, a conexão e a pertinência, a objetividade e a sequência lógica do pensamento, o alinhamento ao assunto abordado e a cobertura dos tópicos apresentados, valendo, no máximo, 20 (vinte) pontos para cada questão, que serão aferidos pelo examinador com base nos critérios a seguir indicados:

Conteúdo da resposta	Pontos a deduzir – cada questão
Capacidade de argumentação	(até – 6)
Sequência lógica do pensamento	(até – 4)
Alinhamento ao tema	(até – 4)
Cobertura dos tópicos apresentados	(até – 6)

b) quanto ao uso do idioma: a utilização correta do vocabulário e das normas gramaticais, valendo, no máximo, 10 (dez) pontos para cada questão, que serão aferidos pelo examinador com base nos critérios a seguir indicados:

Tipos de erro	Pontos a deduzir
Aspectos formais: Erros de forma em geral e erros de ortografia	(-0,25 cada erro)
Aspectos Gramaticais: Morfologia, sintaxe de emprego e colocação, sintaxe de regência e pontuação	(-0,50 cada erro)
Aspectos Textuais: Sintaxe de construção (coesão prejudicada); concordância; clareza; concisão; unidade temática/estilo; coerência; propriedade vocabular; paralelismo semântico e sintático; paragrafação	(-0,75 cada erro)
Cada linha excedente ao máximo exigido	(-0,40)
Cada linha não escrita, considerando o mínimo exigido	(-0,80)

Perceba que a atenção ao bom uso da língua é muito importante. Apesar de um erro nesse campo representar uma perda de pontos menor que os erros relacionados ao conteúdo, se você não estiver atento, poderá cometer vários erros de português, que podem no total causar uma perda de pontos muito prejudicial à sua nota.

Nessa linha de raciocínio, tenha em mente que um cuidado especial com a caligrafia deve ser levado em conta. Não é necessariamente algo decisivo, pois eu mesmo tenho uma letra que eu considero feia e não tive maiores problemas em nenhuma das redações que já tive de fazer em concursos ou vestibulares. Mas, sem dúvida, caprichar no momento da prova pode fazer a diferença, pois o examinador poderá entender seu texto de uma forma mais fácil, e assim você não correrá o risco de perder pontos tanto por uma má compreensão do seu texto quanto por um desenho das letras que possa parecer errado aos olhos do examinador (um "t" mal cortado, um acento fora do lugar etc.).

Tenha atenção também aos aspectos formais da prova: cada linha excedente ao máximo exigido leva a uma perda de pontos, e cada linha não escrita abaixo do mínimo exigido leva a perdas ainda mais importantes!

Para ter um texto coeso, estruturado e sem rasuras, o ideal é fazer um rascunho bastante completo. Só abra mão dele se você estiver realmente sem tempo. É uma oportunidade de montar seu texto, riscar partes que pareçam desnecessárias após uma primeira leitura, controlar o número de linhas, trabalhar bem a questão da beleza textual e analisar se todos os pontos foram cobertos. A partir desse rascunho você passará sua redação para a folha de respostas, com uma boa ideia do que deve ser feito e com atenção à caligrafia. Essa tática deixará sua redação muito melhor, e consequentemente lhe renderá pontos que podem ser decisivos para a sua aprovação!

5.5. CONTROLE EMOCIONAL E DO CANSAÇO

Vamos deixar essa parte final para falar desses dois pontos, que são importantes tanto para a prova objetiva quanto para a discursiva. Fazer uma prova, como já conversamos, envolve saber colocar no papel aquilo que você estudou. Mas a falta de estratégia na resolução pode não ser sua maior inimiga: saber controlar fatores externos às questões é igualmente importante.

Se você se preparou bastante para aquele concurso, não tem outra situação: a prova será o seu Dia D. Enquanto algumas pessoas se portam bem diante de um desafio como um concurso, outras tendem a ficar ansiosas ou com medo da prova – em especial se não têm tanta experiência com provas, ou se se dedicaram com exclusividade e estão jogando muitas de suas fichas naquele concurso.

Eu sempre fui uma pessoa muito tranquila ao fazer provas, fossem as do colégio, da faculdade ou até mesmo os concursos que fiz ao longo da preparação para a Receita – mas no dia da minha prova para Auditor-Fiscal eu estava um pouco ansioso. Talvez até um pouco menos que a maioria, mas eu passava de questão para questão com um certo medo de não saber responder a próxima, pois sabia da importância que cada questão correta teria para a minha aprovação.

Se você é um candidato que tem controle sobre isso, ótimo. Isso já é um grande passo a frente. Mas se você não tem um bom controle emocional, ou até mesmo se você é um candidato que costuma ter esse controle mas se depara com uma certa ansiedade na hora H, não se desespere. O importante é saber lidar com a situação.

Ao seguir nossas dicas de como fazer uma boa prova você já vai vencer uma parte dessa expectativa, pois o melhor remédio para combater esse problema é sentir-se no controle da situação e perceber que está cumprindo com os objetivos, acertando as questões dentro do tempo. Mas, se não estiver dando certo, pare e respire por alguns minutos.

Pode ser que com uma boa respirada e alguns segundos de descanso você consiga reduzir seu estresse e voltar a fazer a prova com mais qualidade do que você conseguiria se não tivesse dado essa relaxada.

Nessas paradas durante a prova, ou mesmo nos momentos antes da prova, caso você já esteja nervoso, eu gostaria que você pensasse em duas coisas:

1) Você é capaz de resolver aquela prova.

Se você estudou e se preparou, não há motivos para pânico. Todas aquelas pessoas ao seu redor, inclusive as que estão passando uma ideia de extrema confiança, estão com dificuldades em várias questões. A prova é difícil para todos, e você tem condições de resolvê-la. Pensar nisso vai lhe ajudar a desconstruir o medo que muitas pessoas acabam tendo em situações de dificuldade, ou ainda em situações de competição, na qual a falsa sensação de desvantagem perante outros competidores pode trazer muitos problemas;

2) Essa prova não á a coisa mais importante da sua vida.

"Ué, Kaique, mas agora eu me confundi: como vou fazer toda essa trajetória achando que essa prova não é tão importante?" Não é isso. Durante o seu estudo, você tem de colocar o concurso como um dos seus principais objetivos em termos de carreira. Ele vai demandar longas horas de preparação por vários meses, e sua fonte de motivação com certeza virá da sua vontade de exercer aquele cargo, da sua vontade de ter maior qualidade de vida, da visualização das melhorias que você vai poder proporcionar a todos que você ama. Mas esse pensamento se dará durante a sua preparação.

Na hora da prova, sua ansiedade vem justamente do fato de aquele dia ser tão importante. Se você começar a colocar mais pressão em si mesmo, e tentar vencer o estresse afirmando o quanto aquilo é importante, aí sim você corre o risco de travar de vez. Se você é uma pessoa que funciona sob pressão, isso pode funcionar bem. Mas se você está no grupo da maioria das pessoas, que não responde bem a situações de pressão, o ideal durante a prova é não se lembrar do quanto ela é importante.

Isso, logicamente, tem limites. Você não vai fazer intervalos longos como se não existisse amanhã, não vai deixar questões sem resposta sem lutar bastante para resolvê-las, não vai abrir mão de fazer uma prova da forma mais dedicada e caprichada possível. Mas, na hora do descanso, ou na hora em que a ansiedade bater pesado – especificamente nessa hora em que você precisa muito sair daquela pressão por alguns instantes –, tente pensar em quantas outras coisas boas você tem na sua vida. Seus pais, seus filhos, sua esposa ou seu esposo, seus amigos, os planos de vida, tudo que existe e vale tanto a pena. Aquela prova não vai acabar com o seu mundo. Ela é importante, pode melhorar a sua realidade, é aquilo para qual você está destinando muito esforço, mas não é a coisa mais importante na sua vida. Esse pensamento pode fazer com que você pare de olhar para aquela prova com medo e a enfrente de forma mais confortável.

Não existe uma honra a ser zelada no concurso. A maioria das pessoas ali ao seu lado já foi mal em algum. Se você for mal, você não vai ser mal visto, não vai sofrer nenhuma sanção, não vai deixar de ter nenhuma das coisas boas que já rodeiam você diariamente. Você vai sair pela porta da sala e se planejar, seja pelo estudo para outro concurso ou pelas várias outras portas que a vida pode abrir.

Esse tipo de pensamento o dará boas chances de "destravar" na hora da prova: "Essa prova é muito importante, mas não é a minha vida. Vou fazer de tudo para ir o melhor possível e fazer valer tudo aquilo que eu estudei, mas, se por uma mínima chance eu for mal, vou lidar bem com isso". Não há outro meio: a outra saída seria se desesperar, e essa daria resultados muito piores.

Esses intervalos que comentamos podem ser bons também para lidar com um momento de cansaço. A leitura atenta e rápida dos conteúdos vai eventualmente fazer com que você se sinta cansado em algum momento, em especial nos casos de duas provas no mesmo dia ou de várias provas no mesmo final de semana.

Nesse caso, faça pequenos intervalos para beber uma água, comer alguma coisa e descansar por alguns poucos minutos.

Não saia da sala a não ser que você precise ir ao banheiro – e não vá ao banheiro apenas por ir. Em muitas provas, em especial as objetivas, o controle do tempo é delicado, e uma saída da sala leva a uma perda de tempo muito maior. Se não houver uma necessidade de sair, faça seus pequenos descansos na carteira mesmo. Estique os braços, respire algumas vezes de forma mais pausada, descanse um pouco os olhos, pense naquilo que discutimos sobre o controle de ansiedade, e alguns minutos depois volte suas atenções novamente para a prova.

Se no quesito emocional dissemos para você pensar em tudo de bom que há lá fora, a fim de estabilizar sua enorme expectativa perante aquelas questões, no caso do cansaço físico a estratégia é outra. Você tem de pôr na cabeça que está ali para concluir a prova e que nada vai o atrapalhar. Pensando na importância de lutar até o fim por um número maior de pontos, dê até a última gota de esforço durante a prova – e então, ao final, você poderá descansar tranquilo sabendo que fez tudo que estava ao seu alcance para se sair bem. Além de conhecimento, prova é resistência, é superação e é garra.

5.6. O PÓS-PROVA

Ao sair da prova, descanse. Você merece. Poucas pessoas conseguem se dedicar aos estudos de forma intensa, e menos ainda conseguem vencer esta maratona que é a prova dos concursos atuais.

Caso você tenha a vontade de procurar saber se acertou ou não determinadas questões, nos concursos mais populares certamente haverá cursinhos fazendo correções logo após a prova. Caso não haja, ou, ainda, caso você não esteja encontrando essas correções ao vivo, poderá procurar algumas respostas por você mesmo – mas tome cuidado nesse caso para procurar de forma correta. Muitas vezes, na emoção do momento, você pode procurar as respostas de forma desconcertada, achar que errou questões que na verdade acertou e passar mal uma noite sem ter necessidade.

Poucos dias após a prova já será liberado um gabarito das questões objetivas, e você será capaz de ver quais questões acertou e errou. Mais que isso, vai ser capaz de ver o que a banca considerou certo ou não, e questionar tal decisão da banca, caso você julgue que aquilo não está correto. Há sempre um espaço para recursos, normalmente por meio de uma plataforma on-line. Os recursos da prova objetiva vão ser julgados pela banca e vão impactar todos os candidatos, não apenas aquele que enviou o recurso.

Nesse momento após o gabarito, você já terá uma ideia de como foi na prova, das chances que tem e do quanto deve estar atento à sequência dos trâmites do concurso.

Após um prazo que costuma ser de um mês ou dois, a banca divulgará o resultado final das provas objetivas, já levando em conta o gabarito após as eventuais alterações que os recursos tiverem gerado. Nesse momento você não terá acesso somente a um gabarito que você tem que bater com suas respostas – sua nota final na prova objetiva já estará visível.

Às vezes a relação dos candidatos e de suas notas não estará na ordem de classificação (a lista costuma estar em ordem alfabética), mas não tem muito segredo para deixá-la em ordem se você passar os dados para o Excel. Se você não for bom com essas ferramentas, há muitas pessoas em fóruns de concurseiros que costumam tratar os dados e disponibilizar a lista de classificação nos tópicos de discussão.

Se houver uma prova discursiva, como é o caso da Receita Federal, o resultado provisório desta prova tende a sair junto com esses resultados da prova objetiva. Ou seja, nesse momento você já consegue ter uma boa ideia de como foi no concurso como um todo, já que a prova objetiva já teve o seu resultado final divulgado e a prova dissertativa está com seu resultado divulgado de forma provisória.

Após essa liberação do resultado provisório da prova discursiva, você terá um prazo para ver a prova (de forma on-line ou tendo de ir a um local específico – no caso da Receita você tem de ir à sede da ESAF relativa ao local em que você fez a prova) e postular algum recurso, caso queira. O recurso da prova discursiva valerá apenas para você, pois cada pessoa escreveu a resposta de um jeito e seu recurso será baseado em discordâncias relativas a erros gramaticais ou de conteúdo que a banca tenha julgado que você cometeu.

Há pessoas que fazem seus próprios recursos e outras que contratam professores para fazê-los de forma especializada. A depender da capacidade que você tenha em redigir um bom recurso e da importância daqueles pontos para você, uma alternativa pode ser mais indicada que a outra.

Em dado momento, sairá o resultado final do concurso e você saberá se foi aprovado ou não. No caso da Receita Federal isso não costuma demorar – em 2014 ocorreu um mês após a divulgação final das notas da prova objetiva e das notas provisórias das provas discursivas.

Juntamente com este resultado final, ou ainda de forma um pouco posterior, virá uma etapa muito importante para a sua trajetória nesse concurso: a homologação. A homologação é um ato da administração que atesta que o concurso ocorreu de forma correta, não sendo mais aceitos recursos na esfera administrativa a partir daí. O edital que traz a homologação apresenta também a lista de candidatos que foram aprovados no concurso e a ordem de classificação final. É o ponto final da seleção, e o ponto inicial para os trâmites de nomeação.

Se seu nome estiver nessa lista e dentro do número de vagas, parabéns! Você passou no concurso! É hora de comemorar muito essa vitória e aguardar os próximos passos!

Se você não foi aprovado, não desanime. Embora haja candidatos aprovados em sua primeira tentativa, a realidade de muitos dos candidatos que foram aprovados nos últimos concursos é de ter em seu histórico ao menos uma tentativa sem sucesso até a obtenção da tão sonhada vaga. Nesse caso, ao saber que não foi aprovado, tente perceber os pontos que o deixaram mais longe de sua preparação e trabalhar em cima deles para que o resultado seja melhor na próxima tentativa. Se houve falhas conceituais, intensifique o estudo das matérias nas quais o seu rendimento não foi satisfatório, sem deixar de manter o estudo das outras matérias também.

Se houve um descontrole relacionado ao tempo, treine questões de forma cronometrada e lance mão de simulados durante o seu estudo para ter a certeza de que da próxima vez você chegará à prova mais bem preparado nesse sentido. Da mesma forma, se ocorreram dificuldades relacionadas ao cansaço, por exemplo, traga esse aprendizado para evitar tais erros no próximo concurso.

É um bom momento ainda para avaliar o panorama dos concursos naquele momento. Como o próximo edital desse concurso que você acabou de prestar tende a demorar um pouco para sair novamente, talvez haja outro concurso parecido, que possa interessar e cuja abertura do edital esteja mais próxima. Com alguns ajustes em sua grade, você poderá voltar a sua preparação a ele e ter a chance de prestar outra prova aguardando menos tempo. Mas lembre-se de não sair atirando para tudo quanto é lado: você buscará um concurso com edital próximo.

Nesse momento após um resultado que não foi positivo, não deixe que a situação o faça perder o foco. Pense que muitos dos concorrentes acabaram de ser aprovados, e, se você seguir nos estudos, certamente terá mais chances para o próximo concurso. Estará mais preparado e enfrentando muitos candidatos que serão menos experientes que você. Em muitos casos, o fato de não desistir foi exatamente o possibilitou que muitas pessoas sejam hoje servidoras públicas no cargo que desejavam.

Capítulo 6

APÓS A APROVAÇÃO

Com a sua aprovação e a subsequente homologação, atestando que tudo correu bem no concurso, você está muito próximo do seu sonho. Particularmente, é uma das melhores fases em toda essa trajetória – juntamente com o momento em que você assume o posto, claro! Você vai se sentir muito mais confiante para seguir os estudos, caso ainda não tenha passado no seu concurso dos sonhos, ou passará a ter mais tempo para fazer muitas coisas das quais teve de abrir mão no período de estudos.

É um período de muito reconhecimento por parte dos colegas de curso e de sua família e amigos, e muitas novas oportunidades também podem se abrir. Mas é necessário não perder a atenção dos trâmites do concurso, já que ainda há etapas administrativas por vir.

A partir desse momento, não tem jeito: você terá de estar informado sobre tudo o que está acontecendo nesse concurso! Assim, entre diariamente na página do concurso e também no *Diário Oficial*. Hoje muitos entes têm versões eletrônicas, como é o caso do *Diário Oficial da União* (*DOU*), o que facilita bastante a consulta. Há uma ferramenta eletrônica de busca, na qual vale a pena pesquisar frequentemente o seu nome e o título do concurso, por exemplo. Caso não haja essa versão on-line, mantenha-se atento de outras formas, eventualmente até ligando na gestão de pessoas do órgão para o qual você foi aprovado para se informar.

Algo que ajuda muito os aprovados é a integração. Em concursos maiores, com um número de vagas representativo, certamente surgirão comunidades de aprovados em redes sociais como o Facebook, ou até mesmo grupos de WhatsApp. Não deixe de se manter conectado a esses grupos, pois isso significa que você estará informado e, mais do que isso, em conjunto – o que reduz em muito o seu risco de deixar passar algum prazo ou etapa importante.

6.1. PRAZO PARA NOMEAÇÃO E DIREITO À NOMEAÇÃO

Voltando um pouco à questão da homologação, ela representa um marco importante por validar o concurso na via administrativa, mas também por outra razão: a partir dela passa a correr o prazo para nomeação. E como funciona isso?

Primeiramente, é necessário fazer a distinção entre candidatos aprovados dentro das vagas e candidatos excedentes. Como já comentamos anteriormente, na seção em que o concurso da Receita Federal costuma chamar os excedentes, um concurso pode trazer na homologação uma lista de aprovados com um número maior de candidatos que o de vagas previstas no edital.

Isso ocorre porque, ao longo do período de validade do concurso, podem ser chamados mais candidatos aprovados que o número de vagas existentes. No caso da Receita Federal, com uma autorização do Ministro do Planejamento, ela poderá chamar, além dos candidatos aprovados dentro das vagas, um número de excedentes de até 50% do número inicial de vagas. Mais que isso: com uma autorização do Presidente da República o número de excedentes pode chegar a 100% das vagas iniciais, dobrando a quantidade de vagas inicialmente prevista para o concurso público!

Nas esferas estadual e municipal, bem como nos Poderes Legislativo e Judiciário, não seria o Presidente ou o Ministro que autorizariam a nomeação dos excedentes, mas a lógica da existência das vagas excedentes é essa. Em muitos concursos também é normal que a lista rode bastante devido a desistências (não é a realidade da área fiscal), e muitos candidatos que inicialmente não estavam classificados dentro das vagas acabem sendo chamados ao longo do período de validade do certame.

E o que isso importa em nossa análise? Simples: se você foi aprovado dentro do número de vagas definido no edital, há um entendimento do Supremo Tribunal Federal que lhe confere direito subjetivo à nomeação dentro do prazo de validade. Você deve ser nomeado no prazo de validade do concurso, e se não for, no dia seguinte ao vencimento do prazo poderá pleitear na justiça sua nomeação, pois você tinha direito subjetivo a ela. Isso é muito bom, pois aumenta a confiança no sistema dos concursos, não permitindo que eles sejam meros captadores de dinheiro e fazendo com que se respeite o candidato que estudou e investiu na preparação. Se você foi aprovado dentro das vagas, você tem direito de ser chamado dentro do prazo de validade do concurso.

Na verdade, esse direito subjetivo ocorre também em outros casos, como por exemplo quando o órgão preterir um candidato e nomear um outro que esteja atrás na lista de classificação. Isso é muito difícil de acontecer, pois representaria uma falta de seriedade enorme, mas é bom saber: se alguém classificado atrás de você foi chamado primeiro, isso acabou de dar direito subjetivo à nomeação.

E os candidatos excedentes? Eles poderão ser chamados, mas não possuem tal direito subjetivo à nomeação. Possuem mera expectativa de direito e terão de torcer para que a autorização para a nomeação dos excedentes seja assinada pelas autoridades competentes, como já explicamos. Não é raro que os excedentes se organizem para conscientizar as autoridades de sua situação, alegar a falta de mão de obra no órgão e tentar fazer com que essa nomeação aconteça.

A situação de excedente é ao mesmo tempo muito boa, porque você foi aprovado em um concurso e tem chances de ser chamado, mas também um pouco tensa, já que não possui o direito subjetivo à nomeação tal qual os candidatos aprovados dentro das vagas. Findo o prazo de validade do concurso sem que ocorra a nomeação, o candidato aprovado nos excedentes não poderá recorrer à justiça para ser nomeado.

E no caso dos cadastros de reserva? Os candidatos nessa situação também não têm direito subjetivo à nomeação. Há entendimentos jurisprudenciais de que o primeiro colocado deve ter direito, pois não faria sentido o concurso caso não houvesse nenhuma vaga. Também há decisões na mesma linha do que foi determinado no STF para candidatos fora das vagas: se a administração chamar uma pessoa que está classificada atrás de outras que ainda não foram chamadas, essas pessoas que estavam à sua frente passam a ter o direito a serem nomeadas (em outras palavras, se um candidato for preterido, ele passa a ter o direito). Mas, em situações fora desses extremos, o candidato no cadastro de reserva, tal qual o candidato excedente, tem a mera expectativa do direito, e não o direito subjetivo. Se o prazo vencer sem a nomeação, ele não será nomeado.

E qual é esse prazo ao qual estamos nos referindo? Qual é esse prazo que o candidato aprovado dentro das vagas quer tanto que chegue (pois ele estará nomeado, ou ainda terá o direito de pedir sua nomeação judicialmente) e o candidato aprovado fora das vagas ou no cadastro de reservas quer que demore bastante para passar (pois ele precisa que a autorização saia antes disso)?

Esse prazo tem seu limite máximo disciplinado pela Constituição, mas é o edital que irá trazê-lo de forma específica.

O art. 37, inciso III, da Constituição Federal dispõe que "*o prazo de validade do concurso público será de até dois anos, prorrogável uma vez, por igual período*". Ou seja, esse prazo, em qualquer concurso que você venha a prestar, tem um limite máximo de quatro anos (dois anos prorrogável por mais dois). Uma observação: ele começa a ser contado a partir da homologação!

Mas ele vai ser sempre de dois anos? Não. Perceba que é um limite máximo. Assim, um edital que trouxesse um prazo de três anos prorrogável por igual período não seria válido, mas um edital que traga um prazo de seis meses, prorrogável por igual período, pode valer perfeitamente.

Você encontrará esse prazo no edital. O edital do concurso de Auditor-Fiscal de 2014, por exemplo, dispunha que:

> Item 17.5 – O prazo de validade do concurso será de 6 (seis) meses, prorrogável por igual período, mediante ato da Secretaria da Receita Federal do Brasil, contado a partir da homologação do resultado final do concurso.

Dessa forma, a partir da homologação o candidato aprovado dentro das vagas seria necessariamente chamado dentro de seis meses, caso não houvesse a prorrogação, ou dentro de um ano, se ao final do primeiro período de seis meses houvesse uma prorrogação. A autorização para os excedentes também deveria ocorrer dentro desse prazo.

No concurso em tela, a homologação se deu em 02/07/2014 – menos de dois meses após a prova. Os 278 candidatos aprovados dentro das vagas previstas no edital foram nomeados em 03/11/2014, ou seja, quatro meses após a homologação, antes mesmo do prazo de seis meses definido pelo edital.

Perceba a rapidez: após a prova, que ocorreu nos dias 10/05/2014 e 11/05/2014, o candidato esperou menos de seis meses para estar exercendo o cargo de Auditor-Fiscal!

Mesmo com a chamada dos aprovados dentro das vagas, o concurso foi prorrogado, e a autorização para a nomeação dos excedentes foi obtida. Os candidatos excedentes puderam ser nomeados no meio de 2015, já perto do vencimento do prazo e pouco mais de um ano após terem prestado a prova.

Perceba a importância de uma leitura atenta do edital: você não apenas encontrará as regras de inscrição e o detalhamento do que será cobrado, mas até mesmo os prazos que serão muito importantes para você após a sua aprovação!

6.2. A ESCOLHA DAS VAGAS

Se você prestou um concurso que definia as vagas existentes já no edital, o qual fosse prestado para uma localidade específica, essa etapa será muito menos importante, ou até inexistente. Ela pode aparecer, mas será apenas voltada à escolha entre algumas unidades dentro de uma mesma cidade.

Apesar de haver diferentes critérios, que devem ser analisados vendo cada concurso individualmente, o normal é que a seleção se dê a partir da classificação no concurso.

Eu tive essa experiência no concurso de Engenheiro do Ministério da Fazenda (PECFAZ) em 2013. O concurso já exigia que os candidatos escolhessem a cidade desejada no momento da inscrição, sendo que os candidatos de uma cidade concorreriam apenas entre si por aquelas vagas. Foram quatro vagas para São Paulo, eu fui aprovado em segundo lugar e, assim, escolhi após o primeiro colocado. Havia, no caso, vagas para a área de logística da Receita Federal (pois ela é um órgão do Ministério da Fazenda) e para a Superintendência do Ministério da Fazenda, ambas no mesmo prédio – ou seja, era uma decisão que impactava um pouco a atividade que eu iria desenvolver, mas em termos de logística não mudaria em nada a minha rotina.

Há casos, porém, em que a escolha de vagas é uma etapa essencial na vida do candidato. Isso ocorre em concursos como o de Auditor-Fiscal da Receita Federal do Brasil, que são feitos em nível nacional. A Polícia Federal também trabalha da mesma forma, além de muitos fiscos estaduais (mas no caso de concursos estaduais todas as vagas oferecidas serão dentro do estado, claro).

Nesse tipo de concurso, em que no momento da inscrição você não escolhe cidade alguma, todos os candidatos competirão entre si sem distinção, e ao final haverá uma homologação com a classificação dos candidatos, sem qualquer menção a locais de lotação.

Em algum momento ao longo da espera pela nomeação, os candidatos serão chamados a escolher as vagas. E uma das dúvidas que mais aparecem em minhas palestras não poderia ser outra: "Como ocorre essa escolha?".

Vou fazer a explicação com base no concurso de Auditor-Fiscal. A lógica vale de forma idêntica para o cargo de Analista Tributário. Para outros concursos, normalmente a lógica é a mesma, com algumas diferenças que devem ser consultadas especificamente para o caso desejado, buscando-se no respectivo edital ou no histórico do concurso.

Quando a Receita Federal decide abrir as vagas para o cargo de Auditor-Fiscal, ela faz um pedido para x vagas, consegue a autorização para y vagas (número que pode ser menor que o pedido inicial) e abre o concurso – que chamaremos aqui de concurso externo. É o concurso público que você conhece.

Ao mesmo tempo, ela faz estudos para ver em que locais ela deve alocar essas vagas, levando em conta fatores estratégicos e o grau de lotação de cada unidade, por exemplo. A partir daí surge uma lista de vagas, no mesmo número das que serão oferecidas no concurso público.

Essas vagas, porém, serão oferecidas às pessoas que já são Auditores-Fiscais, pois pode ser que uma pessoa se interesse mais por uma das vagas que foi aberta do que pela vaga que ele ocupa atualmente. Ou seja, é dada prioridade de escolha aos que já estão trabalhando, antes que essas vagas abertas sejam oferecidas aos candidatos do concurso público.

Entre os auditores ocorre, assim, o "concurso interno", ou "concurso de remoção" – que não envolve nenhuma prova, mas sim uma pontuação. Cada auditor possui uma pontuação que é basicamente a multiplicação entre o número de dias corridos em que ele trabalhou como auditor e o coeficiente da cidade em que ele está trabalhando. Cidades que têm uma boa infraestrutura e uma grande procura possuem peso 1 (muitas das grandes capitais e cidades do interior dos estados mais desenvolvidas). Cidades fronteiriças ou de difícil acesso têm um peso mais alto. Há seis pesos possíveis: 1,0, 1,3, 1,6, 1,9, 2,2 e 2,5.

Desse modo, uma pessoa que é auditora-fiscal há 720 dias e que trabalha em uma localidade fronteiriça com a maior das pontuações terá uma pontuação de 720 x 2,5 = 1.800. Uma pessoa que trabalhe há 1.600 dias em São Paulo terá uma pontuação de 1.600 x1,0 = 1.600. Há outros critérios, tais como o que dá uma porcentagem a mais de pontos para quem se manteve no mesmo local por mais de cinco anos, e há, ainda, critérios de desempate e regras para quem já trocou de lugar uma vez, mas em resumo o sistema funciona dessa forma.

Todos os auditores são ranqueados, e poderão escolher entre as vagas abertas a partir dessa classificação, que define a prioridade. Esse processo funciona a partir do preenchimento das opções em um sistema computacional interno, e pode até mesmo atribuir a um auditor uma vaga recém-liberada por outro. Desse processo todo surgem novas vagas, que não foram escolhidas ou que foram deixadas pelos que já estão na Receita, em número igual àquelas oferecidas no concurso. São essas vagas que serão oferecidas aos candidatos aprovados no concurso público.

Os candidatos aprovados escolherão em função da sua classificação. O primeiro colocado escolhe a vaga que quer, depois o segundo escolhe a vaga que quer (menos aquela escolhida pelo primeiro), e por aí vai. É claro que todo o processo é feito computacionalmente, com a escolha das vagas por cada candidato a partir de uma tabela que contém as cidades e a ordem de prioridade que ele deseja dar a cada uma.

"Ora, mas só vão surgir vagas ruins", você poderia afirmar. Não é bem assim. É bem verdade que em um concurso nacional há sim um risco de você, ao passar em posições mal classificadas, possa cair em uma cidade distante, na fronteira do país, por exemplo. Mas há muitas vagas boas oferecidas logo na entrada dos candidatos.

Não podemos estabelecer uma regra universal, pois isso se altera a cada concurso em função das vagas oferecidas pela Receita e das escolhas feitas pelos outros auditores no concurso interno. Mas, tomando o concurso de 2014 como base, tivemos, em um universo de 278 vagas, a oferta de 20 vagas na Grande São Paulo, 43 vagas em Brasília, 63 vagas em Manaus, além de vagas em outras capitais como Palmas, Macapá e Rio Branco. As outras vagas efetivamente foram para cidades fronteiriças ou de difícil acesso, mas ainda assim algumas delas apresentavam uma boa qualidade de vida, tais como as do interior do Rio Grande do Sul, por exemplo.

Tais números podem ser observados com mais detalhes na página do concurso (<http://www.esaf.fazenda.gov.br/assuntos/concursos_publicos/encerrados/2014/auditor-fiscal-da-receita-federal--do-brasil-afrfb>), ao se baixar o documento "Convocação para opção pelas Unidades de Exercício".

Escapar de localidades de difícil acesso logo de cara exige uma boa nota no concurso público e alguma sorte na oferta de vagas. Num médio prazo, porém, não é algo complicado. Lembra-se de que comentamos sobre o concurso interno de remoção? Aquele das pontuações? Então, como o servidor nesses locais estará ganhando mais pontos por dia de trabalho, na próxima entrada de novos servidores no órgão (por intermédio de um novo concurso público ou da chamada de candidatos excedentes), ele terá boas chances de pegar uma vaga em uma cidade como Brasília ou São Paulo.

É necessário alertarmos, porém, que cidades como Rio de Janeiro, Vitória, Belo Horizonte, as capitais do Sul e do Nordeste e algumas outras cidades são muito difíceis de se conseguir, exigindo muitas vezes mais de dez ou vinte anos como Auditor-Fiscal para que sejam obtidos os pontos necessários no sistema de remoção. Uma saída pode ser uma permuta ou a participação em algum grupo interno que o dê a possibilidade de ser enviado para lá (fazer parte da corregedoria por alguns anos, por exemplo), mas não tem como negarmos: são cidades de difícil obtenção.

Se sua rotina está estabelecida de tal forma que você não pode de forma alguma deixar de morar em uma dessas cidades, a escolha por um concurso que discrimine as vagas já no momento da inscrição pode ser a melhor saída. Ou ainda escolher um concurso estadual ou municipal no âmbito da localidade desejada. Se, por outro lado, você tem mobilidade, mas apenas não gostaria de viver em uma cidade com pouca infraestrutura por muito tempo, não se preocupe tanto – pois,

Cap. 6 · APÓS A APROVAÇÃO | 237

como dissemos, mesmo em concursos de âmbito nacional e sem escolha inicial de vagas é possível escapar de vagas ruins com uma boa nota, ou ainda deixar lotações menos interessantes tão logo seja feita uma nova nomeação de servidores.

Cabe realçarmos que baseamos nossa explicação no concurso de Auditor-Fiscal da Receita Federal do Brasil. Há concursos, como já conversamos, que definem as vagas já na inscrição (e assim você não terá dúvidas de para onde vai), ou ainda outros (em especial em tribunais) que selecionam os candidatos a partir da lista de classificação para as vagas que forem abrindo naquela cidade ao longo do tempo, sem se importar muito com a vontade do candidato. Nesse caso você já sabe sua cidade, mas não tem como escolher o prédio ou a seção em que irá trabalhar.

O mecanismo adotado no concurso da Receita Federal pode parecer complexo, mas me parece de longe o mais justo. Não cria distorções, pois não separa os candidatos em subgrupos, e sempre faz concursos internos antes da entrada de novos servidores. A desvantagem é que isso pode exigir uma mobilidade inicial grande por parte do candidato aprovado.

Essa explicação toda foi para que conseguíssemos dar a você um patamar de como as coisas funcionam. O fato é que, seguindo nossa ordem cronológica, na qual você já foi aprovado e está esperando a nomeação, caso seu concurso envolva uma escolha pelas unidades de exercício você preencherá as opções dentre as oferecidas e em algum tempo saberá do resultado. Esse é o momento de se preparar para uma eventual mudança, vendo todos os detalhes para que você possa tomar posse e desenvolver seu trabalho da forma mais confortável e estabilizada possível.

E se eu não gostar da minha nomeação, posso pedir para não ingressar nesse momento? Não. Não tem como ir para o fim da fila, por exemplo, ou ainda aguardar uma nova oferta de vagas – até mesmo porque sempre que há uma nova oferta de vagas na Receita Federal há um concurso de remoção interno antes.

Você terá uma certa previsão de quando será nomeado, e terá ainda 30 dias para tomar posse e 15 dias para entrar em exercício, o que possibilita tempo suficiente para organizar as coisas. Mas, no caso de você realmente não ter interesse algum de ir para aquela localidade, a única saída é desistir do concurso. Isso não causa nenhuma consequência ruim, é um direito seu e você poderá prestar qualquer outro concurso a qualquer momento. Mas, infelizmente, ao fazer isso você abrirá mão da sua vaga de forma definitiva nessa edição do concurso.

Isso ocorre muito pouco frequentemente nesses grandes concursos, já que a remuneração é bastante atrativa, mas sempre há alguns casos – em especial quando a pessoa é aprovada em mais de um concurso, ou teve uma grande mudança de planos entre a prova e a nomeação.

6.3. OS DOCUMENTOS E EXAMES NECESSÁRIOS

Após a aprovação, tendo sua lotação definida, você deverá estar bem informado sobre as exigências que serão feitas no momento da posse, pois ela se aproxima. Há muitos documentos e certidões a serem apresentados, e, apesar de a maioria deles poderem ser retirados com certa facilidade, é muito bom estar de olho em todos para evitar imprevistos.

Em alguns casos, como no concurso de Auditor-Fiscal, a verificação de muitos dos documentos é feita em uma etapa denominada "Sindicância de Vida Pregressa", que ocorre tão logo é divulgado o resultado provisório da prova discursiva – ainda antes da homologação. Nesse caso, um candidato não habilitado já não estaria presente nem mesmo na lista da homologação.

Na maioria dos concursos, porém, esta verificação ocorre no momento da posse. Quer seu concurso faça da primeira ou da segunda forma, o fato é que você deve estar atento a isso tudo.

Normalmente os concursos exigem algumas declarações, cujo modelo já é fornecido pronto. Um exemplo é a declaração na qual você atesta que nos últimos cinco anos não foi responsável por atos julgados irregulares por decisão definitiva do Tribunal de Contas da União. Nesse caso, cabe a você ler a declaração e, se não estiver naquela situação, apenas assiná-la e juntá-la aos outros documentos já preparados para a posse.

Há ainda as certidões. Normalmente são solicitadas as certidões criminais dos locais nos quais você residiu nos últimos cinco anos, das Justiças Federal e Estadual, certidões criminais da Justiça Eleitoral e antecedentes das Polícias Civil e Federal. Não é de praxe solicitar certidões de âmbito cível. Não são pedidas certidões de cunho privado, como SPC ou Serasa.

Salvo no caso de algumas comarcas da Justiça Estadual que não tenham processo de emissão digital, todas as certidões são retiradas on-line e gratuitamente. No meu caso, apenas a certidão do Fórum de Rio Claro teve de ser solicitada fisicamente e envolveu algum custo. As certidões da Justiça Federal de primeiro e segundo graus, de quitação eleitoral, de crimes eleitorais, de antecedentes da polícia federal e de antecedentes da polícia estadual (na maioria dos estados) são tiradas gratuitamente pela internet, o que facilita muito a vida do candidato!

Somam-se à lista de papéis para entregar vários documentos, como RG, CPF e as quitações das obrigações eleitoral e militar (esta para os candidatos do sexo masculino). Além disso, em concursos que exijam nível superior é necessário o seu diploma. Em concursos que exijam alguma especialização, ou que tenham provas de títulos, a apresentação destes documentos no momento apropriado é igualmente necessária. Atente-se para um fato importante: se não for citado que são aceitas cópias simples, a presença do original é muito importante. Não ter algum documento exigido, ou mesmo não ter a versão original, pode causar transtornos como, por exemplo, adiar a sua posse (ou até inviabilizá-la, caso seja o último dia do prazo).

Com relação à saúde, há concursos que envolvem uma prova física, como por exemplo a Polícia Federal e as Polícias Civis e Militares. Eu desconheço concursos fiscais, jurídicos ou administrativos que tenham uma exigência semelhante. Se seu concurso for policial e envolver uma prova física, o melhor é se preparar especificamente para isso, com atenção especial aos exercícios que serão propostos. Normalmente há um intervalo de um mês ou mais entre a prova de conhecimentos e a prova física, o que permite focar exclusivamente nesta área por um tempo.

Caso seu concurso não envolva um teste físico, como é o caso da Receita Federal e de tantos outros, ele provavelmente exigirá a sua passagem por um médico oficial, ou até mesmo um médico do SUS em alguns casos, que esteja apto a fornecer um laudo de aptidão para o desenvolvimento das atividades. Normalmente uma lista de exames mínimos é solicitada, para ser levada no encontro com o médico oficial. Eles serão feitos às expensas do candidato.

Para servir de parâmetro, no último concurso de Auditor-Fiscal foram pedidos os seguintes exames: hemograma completo, reação sorológica para LUES, Machado Guerreiro, Eletrocardiograma de repouso com laudo, RX do Tórax, creatinina, glicemia, TGP, EAS e tipagem sanguínea. São todos exames que você consegue em um laboratório de análises normal, e, apesar de o ideal ser que todos estejam dentro dos limites, eu não imagino um candidato sendo reprovado por uma alteração normal em algum dos exames – e, caso isso aconteça, provavelmente poderá ser revertido na via judicial.

O exame será importante caso você tenha se declarado como portador de necessidades especiais. Nesse caso, o edital costuma disciplinar um procedimento mais rigoroso a fim de verificar se essa condição condiz com a realidade, evitando possíveis abusos. Mas se você é portador de uma necessidade especial, não tenha receio: apenas leia bem o edital e certifique-se de que você se enquadra nos casos previstos. A regra do exame é feita para evitar abusos, mas não para prejudicar os candidatos que podem fazer proveito dela corretamente!

Se os exames forem feitos antes da posse, o que é o mais normal, será fornecido um laudo de aptidão ao candidato, ou ainda este laudo será enviado diretamente ao órgão que fez o concurso. De toda forma, passada essa fase e com os documentos prontos, você estará preparado para um dos dias mais sonhados da vida de um concurseiro: a posse!

6.4. A POSSE

Nesse período de espera após a aprovação você organizou todos os documentos necessários, enturmou-se com os outros aprovados para se inteirar das novidades sobre o concurso e ficou atento aos comunicados oficiais. Em dado momento, você vai ser nomeado. Nomeação é a atribuição de um cargo público a uma pessoa, feita pela autoridade competente. Ou seja, sairá no respectivo diário oficial um comunicado com o seu nome, convocando-o a se apresentar para tomar posse na unidade em que você assumirá o posto.

A posse corresponde à assinatura do termo no qual constarão suas atribuições, seus deveres e responsabilidades. É o seu ingresso como servidor no órgão. Você está assinando o termo de posse e concordando em assumir aquele cargo, com as responsabilidades e os benefícios que lhe são inerentes.

O prazo para que você tome posse a partir da sua nomeação pode variar de acordo com o ente que o está nomeando (União, estados, Distrito Federal, municípios), mas no âmbito federal o prazo é de trinta dias. Preste bastante atenção ao prazo, que muito provavelmente virá explícito na nomeação. Você deverá tomar posse nesse prazo, caso contrário o ato de nomeação será tornado sem efeito e você perderá a vaga.

Após a posse, há ainda um outro momento importante: a entrada em exercício. Ao tomar posse você passa a ocupar aquele cargo, passa a integrar o corpo funcional daquele órgão, porém pode ser que por algum motivo você não possa começar a trabalhar naquela data – pois está organizando o lugar em que vai morar, por exemplo. A lei costuma prever um prazo, a partir da posse, para que você entre em exercício – ou seja, comece a trabalhar.

Novamente é necessário ver o que dispõe o ente para o qual você prestou o concurso. No nível federal, por força do parágrafo 1º do art. 15 da Lei nº 8.112, o prazo é de quinze dias. É só a partir do exercício que você começará a receber sua remuneração e que começarão a contar prazos legais, como os de promoção, por exemplo.

Dessa forma, perceba a lógica disso: primeiro você será nomeado, ou seja, verá seu nome no diário oficial e saberá que tem um prazo para levar os documentos no órgão e assinar seu termo de posse, concordando em ser servidor daquele órgão. A partir daí, terá um prazo para entrar em exercício, ou seja, começar efetivamente a trabalhar. A partir da posse você passa a ser servidor, e a partir do exercício passa a desempenhar suas funções e ser remunerado por isso.

E isso pode se dar no mesmo dia? Sim. O mais comum é que a pessoa já queira fazer tudo no mesmo dia, a fim de começar o quanto antes a ocupar aquele cargo com o qual sonhou por tanto tempo. Mas pode ser que por motivos logísticos, por exemplo, ela precise de mais tempo – e por isso há os prazos legais que comentamos acima.

Perceba, porém, um ponto importante: nos concursos nos quais você já tenha uma lotação definida e que não envolvam uma competitividade grande para remoção ou para promoção por antiguidade, não entrar em exercício no primeiro dia não faz tanta diferença (a não ser na sua primeira remuneração). Você pode aproveitar esses prazos legais entre a nomeação e a posse, e depois entre a posse e a entrada em exercício, para se programar com calma e, então, começar a trabalhar.

Nos concursos em que há alguma questão de promoção ou remoção relevante, porém, é muito interessante que você tome posse e entre em exercício já no primeiro dia. Tomemos como exemplo a questão da remoção nos concursos de âmbito nacional, como é o caso do concurso de Auditor-Fiscal. Você ingressará no local que conseguiu obter, e muito provavelmente desejará, com o tempo, chegar mais próximo da sua cidade de origem ou ainda de outra cidade na qual, por motivos pessoais ou profissionais, você queira morar.

Quando chegar o momento do concurso de remoção, a pontuação é dada, basicamente, pelo número de dias que você tem como Auditor- -Fiscal multiplicados pelo peso da unidade na qual você está lotado (lembre-se de que conversamos que há uma escala que recompensa mais quem está em unidades de difícil acesso e fixação). Agora é que entra o ponto principal: se você entrou em exercício um dia depois de outra pessoa que esteja num local de mesmo peso, essa pessoa tem uma vantagem com relação a você na classificação. Imagine um cenário com todos os candidatos que ingressaram no mesmo concurso, muitos deles em cidades com o mesmo peso. Entrar em exercício um dia depois do primeiro dia pode ser muito prejudicial, e os candidatos mais bem informados já sabem disso.

Isso poderia se dar da mesma maneira em um órgão que preveja a remoção por antiguidade baseada na data de efetivo exercício no cargo. Um dia a menos de exercício poderia representar um desempate muito prejudicial a um servidor.

Dessa forma, a não ser que você esteja tomando posse em um cargo que não tenha essas regras de remoção ou promoção, tente tomar posse e entrar em exercício no primeiro dia. Isso lhe trará vantagens na sequência como servidor do órgão, permitirá que você comece a receber a sua remuneração o quanto antes e também será bom para o órgão, que certamente necessita de mão de obra para desempenhar seus objetivos!

E você pode me perguntar: como poderei tomar posse no primeiro dia, se eventualmente eu serei lotado em uma cidade diferente da minha? Uma cidade que pode ser longe, em outro estado? Alguns órgãos, como a Receita Federal, costumam indicar aos candidatos, com alguns dias de antecedência, a data da nomeação. Se você checar na página do último concurso de Auditor-Fiscal, encontrará um comuni-

Cap. 6 · APÓS A APROVAÇÃO | 243

cado (Comunicado RFB aos candidatos nº 4) que, em 27 de outubro, advertia os candidatos da provável posse no dia 03 de novembro.

Mais do que isso, em fóruns e grupos de discussão é comum surgirem notícias vindas de candidatos que perguntaram à gestão de pessoas do órgão as datas possíveis, ou ainda que possuem notícias internas do órgão – o que poderá dar uma boa noção de quando a nomeação sairá.

Caso você não tenha acesso a nenhum tipo de notícia e seja pego de surpresa com a nomeação, paciência. Faça as coisas da forma mais veloz possível, mas sem comprometer etapas importantes, como encontrar o seu novo local de moradia. Mas, dispondo dessa previsão anunciada pelo órgão ou por candidatos mais bem informados, tente ao máximo tomar posse no primeiro dia caso seu concurso tenha alguma das características que discutimos!

A fase da posse e da entrada em exercício será uma das melhores que você vivenciará como servidor. Finalmente você encontrará uma certeza, após tantas incertezas que você vivenciou na preparação para a prova e até mesmo na espera até a nomeação. A percepção de que tudo aquilo valeu a pena é fantástica.

Você terá contato com as outras pessoas recém-aprovadas, fazendo novas amizades e curtindo todas as descobertas e todo o aprendizado que o início de trabalho proporciona. Terá um sentimento de confiança bastante grande, assim como o de liberdade, pois após todas as renúncias finalmente chegou um momento em que você pode voltar a fazer muitas das coisas que foi obrigado a interromper em prol dos estudos.

Não é incomum que nessa fase você tenha contato com muitos dos professores com os quais você teve aula – isso pode acontecer até mesmo antes da posse, logo após a aprovação. Será uma oportunidade de conhecer novas pessoas e se integrar ainda mais a esse mundo da preparação para concursos, o que pode abrir portas até mesmo para uma segunda atividade profissional.

Uma das fases da qual eu mais sinto falta na Receita Federal são os meses posteriores à aprovação. O sentimento de alívio e de recompensa, as novas e tantas situações que se abrem à nossa frente em termos de trabalho e de oportunidades, e as pessoas que conhecemos dia após dia nesse novo ambiente fazem desse momento algo único. Espero sinceramente que muitos dos leitores deste livro, escolhendo a área pública, obtenham a aprovação e possam me relatar suas experiências positivas no momento da posse. Isso contribuirá para as novas edições deste livro e, particularmente, me deixará muito contente!

6.5. O CURSO DE FORMAÇÃO

O curso de formação é uma etapa importante de alguns concursos, notadamente os fiscais, e por isso cabe uma seção para explicarmos no que ele consiste e como ele pode ser inserido na dinâmica do concurso.

O curso de formação visa a dar aos aprovados algumas noções gerais da atividade, passar conceitos que serão importantes no exercício da função e também apontar detalhes da organização do órgão. Possibilitam ainda que os novos ingressantes se conheçam, fortalecendo as relações humanas e o entrosamento dentro da instituição. Há muitos concursos que não realizam este curso, dando treinamentos esparsos ao longo da vida profissional do servidor.

É fato que o curso não conseguirá abranger todo o conteúdo que um novo ingressante no órgão precisa. O aprendizado de muitos conceitos, e em especial o aprendizado técnico relativo ao uso de sistemas e à rotina da repartição, será adquirido no dia a dia do trabalho. No ambiente da Receita Federal, particularmente, esse aprendizado costuma se dar de forma muito tranquila – eu mesmo não consigo me lembrar de quantas vezes recorri ao meu primeiro chefe no aeroporto, ou ainda a colegas de trabalho, para aprender as coisas no começo do meu exercício como Auditor-Fiscal.

Mas, mesmo não conseguindo abranger muito do conteúdo necessário, o curso de formação é capaz de passar alguns conceitos relevantes, e permite acima de tudo esse contato com outros colegas – que cria momentos muito agradáveis fora da sala de aula e também permite o desenvolvimento de relações profissionais no futuro.

O curso de formação pode assumir muitos formatos diferentes em termos de duração e de metodologia, mas a principal característica que vale a pena ser abordada é a sua localização na dinâmica do concurso público. Ele pode estar fora da seleção, visando a aprimorar a formação dos candidatos que já foram aprovados e nomeados, ou pode se localizar dentro da seleção, como uma fase eliminatória posterior às provas.

O curso de formação, nos últimos dois concursos de Auditor--Fiscal, não fez parte da seleção. O concurso público foi composto de provas objetivas e discursivas, os candidatos foram nomeados, tomaram posse e algumas semanas depois foram participar do curso. No concurso de 2014, houve duas sedes: Brasília e Manaus. Já houve momentos em que outras cidades foram sede do curso de formação, tais como o Rio de Janeiro e Fortaleza. Como os participantes já haviam sido nomeados, estavam recebendo salário e contaram ainda com diárias para o deslocamento – ou seja, não houve dificuldades financeiras para a participação.

O curso não fazia parte da seleção e, desse modo, não houve provas. Houve um rígido controle de frequência, e logicamente os novos ingressantes estavam mais do que interessados em aprender conceitos que ajudariam bastante na sua atividade posterior, mas não havia nenhuma ameaça de reprovação ou algo do tipo. A duração foi de três semanas. Após o curso, cada servidor voltou para a sua unidade e continuou desenvolvendo seus trabalhos.

Esse tipo de curso é bastante interessante na medida em que possibilita que o candidato aprenda sem a pressão de poder ser eliminado do concurso. As relações pessoais são favorecidas, e até mesmo o rendimento de muitas pessoas é aumentado em função da menor preocupação com aspectos formais e com o desempenho em uma prova.

Os concursos anteriores, porém, eram marcados por um curso de formação que representava uma etapa do concurso público. Os participantes ainda não eram servidores, mas sim candidatos no concurso público. Como não haviam sido nomeados, não estavam recebendo salário, mas sim uma ajuda de custo que costumava ser de meio salário por mês.

Ao final do curso (que já chegou a levar alguns meses nos concursos em que foi mais longo), havia uma prova sobre o conteúdo estudado, e esta prova era de caráter eliminatório. Repare: ela não era de caráter classificatório, e dessa forma não alteraria a classificação de ninguém no concurso. Mas era de caráter eliminatório – ou seja, quem não acertasse o mínimo previsto seria eliminado do concurso e não viraria Auditor-Fiscal.

Esse tipo de concurso de formação leva a um proveito muito menor em termos de relações pessoais, e traz ao candidato uma pressão muito maior do que o tipo de curso que é feito após a nomeação. As vantagens deste método correspondem a trazer para o órgão candidatos ainda mais bem preparados, testados em um nível mais prático e já capazes de ingressarem nas suas unidades de lotação aptos a desempenhar uma parte maior do trabalho.

E por que descrevemos os dois modos? Em primeiro lugar, porque ainda hoje há concursos que usam o curso de formação como etapa do concurso, muito embora não seja a regra. Há os concursos que fazem o curso de formação após a entrada dos servidores no órgão, há os concursos que fazem uma sequência de treinamentos mais espalhada e descentralizada, e há concursos que não fazem nenhum curso estruturado na entrada dos candidatos.

Em segundo lugar, explicamos os dois tipos de concurso porque o concurso de Auditor-Fiscal da Receita Federal do Brasil, que tem sido nossa base de análise ao longo do livro, tem apresentado uma perspectiva de mudança com relação ao curso de formação. Após alguns certames que não traziam o curso de formação como parte eliminatória do concurso público, a medida provisória que trata da reestruturação da carreira e dos novos vencimentos do cargo traz um dispositivo que diz que o concurso voltará a ser realizado em duas etapas – ou seja, voltará a ser formado pelas provas e pelo curso de formação.

Ainda não é possível prever qual será a resolução da questão, mas uma coisa é certa: há um movimento forte que busca a reintegração do curso de formação ao concurso público, nos moldes que eram feitos até 2009. É importante ficar atento ao próximo edital a fim de perceber qual formato será utilizado no próximo concurso, e acima de tudo estar preparado para o que quer que tenha de ser enfrentado!

6.6. O DIA A DIA

Após termos discutido todas as etapas que um concurseiro encontrará em seu caminho até a posse, resta abordarmos como se dá o dia a dia no exercício do cargo. Ao longo do livro buscamos dar um panorama geral sem focar necessariamente na área fiscal, utilizando o concurso de Auditor-Fiscal da Receita Federal do Brasil como exemplo sempre que nos foi necessário um pano de fundo ou algum detalhe específico.

Neste momento, porém, vamos focar apenas nele para discutir o dia a dia, já que uma abordagem ampla não apenas se tornaria inviável, como também não traria toda a credibilidade necessária – já que eu só posso escrever com um amplo conhecimento sobre o cargo em que atuo. Isso não impede que o candidato que esteja em busca de outros concursos aproveite tudo o que já discutimos até aqui e busque complementar esta seção com informações oriundas de outras fontes, tais como relatos de profissionais em sites da internet ou ainda em outros livros sobre concursos públicos.

Já discutimos um pouco as atividades do Auditor-Fiscal no capítulo 2, afirmando que o número de atividades que podem ser desenvolvidas é bastante grande. Usamos tal argumento para afirmar que, dentro dessa ampla gama de opções, é bem provável que uma pessoa encontre uma atividade na qual se satisfaça. Vamos agora, já em uma realidade na qual a pessoa optou por esse concurso e quer saber mais sobre a carreira, expandir a análise e detalhar um pouco mais o dia a dia de um Auditor-Fiscal.

A Receita Federal é composta pela sua estrutura gerencial em Brasília, que abrange a secretaria, subsecretarias e coordenações, pelas dez superintendências regionais, e por alfândegas, inspetorias, delegacias e agências – além de órgãos mais específicos vinculados a alguma dessas estruturas, tais como centros de gerenciamento de riscos e a corregedoria.

Ao ser lotado em algum desses locais, isso pode dizer um pouco sobre a função que você desempenhará, embora haja áreas em comum.

As alfândegas correspondem a unidades aduaneiras de zona primária, nas quais ocorre o despacho aduaneiro de importação e de exportação, além do controle de regimes aduaneiros especiais. Pode haver ainda o controle de mercadorias que ingressam no País pela via postal, ou ainda como bagagem. Nos locais mais estruturados é comum haver outros órgãos, como a equipe de vigilância e repressão, e ainda as equipes de gerenciamento de risco ou de procedimentos especiais. Em unidades menores a divisão pode ser menos perceptível, já que há menos atividades e alguns auditores vão agir em mais de uma atividade a fim de que todos os serviços sejam realizados.

Se você estiver em uma equipe de despacho, sua realidade será fiscalizar as cargas que entram no País (ou que deixam o País, caso seja uma equipe de exportação). Costuma ser uma atividade desenvolvida sob um regime normal de horário, de segunda a sexta e oito horas por dia, mas há casos em que alguns servidores estão lotados sob o regime de plantão para assegurar que a atividade não seja interrompida. Seu trabalho será mais dinâmico que um trabalho puramente de escritório, pois envolve a conferência física e de documentos das cargas, assim como a possível lavratura de um auto de infração caso sejam detectadas irregularidades. O mesmo se daria se você estivesse em uma equipe que fiscaliza as cargas postais ou de remessa expressa.

Se você estiver em um serviço de gerenciamento de riscos ou de procedimentos especiais, terá um trabalho mais estratégico, tentando buscar comportamentos nas importações que levem a indícios de que algumas empesas estejam atuando irregularmente, ou que algumas importações apresentem um risco maior. O Auditor-Fiscal dessa equipe apontará, assim, para os fiscais do despacho esses casos, a fim de que possam ser verificados, ou, ainda, fará as pesquisas em alguns casos. O horário de trabalho é normal, e a atividade envolve certa capacidade de tratamento de dados e de pensamento crítico.

Se você estiver em uma equipe de controle de regimes aduaneiros especiais, seu trabalho será mais burocrático, analisando processos e controlando os prazos desses regimes, por exemplo. Caso eles não sejam cumpridos, cabem intimações ao contribuinte ou ainda ações que visem a reparar o erário. É um trabalho que envolve bastante organização.

Se você estiver em uma equipe de bagagem, o que ocorre com mais frequência em aeroportos, sua rotina será bastante diferente. Você será responsável por averiguar se os viajantes estão cumprindo as quotas definidas pelo regulamento e pelas instruções normativas da Receita Federal, e assim atuará em um contato muito próximo com contribuintes que são pessoas físicas. A atividade é bastante dinâmica e com poucos aspectos burocráticos se comparada com as demais, mas envolve muita calma e personalidade. O regime de horário normalmente é desenvolvido em plantões em que o Auditor-Fiscal trabalha 24 horas e descansa 72 horas, a fim de que o trabalho seja realizado de forma ininterrupta por quatro equipes diferentes.

Se você estiver em uma equipe de vigilância e repressão, terá uma atividade muito mais próxima daquela desenvolvida por um policial, por exemplo – muito embora, claro, ainda guarde toda a responsabilidade de um Auditor-Fiscal na parte relacionada a tributos. São equipes que visam a assegurar que a movimentação de cargas em um aeroporto respeite a lógica definida pela Receita Federal, e que não haja comportamentos estranhos que visem a fazer com que uma carga escape do controle aduaneiro. É uma das atividades de auditoria que permite o porte de armas, desde que os servidor faça os cursos apropriados e respeite os limites dispostos pela lei. O regime de horários costuma ser o de plantão, tal qual nas bagagens, e a atividade é bastante dinâmica, com atuação em toda a zona primária do local.

Esses regimes de plantão, que até onde eu sei só ocorrem na aduana, e ainda assim, em alguns casos, como os dois supracitados, são muito interessantes para uma pessoa que se adapte a essa rotina. Se por um lado podem gerar bastante cansaço, por outro, possibilitam que a pessoa tenha três dias de folga. Muitas vezes ela poderá pensar em morar em outra cidade e viajar apenas para trabalhar, o que permite que ela tenha mais flexibilidade para organizar sua vida pessoal.

Nas alfândegas, dessa forma, temos auditores internos – pois o foco do trabalho são as cargas que estão passando por ela, e não os estabelecimentos do contribuinte (salvo casos de operações específicas).

Nas delegacias, por sua vez, o foco do trabalho é diferente. Você está interessado nas atividades do contribuinte que já foram realizadas, e que podem ter deixado algum tipo de crédito tributário em aberto. Nesses casos não há controle de cargas ou despacho aduaneiro – até mesmo porque a grande maioria das delegacias está focada nos tributos internos, tais como IR ou IPI. Nesses locais há uma grande variedade de órgãos com diferentes funções e, consequentemente, de atividades que um Auditor-Fiscal pode desempenhar.

O primeiro caso são os Auditores-Fiscais lotados na fiscalização externa. Eles estão incumbidos de fiscalizar um determinado número de empresas por ano, avaliando se houve alguma sonegação ou omissão de receitas que pode gerar um crédito tributário em aberto. Ao final do procedimento de análise, caso sejam detectadas ilegalidades, será lavrado um auto de infração. É uma das atividades mais complexas da casa, pois envolve uma exposição ao contribuinte e a confecção de um auto de infração que deve ter qualidade, a fim de subsistir perante eventuais contestações às delegacias de julgamento, ao CARF ou ao judiciário.

As vantagens dessa atividade são o grande aprendizado e o regime de horários, que é bastante flexível. Como esses Auditores--Fiscais desempenham muitas atividades fora da repartição, tais como diligências, seu regime de horários não envolve oito horas diárias na delegacia. Algumas atividades podem até mesmo ser desempenhadas remotamente, sendo o volume de trabalho ao final do ano averiguado em função das metas que o Auditor-Fiscal deveria cumprir. É uma atividade pouco monótona, que envolve responsabilidade e que leva a uma rotina bastante flexível.

Os setores que não envolvem a realização de diligências, por sua vez, são internos, ou seja, você trabalha cumprindo uma rotina normal, de oito horas de segunda sexta. Há muitas atribuições a serem feitas nesses casos.

A primeira delas é a seleção e programação, que é bem estruturada sobretudo nas delegacias maiores. Ela corresponde a uma etapa anterior à fiscalização externa, na qual são feitas análises de dados e construídas linhas de pesquisa a fim de que sejam definidas quais empresas serão fiscalizadas. A lista de empresas é passada à equipe externa, que desempenhará as fiscalizações. É uma atividade que envolve uma grande capacidade de tratamento de dados e de estratégia, realizando uma parte preliminar do que seria feito na externa, mas sem contato com o contribuinte.

Há ainda as equipes de habilitação ao comércio exterior, por exemplo, que recebem uma carga de trabalho de demandas de empresas que querem se habilitar ao comércio exterior e, a partir de uma análise da capacidade financeira e do perfil da empresa, deferem ou não tal habilitação. É um trabalho que envolve um certo caráter burocrático, mas também fiscalizatório.

Há equipes de administração do crédito tributário, que fazem o acompanhamento posterior ao lançamento – quando há, por exemplo, alguma questão judicial em jogo que deixe o crédito suspenso. Há equipes que avaliam as demandas de restituição do valor pago em tributos por uma empresa, quando o contribuinte considera que pagou algo indevidamente. Há equipes destinadas à análise de demandas judiciais, tais como mandados de segurança impetrados contra alguma decisão de um Auditor-Fiscal. Todas possuem uma característica burocrática presente, bem como uma rotina mais definida, mas envolvem bastante responsabilidade.

As inspetorias reúnem algumas características das delegacias e outras das alfândegas, não trazendo muitas situações novas que possamos discutir. As agências, por sua vez, atuam em um nível mais local e menos complexo, prestando atendimentos a contribuintes (assim como os CACs), por exemplo. Não há a possibilidade de um Auditor--Fiscal ser lotado em uma agência, salvo em casos muito específicos.

Outra possibilidade de atuação é na área gerencial do órgão, seja nos gabinetes das unidades descentralizadas (como alfândegas e delegacias), seja nas Superintendências das dez regiões fiscais, ou ainda nas coordenações em Brasília. Tal trabalho tem um estilo mais burocrático e de gestão, sendo que tais Auditores-Fiscais não atuam na fiscalização, lavrando autos ou analisando dados, mas sim em uma área mais estratégica do órgão.

Os servidores que estão lotados nessa área podem atuar no estudo e disciplinamento das rotinas de trabalho, na otimização de processos e do organograma, no lançamento de projetos visando a melhorar a atuação da Receita Federal. Enfim, são atividades de cunho gerencial que podem coincidir com os anseios de um servidor que gosta de um ambiente corporativo e marcado pela visualização de novas ideias.

Há ainda diversas outras funções, tais como as equipes e núcleos de repressão, nos quais a atividade se assemelha um pouco àquela que descrevemos para as equipes de vigilância, porém em uma área de zona secundária, muito maior em tamanho e propícia a uma grande diversidade de operações.

Outros espaços de atuação mais reservados também existem, tais como o centro de gerenciamento de riscos aduaneiros ou o centro de classificação de mercadorias. São atividades específicas que demandam um alto conhecimento técnico, e nas quais o novo servidor dificilmente ingressará logo de cara, porém servem de exemplo de uma rotina na qual a análise de temas mais complexos é o padrão.

Há, ainda, os casos bastante específicos que citamos no capítulo 2, e que ilustram o quão diferentes podem ser as rotinas de dois Auditores-Fiscais distintos. Podem haver casos em que o servidor conduz um helicóptero em uma operação, caso ele possua brevê e tenha sido selecionado para aquela tarefa após um processo de seleção. Podem haver casos em que o servidor atua como adido fora do país, com um relacionamento próximo a outras autoridades tributárias internacionais.

Há Auditores-Fiscais atuando como julgadores nas Delegacias de Julgamento ou mesmo no CARF, desempenhando um trabalho de muita responsabilidade e rigor técnico que se assemelha às funções mais importantes da área jurídica. Há ainda Auditores-Fiscais que são escolhidos para postos no governo, a partir das qualidades demonstradas no trabalho e do seu eventual envolvimento político.

Logicamente essas últimas funções que discutimos não representam a realidade da maioria dos Auditores-Fiscais, em especial daqueles recém-ingressos na Receita Federal, porém servem para ilustrar o quão variadas são as possibilidades de atuação. E até mesmo dentre as funções mais comuns, como a atuação nas delegacias, alfândegas, inspetorias, superintendências ou coordenações, há muitas opções com relação ao tipo de atividade (de caráter mais fiscalizatório, mais gerencial, mais burocrático) ou com relação ao regime de horários (regime normal de quarenta horas semanais, regime de plantões, atividade externa...).

Dentro dessa questão do dia a dia de um Auditor-Fiscal, cabe discutirmos mais dois pontos que eu percebo que geram muitas dúvidas, ou até mesmo medo nos candidatos: o risco atrelado ao desempenho da atividade e o risco de se deparar com alguma situação ligada à corrupção.

Quando eu pensei em prestar o concurso, para ser sincero, nem pensei muito nesses aspectos, pois minha vontade de ser Auditor-Fiscal era muito grande. Mas é claro que uma pessoa tende a ponderar sobre esses temas. Felizmente, minha resposta é uma orientação positiva para ambas as respostas: eu nunca me deparei com esse tipo de problema, e percebo na organização da Receita Federal uma seriedade bastante grande com isso.

A atividade de um Auditor-Fiscal envolve responsabilidade e muitas vezes pode contrariar interesses, porém o risco no seu desempenho, que teoricamente existe e é até mesmo reconhecido pelo STF, pode ser mitigado de diferentes formas. Muitas vezes as diligências são realizadas em conjunto, ou, ainda, são requisitadas reuniões ou entrega de documentos no ambiente da delegacia. Há o acesso a muitos dados de forma eletrônica, que permitem que uma parte da fiscalização consiga se desenvolver sem muita atividade externa. Há ainda, sempre que necessário, a possibilidade de acionar a força policial, prerrogativa prevista no CTN – embora esse procedimento raramente seja necessário em atividades normais.

Eu já estou na Receita Federal há alguns anos, e nunca tive contato com uma situação de ameaça a um Auditor-Fiscal. Há um respeito à instituição e ao cargo, bem como a existência de diversas consequências, que fazem com que uma eventual atitude dessa natureza não seja interessante para nenhum contribuinte. Muitas pessoas trabalham internamente e nem mesmo têm contato com as fiscalizações, e as equipes externas têm rotinas e procedimentos que atenuam em muito esse risco, fazendo com que eu não veja o porquê de nenhum candidato deixar de prestar o concurso por este receio.

Um segundo tema que gera dúvidas dos candidatos é a possibilidade de se ver em face de algum ato ou alguma oferta de corrupção. Este é outro ponto com o qual eu nunca me deparei, e espero nunca me deparar. Em primeiro lugar, quanto à possibilidade de você receber alguma oferta, o que entra em jogo é a honestidade – fator essencial para um candidato à Receita Federal ou a qualquer outro concurso. A sociedade depende dos recursos arrecadados, e qualquer atitude que visasse a um benefício próprio em detrimento desse fim é logicamente condenável.

Se você tiver um posicionamento firme e profissional, é provável que uma oferta nem mesmo ocorra. Caso ocorresse, uma resposta firme e que corte o assunto tenderia a resolver o problema. O fato é que a instituição tem uma posição muito séria com relação a esse assunto, com a corregedoria atuando de forma eficaz e punindo os casos que consegue detectar. Isso tem levado a uma situação de combate à corrupção que faz com que a realidade, no dia a dia das unidades em que eu já atuei, seja de muita distância com relação a qualquer forma de corrupção.

Dessa forma, não se preocupe nem evite prestar o concurso com receio de encontrar algum dos dois fatores que abordamos – a exposição ao risco ou a corrupção. Eles não têm praticamente nenhuma ocorrência no dia a dia da maioria dos Auditores-Fiscais, e sendo um servidor que desempenhe suas atividades com prudência e moralidade você se afastará cada vez mais dessa possibilidade.

Nessa discussão sobre corrupção temos um gancho para a mensagem final deste livro. O Estado brasileiro está em processo de mudança, não cabendo mais a imagem que a população infelizmente tem de um servidor público: uma pessoa que não comparece ao trabalho com a assiduidade necessária ou que não rende o esperado.

A cada ano milhares de candidatos com muito potencial são aprovados, em especial nos concursos mais disputados, e isso permite que se formem grupos de trabalho capazes de enfrentar muitas questões de bastante complexidade. Ao mesmo tempo que você terá benefícios, tais como um bom salário e o respeito às horas de trabalho, que são essenciais para que uma pessoa tenha um equilíbrio de vida, você terá também obrigações nesses momentos em que está desempenhando a função.

A mentalidade das pessoas, felizmente, está mudando, e eu espero que você possa aproveitar as dicas desse material para vir fazer parte dessa mudança. Um Estado eficiente é um fator extremamente importante para que possamos vencer muitas das dificuldades do Brasil atual.

Chegamos, com essa mensagem, ao fim do nosso material. Nessa longa conversa, passamos por diferentes etapas que um concurseiro encontrará ao longo da sua preparação – da decisão por entrar nesse "mundo dos concursos" até a nomeação.

Se nossa abordagem tiver se mostrado efetiva, você terá nesse momento uma base de informações para ponderar se deseja mesmo a área pública (e se a área fiscal é o seu caminho ideal), organizar seu estudo, escolher os tipos de material e estratégias a serem utilizados, enfrentar a prova com segurança e passar pelos procedimentos burocráticos que o levarão até a tão aguardada posse.

Espero que você possa seguir nos seus estudos com muito sucesso, trilhando um caminho que o leve até a aprovação no concurso dos seus sonhos.

Foi um prazer compartilhar todos esses momentos com você!

www.grupogen.com.br

Pré-impressão, impressão e acabamento

grafica@editorasantuario.com.br
www.editorasantuario.com.br
Aparecida-SP